Legal and Political Philosophy Review

法哲学与政治哲学评论
第 2 辑

主编 吴彦 黄涛

国家、战争与现代秩序

—— 卡尔·施米特专辑

华东师范大学出版社

华东师范大学出版社六点分社　策划

编委会

主　编　吴　彦　黄　涛

编委会成员（以姓氏笔画为序）

于　浩　王　涛　王江涛　田飞龙　冯　威
朱　振　朱明哲　刘振宇　汤沛丰　李　柯
李明坤　李燕涛　杨　陈　杨天江　汪　雄
张　龑　周国兴　郑　琪　郑玉双　赵　真
姚　远　徐震宇　蒋如俊　韩　毅　雷　磊

目 录

卷首语 / 1

主题论文

作为政治思想家的克劳塞维茨：评论与提示　[德]施米特 著　李柯 译 / 3

　　附录一：信念备忘录第一部分　[德]克劳塞维茨 著　李柯 译 / 35

　　附录二：给费希特的信(1809)　[德]克劳塞维茨 著　黄涛 译 / 41

第二次世界大战之后的世界秩序(1962)　[德]施米特 著　李柯 译 / 50

合法性问题(1958)　[德]施米特 著　邹益民 译 / 71

施米特 1930—1934 年日记(选译)　[德]施米特 著　温玉伟 译 / 84

评论

评施米特的《合法性与正当性》　[德]基希海默尔 著　黄涛

译 / 127

自主性的恐怖：英语世界中的卡尔·施米特　［德］哈贝马斯 著
　　杨帆 译 / 167

凯尔森与施米特：从分歧到1931年"守护者"之争的决裂　［美］
　　鲍尔森 著　张龑 译 / 181

政治民主与社会同质性　［德］黑勒 著　郑琪 译 / 232

神学与政治理论　［德］陶伯斯 著　温玉伟 译 / 245

资料

德语学界施米特文献辑录　韩毅 整理 / 259

英语学界施米特文献辑录　郑琪 整理 / 268

稿约和体例 / 275

卷 首 语

　　理解和把握我们自身的现实处境往往是我们得以展开进一步行动的前提。这一现实处境在某些方面是历史性地形成的,而在另一些方面则是当下涌现出来的。我们往往用"现代"(modern)这一既表征"时间"又表征"特性"的概念来刻画这一普遍处境。在时间上,它将它自身区别于"传统"与"古代",并以一种"进步的历史观"来替代一种"退化的历史观",从而,"未知的未来"成为我们竭力去追求的目标,"远去的过去"这个原本被模仿和追求的对象现在被倒转过来成为一个被我们看成是已经历过且已被我们克服和超越的东西。在特性上,它在各个不同的领域实现了一种对于传统的普遍批判。首先是对于整个世界秩序的看法,那个有着共同目的的一体性的宇宙被分割成两个不同的领域:人事的世界和自然的世界。原本被看成是遵循自然秩序的人事,现在以某种激进的方式被独立出来,它不再把它自己看成是自然而然的,相反,它把它自己看成是一种通过其自身的意志而被创造出来的独立的秩序,这既包括法律和政治,亦包括道德。

　　由此,这一与"自然"的脱离,实现了道德、政治和法律领域的全面的革新。首先,道德的重心开始从"德性"往"自由"转移:道德的核心不再被看成是对于自然性情的塑造[德性],而被看成是一种通过其自身而实现的对于其自身的塑造,由此,自由这样一种自我建构的能力便被凸显出来而作为道德的核心要素予以讨论。自由的凸显赋予个人以某种脱离自然这一统一体的独立性,并进而生发出政治和法律领域的革新。自由、个人以及独立性的凸显,将原本那个被"自然目的"所统合起来的世界以某种原子式的方式彻底地碎片化。一方面,目的不再被看成一种"共同"的"内在于"人自身的目的,而是被看成是"个人"的目的,只属于某个单个的个体。由此,原本立足于自然目的的道德的普遍性受到根本性的质疑和抛弃,从而,人们或是去其他地方寻找这种普遍性,或是索性以某种相对主义来替代它。另一方面,伴随普遍道德之崩溃的是个体间冲突的凸显,既然道德无法保证这种统一性,那么就只能诉诸道德之外的力量,此时,政治这一原本被道德所吸纳和被归属于其下的力量便分裂出来以作为这种外在的力量来应对这一危机。由此,政治不再去诉求"善"(good)这一极富道德意涵的概念来作为它的目的,而是将之代之以旨在消除冲突和战争的"和平"。作为政治的一个附属品,法也不再像以前那些把它自己理解为是为了促成某种共同善[如阿奎那对于法的定义那样],而是把它自己理解为是为了保障某种和平关系,也就是说,它不再关心人的内心秩序,而仅只关心人与人之间的外在的和平关系。所有这些对于道德、政治和法律的理解构成了我们现在所置身的这一现代秩序的核心,在其中,个体、战争、和平与国家等概念既构成了我们理解现代秩序的基本框架,也形塑着我们的现实处境。

80年代之后的中国以及中国的思想界以某种近乎激进的方式接受了这一现代秩序的基本理解,并沿循着这一秩序的基本逻辑而进行着某种自我的形塑,由此,在这一形塑的过程中也展现出某些由这一逻辑所必然带有的固有弊病。自由和权利被当然地理解为是一种可做任何属于自由和权利范围之内的事情的权力,道德的个体化则削弱了普遍的道德感,并进而生发出怀疑主义和相对主义,责任和义务的意识在这一基本的氛围之下逐渐被弱化和祛除,由此而使人的生活渐渐为娱乐所取代,缺乏严肃的东西,没有应必须予以履行的东西,一切都只不过是利益的一种交易而已。这一基本的道德境况进而扩散到政治和法律领域。替代这种虚无主义的是一种以强力为基础的法律观,法律不是任何其他东西,而是国家制定的产物,除此之外,没有任何东西具有与之相类似的约束力,并且更令人感到惊讶的是,国家所制定的不是它自身所认为属于其自身的东西,而是那个应予以模仿且有着理想色彩的西方的法律体系。由此,这两种原本看起来近乎对立的要素糅杂在一起。这一强烈的有着固定内容的实证主义立场支配着80年代之后整个民族的基本法律意识。

施米特的传入,正是在这样一个基本背景之下,而其所引发的论争和挑起的激情也正赖于对抗上面所描述的这一基本的道德、政治和法律境况。对于"战争"和"区分敌友"的强调,让人联想到一种不同于娱乐的"严肃性"和"男人的英雄气概",对于"决断"和"例外状态"的强调,则试图攻击那个被原本糅杂在一起的东西,将之区分开来并一一予以击破。我们在法律的体系之外看到了一股强大的塑造力量,"人民"和"领袖"的概念被激发出来并散发出强大的解释力和现实感。对施米特的关注乃至入迷,正赖于他为我们提供了这个时代一些被压抑、被忽视乃至原本被祛除掉的东西,而这些东西正好可作为对抗现实和反思现实的力量。研读和思考施米特的理论,也正是在这一基本背景之下才具有其正当性和某种现实的迫切性。

本辑所讨论的话题聚焦于施米特的宪法及政治哲学。自施米特的思想被引入中国之后,其首先被关注和被予以讨论的是他的政治神学。但是,施米特首先是作为一名宪法学家而出现在历史舞台上的,他与凯尔森、黑勒、斯门德等一起被誉为魏玛时期最重要的宪法学家,这几个人的观念相互之间亦有纷争。他们之间的这些争论为后世人们研究那段历史,以及研究宪法理论和政治理论提供了非常丰富的资源。本辑所录之内容并不聚焦于国内比较流行的从政治哲学乃至政治神学的视角来审读施米特,而是试图从法学,尤其是宪法和国家理论的角度来考察施米特,将其置设在具体的历史背景,尤其是争论语境之中。本辑收录了黑勒、基希海默尔、哈贝马斯等著名学者对于施米特的评论,以及著名的凯尔森学者鲍尔森撰写的施米特与凯尔森之间有关宪法问题的那场著名争论,同时亦有施米特本人的日记。从这些资料中,国内学人大致可以看到一个"法学视角"下的施米特。

主 题 论 文

作为政治思想家的克劳塞维茨：
评论与提示[*]

[德]施米特（Carl Schmitt） 著
李 柯[**] 译

[编者按]施米特的政治法学的研究中，有关战争法的研究是其重要部分，在著名的《政治的概念》中，有一章专门处理有关战争的论题，甚至可以说，战争成为支撑施米特政治概念及其法学的一个重要支柱，对于敌友的决断必然会导致有关战争法权的问题。

在施米特有关战争的研究中，克劳塞维茨研究是一个非常有意思，却长期被人忽视的主题。施米特对于克劳塞维茨的关注前

---

[*] 1. Carl von Clausewitz,《著述、论文和通信：辑录自克劳塞维茨、香霍斯特和格奈森瑙遗稿以及公共和私人收藏》(Schriften-Aufsätze-Briefe. Dokumente aus dem Clausewitz-Scharnhorst- und Gneisenau-Nachlaß sowie aus öffentlichen und privaten Sammlungen), hrsg. von Werner Halweg. Mit einem Vorwort von Karl Dietrich Erdmann, Band 1. Göttingen, 1966, Vandenhoeck & Ruprecht, 768S., DM 135.-
2.（关于第二节和第三节）Rainer Wohlfeil,《西班牙和德意志起义》(Spanien und die deutsche Erhebung), Wiesbaden 1965, Steiner.
3.（关于第四节到第六节）Julien Freund,《政治性的本质》("L'Essence du Politique"), Philosophie Politique, Collection dirigée par Raymond Polin, Nr.1, Paris, 1965, Ed. Sirey.
4.（关于第五节和第六节）Bernard Willms,《总体自由：费希特的政治哲学》("Die totale Freiheit, Fichtes politische Philosophie"), Bd. 10 von Staat und Politik, hrsg. von Ernst Fraenkel, Otto Heinrich von der Gablentz, Karl Dietrich Bracher。Köln und Opladen 1967, Westdeutscher Verlag.

[**] 李柯：北京大学法学博士，洪堡大学法学博士候选人。

后长达30余年,在1932年版的《政治的概念》中,施米特对于经常被引用的,而且在他看来是不恰当地引用的"战争不过是政治交往借助于其他手段的延续"这句名言给出了自己的判断,在施米特看来,作为职业军人的克劳塞维茨看到了战争中包含的政治决断。但很显然,克劳塞维茨并非支撑《政治的概念》的核心论点的核心作家之一。30年后,在1963年出版的《游击队理论》中,克劳塞维茨自始至终成为了一个核心人物,克劳塞维茨的上述名言,被发展为"已经简要地包含着一种游击队理论",克劳塞维茨的《战争论》成为1813年以来游击队实践的最重要的理论成果,从此,游击队在哲学上获得了揭示与尊重。

在1963年的《游击队理论》中,克劳塞维茨成为了一位尽管在官职上地位卑下,但却在思想上最为辉煌的人物,并且指引着后来的伟大政治家,克劳塞维茨被视为列宁、斯大林、毛泽东、萨兰这些显赫的政治人物的游击队理论与实践的先驱者。但此时,克劳塞维茨仍然是作为职业的军事作家而被提及,尽管《游击队理论》的一开头就说,游击战拓开了新的战争空间,发展出了新的作战概念,产生了新的战争学说和政治学说,进一步而言,游击战的出现意味着古典国家学说的终结,意味着区分敌友、强调敌对的相对性的古典战争法的终结。

然而,施米特对于克劳塞维茨的兴趣并没有因《游击队理论》中的大篇幅处理划上句号,四年后(1967),施米特在《国家》杂志上发表了题为《作为政治思想家的克劳塞维茨:评论与提示》的文章,在这篇文章中,克劳塞维茨不再仅仅是作为游击队理论的先驱者,不再仅仅是作为军事哲学家,而是作为政治思想家出现在世人面前,克劳塞维茨的形象更为丰满。这篇文章极大地深化和展开了《游击队理论》中仅仅简要提及的克劳塞维茨写于1812年2月的《信念备忘录》和他同费希特的书信来往,借此言说人民战争的实践和德意志人对于法国人的敌意,对于敌人或者敌对性的关注成为《作为政治思想家的克劳塞维茨》一文的核心命题(值得注意的是,1812年的《信念备忘录》曾被民族主义者和后来的纳粹党人希特勒所利用,当希特勒提到克劳塞维茨时,指的就是写作《信念备忘录》的克劳塞维茨,而不是写作《战争论》的克劳塞维茨)。对于这个话题的关注又恰如其分地同有关民主正当性——王朝正当性的问题纠缠在一起,从而将克劳塞维茨的战争学说的意义置于民主正当性时代对于敌友区分的学说的体系之内,在这里,克劳塞维茨被描述成奉行《政治的概念》中有关敌友区分的学说的典型代表。

1970年代初期,法国当代政治思想家雷蒙·阿隆对于克劳塞维茨展开集中研究,并最终撰写出版了两卷本的《思考战争:克劳塞维茨传》(阿隆有关这段研究经历的自我叙事,参见《雷蒙·阿隆回忆录:五十年的政治反思》,杨祖功等译,新星出版社,2006,第552-573页,其成果最终体现在其中)。施米特和阿隆的克劳塞维茨研究,极大地超出了作为军事哲学家和军制改革家的克劳塞维茨形象,与有关国际法、国际关系和现代国家的观念紧密地联系在一起,极大地拓展了作为军事哲学家的克劳塞维茨及其代表性著作《战争论》的意义。将两者的克劳塞维茨研究加以对照,是非常有意思的思想史命题,也有重要的现实意义——都涉及到对于20世纪以来国际关系的理解,都处理过有关热核时代的战争与政治观念。

汉语学界译介克劳塞维茨已逾百年(1911年曾出现过题为《大战学理》的中译本),但迄今为止,研究者多是从军事哲学或者是战略学的角度阐发其价值。之所以译介《作为政治思想家的克劳塞维茨》一文,在于呈现一个更丰富和更完整的克劳塞维茨形象。为了理解便利,文末翻译了两个附录,分别是克劳塞维茨的信念备忘录的第一部分(附录一)和克劳塞维茨给费希特的书信(附录二)。

一、哈尔维克版的克劳塞维茨文集

如今提到克劳塞维茨(Carl von Clausewitz)的名字时,已不需要太多解释。它唤起的不再像以前那样,仅仅是位能干副官的形象:在天才上级香霍斯特(Scharnhorst)和格奈森瑙(Gneisenau)的光环下参与了普鲁士军制改革,后来写了一本爆得大名的《战争论》(*Vom Kriege*)。

今天,他的名字人尽皆知。世界革命家如列宁(Lenin)和毛泽东,把他纳入了世界历史的宏大语境。甚至在讨论核武时代的兵器和大规模杀伤性武器的时候,他仍然葆有生命力;确切地讲,若抛开那些受制于时代的言说内容,他的战争理论与其说在技术上陈旧了,不如说今天已然变得现代,也已成为检验理论与实践之关系的测试典范。只有站在这个伟大名字所开启的视野内,人们才能完全公正地评价哈尔维克(Werner Hahlweg)编纂克劳塞维茨文献的杰出成就。

我们在这里特别强调版本上的成就,并不意味着说,要把编者归为单纯的文献甄选人和历史的记录者。哈尔维克令人印象深刻的整体表现恰恰以文本研究和历史问题意识之间的出色关联为基础。哈尔维克不仅希望还原一个个性特征鲜明的克劳塞维茨,更希望勾勒"完整的"克劳塞维茨形象。编者的这种能力,不论是通过编辑出版《战争论》(Ferdinand Dümmler in Bonn,1952)一书、写作题为《列宁和克劳塞维茨》("Lenin und Clausewitz")的开创性论文(《文化史辑刊》,*Archiv für Kulturgeschichte*,Bd.36,1954),还是通过发表《普鲁士的改革年代和革命战争》("Preußische Reformzeit und revolutionärer Krieg",载《国防科学评论》第18卷副刊,*Beiheft 18 der Wehrwissenschaftlichen Rundschau*,1962),都早已得到证明。

要获得完整版的克劳塞维茨——作为思想家、政治家和士兵的合一又清楚的总体形象，当然唯有借助无数近代史材料的形构和塑造。这时，文献编排的时间顺序只能算作辅助工具和迈出的第一步而已。纯粹的编年体例，再加上书籍装订技术上无可避免的麻烦，让这部文献汇编在 1812 年这个决定性的年份上出现了一次停顿，因为重要的 1812 年 2 月《信念备忘录》(Bekenntnisdenkschrift)就收录在我们面前的第一卷当中，但它其实和收录在后面第二卷里面的一些文献直接相关，不可分离。这并不是非难实践上几乎无法绕过的编年秩序，而更多地是针对我们时下对第一卷所做的那些说明。或许可兹回应的是，这两卷文献都充溢着同样的热情，即对克劳塞维茨的赞美。基于此，我们眼下这些带着适当的慎重所作的评论和提示，才将获允许，才会有意义。

克劳塞维茨是位政治思想家。唯有作为思想家而不是将军、部队首长、政治人物或外交官，他才可以和他的上司、老师兼朋友格奈森瑙的卓越形象相提并论。这对朋友的合作值得赞赏。那些关于谁在某方面更具优势的争论问题，都会因此而完全无关紧要。哈尔维克写下并强调这句话："在格奈森瑙身后站着克劳塞维茨"（页 44）。《战争论》这本书也必须被理解为一份与格奈森瑙的持续而又丰富的思想交流。

按照确定文献顺序的编年秩序，呈在我们面前的第一卷基本上涵盖 1807 年到 1812 年间的普鲁士改革时期。全编由 1803 年到 1805 年的两个短篇起头，跟随其后的是"崇高年代伟大信念录的序章"（罗特菲尔斯［Hans Rothfels］），也即写于 1807 年 11 月至 1808 年 3 月间的备忘录（Denkschrift）《论普鲁士将来对法兰西的战争运作》("Über die künftigen Kriegsoperationen Preußens gegen Frankreich")。罗特菲尔斯已在 1919 年出版过这份备忘录，现在，哈尔维克根据克劳塞维茨自己的手写笔记原件又将其再版。接下来是 1809 年 12 月到 1812 年 3 月间与香霍斯特将军的公务书札往来，并配有哈尔维克为之所撰写的极富启发性的引言（页 90-208）。这些文献提供了关于克劳塞维茨活动的可信画面，不管是在他作为改革的参加者，还是在他与香霍斯特的公私关系方面。人们据此对香霍斯特其人同样也收获了新认识。

克劳塞维茨 1810 年到 1812 年在柏林普通军事学校充任教师时所做的"关于小规模战争的讲座"（"Vorlesungen über den kleinen Krieg"）占据了这卷书的绝大部分篇幅（750 页当中的 400 页）。讲座手稿完全保留下来了，不过迄今为止未曾刊行。教学目的使得该讲座必须对诸如火炮等事物进行漫长的基础性、课程性的讲授，而在发行时又得把它们一并印出来。即便如此，里面许多对游击队问题的评论仍具有惊人的现实性，有些具体描绘"党派纷争"的例子读来也至少如同瑞士著名的《人人游击战争导论》（*Kleinkriegsanleitung für Jedermann*）——1958 年时以《总体抵抗》（*Der Totalwiderstand*）为题名在比尔（Biel）出了第二版——中的华彩篇章一样引人入胜。跟在这组小规模战争讲座之后的，是 1811 年的《半岛战争述要》（"précis de guerre et en Portugal"），我们在第三节还要回过头来讨论它。

克劳塞维茨与格奈森瑙之间的往来信件（页 612-678）在这里是首次完整出版，也是首次和汇校材料一道出版。编在本卷末尾的便是 1812 年 2 月 12 日的《信念备忘录》了。长期以来，它被当作令人动容的作者个人"信念"（Bekenntnis）而尤为知名。在接下来的第二节当中，我们将进一步考察这份由年轻的普鲁士军官在即将转而为俄国服役之时所提交的《信念备忘录》，也即工作总结和局势报告。这份有理由闻名于世的《备忘录》是由格奈森瑙的传记作家佩尔茨（Georg Heinrich Pertz）在 1869 年"根据原始文件"出版的，此后还被多次重印过（例如施瓦茨［Karl Schwartz］在 1878 年，罗特菲尔斯在 1922 年）。但是，"佩尔茨没再现克劳塞维茨的原貌"（页 672）。他的版本来自格奈森瑙的遗稿，而这一次被哈尔维克用作原始底本的，却大概是第一份未经加工的、由克劳塞维茨自己进行了大量补充、更正和删削的草稿。这意味着，加上出自博因（Boyen）和格奈森瑙之手的边注以及来自不知名作者的文字润色后，本版将是首份带有全部订正的记录。编者以这种方式"首度为通常来说意义重大的克劳塞维茨文献"创造了"更为可靠的文本基础"。

哈尔维克的导言（页 11-54）是一篇眼界开阔、见闻广博的杰作。汇校材料则"有意详细收录了"相当数量的说明和很多阐发性的提示。每一个篇目的编者按都值得特别留意，尤其是关于与香霍斯特的公务往来（页 902 起）、克劳塞维茨—格奈森瑙通信（页 612 起）和 1812 年《信念备忘录》的编者按（页 678 起）。

二、正当性迷宫中的克劳塞维茨《信念备忘录》

编辑刊行 1812 年 2 月的《信念备忘录》，是这一卷文献的巅峰之作。这不仅是因为其文本内容的意义，同时也基于编订工作的成就。用心良苦的缜密细致在这里被证明是极为有益的，它让作者自己以及他人手写的草稿、更正、补充、删削和注解重见天日。研究以这种方式呈现出来的文本令人振奋，在确证可靠的原文之外，它还传递着一种精神上的在场感，这甚至强于人们将羊皮卷握于手中所带来的那种在场感。一位年轻的普鲁士军官借这份工作总结和局势报告的力量来敦促国王针对拿破仑发动绝地反击一般的战争冒险，这股力量是任何人都无法摆脱的。1807 年到 1812 年间的全部紧张感被浓缩进 1812 年 2 月的危险一瞬，并象征性地显现在一份文稿当中。对于知道国王就在这个二月里还和拿破仑签订了联盟协议的读者来说，这种紧张感只会更加强化。

1812 年《信念备忘录》对于政策的讨论局限在格奈森瑙 1808 年 8 月和 1811 年在他的备忘录中先行划定的框架内。它所关切的是，劝使小心谨慎、优柔寡断的国王发动对拿破仑的战争。[信念]备忘录的称呼源自三个"信念"(Bekenntnis)，前者也是按照后者来构造的。跟拿破仑展开生存斗争！这位普鲁士军官坚信此冒险的必要性，它"郁结于胸，回响在灵魄深处"；其次，从一种不被任何畏惧所搅扰的政治理性出发所导出的认识是，拿破仑是普鲁士不可和解的敌人，也不可能用任何顺服的举动来向他求得和解；第三，也是最后一份备忘说的是，根据军事局势推算，群众武装起义根本上是无望的。这是、并且一直都是一部工作总结和形势报告，也即备忘录。诚然，人们可以根据以上三项信念而把这份报告命名为《信念备忘录》。然而，"信念书"(Bekenntnisschrift)的称呼却可能容易暗示一种错误的、在这份文献当中本来没有的非理性。这是一份出自真正总参谋部人员之手的报告，具有军事性、甚或是技术官僚主义性质，它和宗教改革时期宗派信仰告白(die konfessionelle Bekenntnisschrift)意义上的告白书之类的东西不同，和早期教会的告解(Konfession)亦不同；它也不是卢梭式的忏悔，那无外乎一种对罪责的承认；而且它恰恰真的不是一份哲学—道德上的宣言(Pronunciamento)。①

　　对一个明确问题的明确回答居于这份备忘录的核心：谁是普

---

① 在沃菲尔(Rainer Wohlfeil)内容宏富、值得称道的资料性作品《西班牙人和1808-1814 德意志起义》(*Spanien und die deutsche Erhebung 1808–1814*)中，该报告被交替称为《信念备忘录》(Bekenntnisdenkschrift)和《信念录》(Bekenntnisschrift)(页227, 229)。至于这是有意为之还是无心之举，尚未可知。但即使是无意识，这种互换也典型地体现了潜意识中的思想和感觉联系，毕竟在德语中，它们和"信念"这个词不是那么容易分开的。沃菲尔这本书里的很多主题和发问，我已经在我的论文《游击队理论：〈政治的概念〉附识》(*Theorie des Partisanen, Zwischenbemerkung zum Begriff des Politischen*, Berlin, 1963)当中表达过了；参看斯库平(Hans Ulrich Scupin)在《国家》杂志(*Der Staat*, 1966)第五卷上发表的评论，页245到250。我论文的西班牙语版本以 Teoria del Partisano, Acotacion al concepto de lo politico 为标题发表在阿尔瓦雷斯(Jesús Fueyo Alvarez)编辑的《当代意识形态集刊》上(*Collecion Ideologias Contemporaneas*)，马德里政学研究所(instituto de estudios politicos)出版社出版发行。

鲁士真正的敌人？全部反思给出的答案是：拿破仑——法兰西人的皇帝，把《大陆封锁令》强加给欧洲的那个人，即便像普鲁士这样的国家在寻求诚恳的和解，也必须消灭它们的那个人。和本文一同付印的来自格奈森瑙或博扬的或批评、或支持的边注增加了读者的紧张感，例如博扬用铅笔做的一处笔记（页740）。那条笔记激烈地反对当时广为散布的说法："德意志人不是西班牙人！"接下来，我们还要数次遭遇这句话。一个小小的细节（页691）让人们陡然认识到利害攸关之处在哪里——我们得把它归功于这个版本在文本批评之精巧上令人惊异的准确。在第二份备忘录里——论不被任何恐惧搅扰的理性——克劳塞维茨谈到了经济，即他称之为"我们社会体制中最为普遍的生活原则"的东西。他忆及大陆封锁所引发的经济困难形势还面临崩溃的威胁，说那是"一次真正的破产，千倍于个人的破产"，无法"拿来和通常的国家破产相比较"。这种经济状况是一位"从埃布罗河一直赢到尼曼河的统帅"的施政造成的。在克劳塞维茨手书草稿的原始底本上，统帅（Feldherr）一词被格奈森瑙用铅笔加了下划线，他还在旁边用铅笔补上了一句话："幸运的土匪们。"

"土匪"是个什么词？拿破仑喜欢用它来形容西班牙游击队员，而这个词带有一种从正规军队的立场出发而有理由产生的刑事指控意味。在举国性的人民战争当中，事态刚好反过来了，帝国主义的入侵者才是"土匪"，即便他们是带着正规军来的。在这里，对战争各执一词的辩护彼此对峙，对立的紧张程度也随之上升了。1812年的局势当中就包含着剑拔弩张的"诸种正当性"纠葛，让人无法看透。"正当性"在此处是我们用以指称不同证成原则和体系的名词，它给战争权和使用暴力的问心无愧提供保证。

通过谈论复数的正当性，我们回避了在今天仍然常见的停留在单数上的语言惯习，尽管不同方式或类型的正当性之共存已司空见惯，多元的世界图景对于我们甚至如同固有一般。如今人们区分王朝的、民族—民主的、革命的乃至卡里斯玛的正当性,也可以根据更为细致的观察而进一步举出更多的正当性类型。不过,"正当性"一词仅仅在一个世纪中保持了一种特定的形式,即王朝正当性。在这种独占的潜意识或半自觉的持续作用下,语言惯习也停留在了单数上。正当性这个字眼把我们迅速带入了1812年的局势,也就是克劳塞维茨必须在其中理出头绪的那个局势。它的标志是正当性内核的崩塌。伴随着很多共存与妥协的尝试,王朝正当性和民族正当性发生了公开冲突,双方都试图淘汰或瓦解对方,以至于公开的冲突和潜在的合作交错发生。正当性抵牾交锋之阴暗,又毒化了政治空气。

普鲁士国王当时察觉,他的王朝正当性正受到军制改革家们提出的一揽子武装民众计划的威胁。军制改革家瞄准的是分别蕴藏在两个对立的正当性中的战争潜能,冀望把这两者联合起来。不过碰上像拿破仑这样的敌人时,风险就显而易见了。就在不到三年前,也即1809年,奥地利皇帝试图团结王朝原则和民族原则,并放手任由梯罗尔人(Tiroler)发动人民战争。结局是毁灭性的:承认约瑟夫·波拿巴(Joseph Bonaparte)为西班牙国王;把哈布斯堡皇帝之女许配给胜利者拿破仑;根据拿破仑的直接敕令,依紧急状态法枪毙忠诚的梯罗尔游击队员霍弗(Andreas Hofer)。家族—王朝正当性和人民—民族正当性之间的争斗混合着公开和隐蔽的双重面向,这必然把欧洲的公共生活变成幽灵般的谜团。

1793年,雅各宾党人根据民族—革命正当性审判了法国的王朝—世袭正统君主。自那时起算仅仅十年后,也即1804年,一个新的、此间与最为古老的正统世袭王朝联姻的波拿巴家族就横空出世了,通过国际法条约、结盟和联姻,它获得了整个欧洲的承认。相对于波拿巴王朝的新正统,波旁王室成员、旧正统的西班牙国王卡尔四世(Karl IV)与斐迪南七世(Ferdinand VII)的角色就悲惨多了。他们在神圣同盟时期的活跃助手夏多布里昂(Châteaubriand)

甚至认为,这两人最终得到的头衔不会比"可怜的"更多。就这样,彼此抵触的正当性在新的正统世袭家族的成功建立者拿破仑那里发生了如此程度的聚合和翻转,以至于就今天的品味来说,留给他的也许只有一种"卡里斯玛"的正当性。按照韦伯(Max Weber)的划分,他可以和艾斯纳(Kurt Eisner)等其他煽动民众的人一起划进卡里斯玛这个范畴。

在人们围绕正当性展开或明或暗斗争的这个年代,拿波维丽(Margret Boveri)用以形容我们现下的讲法来类比,可说诞生了一种"背信弃义的风景"(Landschaft des Verrats)。置身这种景观的风貌里,比起一段社会地位成功飞升的传奇故事,比如贝尔纳多特(Bernadotte)当选瑞典国王,或者干脆跟杰罗姆·波拿巴(Jerome Bonaparte)——当时(1807-1812)新设之威斯特法伦王国国王、普王的一个盟友——投机利用正当性的滑稽闹剧相比,克劳塞维茨这类人的行动尤为可贵。在1812年的这份严格保密的、直接为其顶头上司准备的工作总结和形势报告,也即《信念备忘录》里面,这位普鲁士军官以"肺腑之言"呼吁和号召后人:"在历史的神圣祭坛上,我放下这轻薄的篇章。"人们听到了号召,他告白的道德和智慧力量是足够强大以触动后人的。

三、人民战争的西班牙实践和普鲁士理论

克劳塞维茨从未登上过大政治的舞台。他的职业军官生涯在上司香霍斯特和格奈森瑙的航迹后面隐没不彰,并无出彩之处。他没有赢得过统帅的声誉。再次提醒大家,他的名望仅仅来自身后出版的那部战争理论著作。当西班牙人民对拿破仑的军队展开一种非常规的斗争时,理论和实践之间关系的问题就呈现出了一些独特的角度,对克劳塞维茨来说,这些角度成为作战当中引人注意的因素。

克劳塞维茨曾考虑前往西班牙,在那儿和法国人战斗,但他只是想过像其他的普鲁士军官一样——例如格洛曼(Grolmann)和舍佩勒(Schepeler)——参加英国或西班牙的常规部队,而不是成为"不屈者"(Empecinado)或此类其他游击队员的丛林战友。当时,一束星星之火从西班牙跃向了北方,它将在那里燃起有力的政治神话,帮助激励德国人起来反抗拿破仑。悲观主义者、失败主义者和以拿破仑为友者对它的反应是这么一句话:德意志人不是西班牙人!德意志军制改革家、奥地利人和普鲁士人虽都重视西班牙的经验,但却很难获得准确可靠的信息,因为按照当时拥有的交通和通信联系条件,德国距离西班牙比今天到越南还要远得多。

在《西班牙和1808-1814德意志起义》一书中,沃菲尔生动地讲述了他对西班牙事件的反应、判断、评估,及其该事件产生的反响。这些讲述拥有丰富又极具价值的材料为佐证。但是在我看来,他错判了普鲁士军制改革的突出的、最终是决定性的特质,以及在反对拿破仑的战争中孤注一掷且最终获胜的那些激进低阶权力精英在社会学上和意识形态上的特点。沃菲尔看到,在普鲁士缺少一种他称之为人民战争的"人性基础"的东西。他认为下列说法值得商榷(页229):西班牙独立战争让格奈森瑙(因此大概也让克劳塞维茨)不单感到冲击和启发,更让他们觉得这其中"藏匿着一种危险,以完全不充分的战争手段,在一场本来为了保卫君主制之存在的战斗中推翻它"。现在我们看到,1812年的《信念备忘录》显示,这些普鲁士人是充分了解其风险的。问题也可能相应地变为,他们勇气的"心灵基础"是否必须得到尊重,即便和西班牙人民的勇气相比,他们的道德和智慧能量是从别的源泉涌出的。

沃菲尔给了这个问题断然否定的回答。对他来说,普鲁士改革家的理想主义不足以担当人民起义的心灵基础。他只用了一句话就轻蔑地抹煞了哲学家费希特的作用:费希特虽然致力于"创造人民起义的精神基础",但任何一种普鲁士缺失而西班牙才拥有的"人性基础","即便是哲学家也不能传授"(页229。)

或许《西班牙和1808-1814德意志起义》一书的主题和素材妨碍了他的作者理解费希特的意义以及普鲁士反拿破仑的独特之处。但据此横加指责费希特重要的学术工作,可能是不公正的。费希特对西班牙几乎没有什么影响,而西班牙对费希特则丝毫没有。我们这里关切的是对拿破仑的敌意,这也是将在以下的段落(第四节和第五节)当中更详尽地处理的。在此之前还要提一下,有一份可以追溯至1811年或1812年的文件,是被沃菲尔挖掘出来(页225)、并被哈尔维克(页604-611)以《半岛战争述要》为名出版的。它在时间上从1807年11月涵盖到1811年6月,但其内容只是对伊比利亚半岛上的重大军事事件进行枯燥和流水账样的枚举,此外就没什么更多的了。如哈尔维克所言,"眼前摆着的这份东西在多大程度上是私人作品,或是职务作品,我们并不明了。"它很可能是一份编年体札记,正如人们着手准备报道、演说或者讲座时所做的那样,为的是让人牢记其时序概况。此间显眼的是,它只把正规军的战斗和行动记录在册,对小规模战争却未置一词。仅有一次,接着1808年5月2日马德里起事,这份札记提到了"西班牙的全面抵抗"(levée générale le l'Espagne),还出现了一句话:"帷幕已在各处揭开,全体人民宣称自己是法国的敌人。"(Partout le voile était levé, tout le peuple se déclare ennemi de la France)

这是一句重要且格外有趣的话,因为这句话恰恰缺少(同时也是对塞维利亚政务委员会[Junta von Sevilla]紧接着将自己塑造为"王国第一权威"的声明而言)在准确通报事实的时候应有的一份冷静,而这种冷静在该《述要》的其他地方都起着主导作用。基于对象性质的不同,有关游击战争的消息做不到像报道正规军厮杀那样清楚明白。但这样一来,更加令人侧目的就是,这份手册完全忽视了西班牙人民战争中的独特因素,完全忽视了对一个普鲁士改革家来说必定是军事上最现实要紧的契机。刚好是跟普鲁士相比较而言,1808年5月2日发生在西班牙的重大事件的含义同以下事实的含义一样深刻:西、英两国正规军在正面战场上遭到法国人毁灭性打击、军事斗争看起来已然完成之后,西班牙人的游击战却于1808到1809年间的秋冬之际打响了。《述要》把那些正规战役(Zornassa、Tudela、Medellin)和拿破仑在1808年末表面上的最终胜利统统登记在案,但在这里和下文中对人民战争或小规模战争却都未置一词,尽管它们在1808年底和1809年初,即开始成为决定性的战争潜能。

正规军的溃败是对民间武装反抗外国占领者之能力的一次考验。1807年,当最后一支普鲁士正规军失利于弗里德兰(Friedland)战役的时候,对法国的作战也就彻底结束了。在西班牙却正相反,人民战争恰恰开始于正规军的大溃败。这项事实对我们的考察至关重要。那么,是什么可能构成了西班牙人民反抗的真正基础,是教士和僧侣的狂热吗?拿破仑宣布真正的煽动者、唆使者和反抗的支持者是他们;或者是西班牙人民对正统王室的忠诚;或者是民众的贫穷以及低下的教育水准;或者英国军队、英国代理人和英国资金的协助;亦或是正规军与游击队的相互配合?以上这些,对我们来说反而是次要的了。实际上,指挥中枢的不足才具有根本意义,有这个缺陷,方令人民战争的真正自发性得以实现。人们可以用袭扰补给和阻止粮秣征集的方法来对付一支拿破仑部队,这不需要任何理论,也不需要巴枯宁(Bakunin)或克鲁泡特金(Kropotkin)的什么学说来解释,当时西班牙人民对法国人的敌意足以说明一切。人民战争就此化整为零,分散成许多本地行动,不计其数。这也恰好是普鲁士抵抗运动策划者眼中极为不利的情况,是他们试图在计划当中予以回避的。

无论如何,从1808年到1813年,一场卓有成效的人民战争和小规模战争在西班牙打了整整五年,却不见任何人民战争和小规模战争之理论的踪迹。没有谁会把 1808 年塞维利亚政务委员会的《预防条例》(Prevención)或特里斯切游击队(Corso Terrestre)的《西班牙人民战争条例》视作战争理论。当时在西班牙,若有人想在这方面搞空洞的理论化,那就是 afrancesado,用德语来说:法国迷。普鲁士反其道而行之,它发明了小规模战争和人民武装起义的辉煌理论,于此同时,在真正的实践上,却只有穿制服的军队投入了战斗和进行了正面战场的厮杀。差距是令人惊讶的,追问理论与实践之关系究竟为何也伴随着这种云泥之别而顺理成章。

一切都不可抽象看待。同盟军 1814 年侵入法国的时候,连拿破仑都试图在法兰西本土以西班牙为模范来发动游击战争,尽管毫无成效。法国人在十年之后的 1823 年卷土重来,但这回西班牙人自己也完全没有搞人民战争,诚然,这次是为了保卫王朝正当性,是受神圣同盟委派和作为"圣路德维希的儿子们"而打仗。作为公敌,拿破仑曾经如此强大,强到足以掩盖诸种正当性原则之间的异质性,以至于招来了一个统一的、更确切地说是一个不分彼此的西班牙反法阵线。后来,西班牙民族主义的发展不再导向对法国开战。相比之下,普鲁士民族主义本质上是在其进一步的发展当中,借助对法作战和视法国为寇雠而得以定型的。有一个 1807 年至 1812 年间在柏林作出的决定影响了这个过程,它所依凭的是:德意志人对拿破仑的敌意和普鲁士人对拿破仑的敌意不是一回事。

四、普鲁士对拿破仑的敌意

这个问题扩展开去,就会触及一个关乎德国和德国人的普遍性困难:德国人与法国和欧洲的关系。普鲁士对法兰西皇帝拿破仑直到那时才产生敌意,这直指问题的核心。克劳塞维茨 1812 年的《信念备忘录》是仅有的一份怀有强烈和绝望之敌意的文献,有些地方还非常骇人。事实上,拿破仑面对的德意志人是个分裂的族群(Volk)。黑格尔对拿破仑的赞美众所周知;人们可以把他《精神现象学》(*Phänomenologie des Geistes*,霍夫迈斯特版[Hoffmeister],页 472)第六章的结尾解释为,黑格尔眼中的拿破仑是"即将临到我们中间的上帝",黑格尔自己则是一个恰如其分的他者,也即关乎那个启示的纯粹和自觉的知识。① 1812 年 7 月,歌德给皇帝及其据说要捍卫地上和平的"帝国"(Reich)写了赞美诗,这个时间节点仅在克劳塞维茨完成他的备忘录几个月之后,也仅在拿破仑的大军开进俄罗斯几天之后。面对拿破仑时,德意志的分裂是个历史事实,它构成了欧洲思想史上重要篇章的内容,该章的标题便是:俄罗斯和欧洲的自我理解。格洛(Dieter Groh)在一本以此为名的书里,从根本上对 1789 年到 1848 年这段时间进行了恰当全面的处理,我们在这里只需要参阅它就足够了。②

拿破仑也是西班牙人的国家公敌。因为亲法人士和"法国迷"的数目巨大,在有教养的居民阶层当中尤为如此,所以西班牙人也是内部分裂的。和德国就此做一对比的话,会得到富有启发性的平行现象。在这里,人们不可以忽视民族本质和近代历史情境的深刻差别。地理形势的不同必定早已产生政治效果:除葡萄

---

① Alexandre Kojéve,《黑格尔导读》(*Introduction à la lecture de Hegel*,Gallimard,Paris,1947),页 144/5,153/4,163/4,195,267,404/5。
② Dieter Groh,《俄罗斯和欧洲的自我理解》("Rußland und das Selbstverständnis Europas")。这是一篇为《政治学》(*Politica*,Neuwied,1961)杂志第三卷所写的关于欧洲思想史的稿子,见页 81 到 101:"欧洲早期内战中的俄罗斯以及拿破仑追随者和反对者眼中的俄罗斯。"我在论文《游击队理论》(参看脚注 1)的"从克劳塞维茨到列宁"这一节中(页 57,58)处理了德·迈斯特(de Maistre)1811 年夏天的一段极富启发性的意见,这还须向论文集《欧洲与俄国》(*Europa und Rußland*)表达谢忱,它是由齐泽夫斯基(Dmitrij Tschižewskij)和格洛编辑,并由达姆施塔特学术书籍协会(der Verlag der Wissenschaftl. Buchgesellschaft Darmstadt)出版社在 1959 年出版的。

牙以外，法国是西班牙唯一的陆上邻国，普鲁士的邻国却是俄国。波兰的例子已经表明，与俄国为邻可能正好是一项亲善拿破仑的有说服力的理由。在具体的独特性中去认识普鲁士对拿破仑的敌意，对我们来说很重要。于是，我们探究政治敌对的真实图景，找寻系统阐述的理想型。这正是弗罗因德（Julien Freund）在他的伟大著作《政治性的本质》（*L'Essence du Politique*）的第七章当中，在"友与敌"（L'ami et l'ennemi）的标题下所做的。①

两种敌意——西班牙以及德意志的——都是真实的，对拿破仑来说都是致命的，但是，普鲁士—德意志的敌意在关键时刻最具危险性，只有通过它，全德意志的普遍敌意才成为了拿破仑的梦魇。较之德国，西班牙有另外的政治能量储备，它在革命前的准备要强于德国。从西班牙人对信仰之敌和劫掠他们教会的人的宗教和道德愤恨当中，德国人体察不到任何东西。作为1803年最大的世俗化推进者，拿破仑已经把跟罗马的协定收入囊中，但这没有给他在西班牙帮上什么忙。即便是德国最虔诚的天主教王室家族也都心安理得地从拿破仑手上接过了世俗化了的教会产业。整个德国都有反对、厌恶和敌视拿破仑的，然而在其内部，普鲁士的敌意带有自己鲜明的特征。

现代普鲁士的影响力肇端于其强权的建立者腓特烈大帝。他业已是军事国家和哲学之联盟的表征；他拥有一支精锐的普鲁士军队和一群法国哲学家随从，却依然形单影只。这里仍没有精神贵族，腓特烈的将军们也仍没有现代意义上的总参谋部（Generalstab）。众所周知，谈到拿破仑，人们说的正是"哲学与军刀的联盟"。他甚至很可能还以此为荣。然而，只有这位身为普鲁士改革家的低阶权力精英在1807年到1812年间的柏林，才让军事和

---

① Julien Freund,《政治性的本质》（*L'Essence du Politique*, Paris, 1965），页442到537；更多内容请参看下文（第六节：克劳塞维茨作为政治思想家）。

哲学的联盟与以往不同,焕然一新。我们将在下面(第五节)讨论它的哲学要素;它的军事部分则由普鲁士军制改革家来代表,其中包括格奈森瑙和克劳塞维茨。

1815年春天,格奈森瑙头脑当中涌现出来的想法,揭去了他们对拿破仑的全部仇恨、也包括两种民族主义的巨大差异的面纱。当时,拿破仑战败枯坐在厄尔巴岛,凯旋的同盟军在维也纳会议上为了瓜分战利品而争吵。格奈森瑙在那年2月18日(佩尔茨和戴尔布吕克[Pertz-Delbrueck],第五卷,页322)给他的朋友克劳塞维茨的信中写道:人们应当让战败的法兰西皇帝"重回到舞台上来";这将会是"把内战输入法国"的最安全手段。格奈森瑙的想法值得稍加留意,因为事情后来的发展让人们认识了法兰西民族主义的超凡力量。

这是一种马基雅维里式的思维,它诞生自真正的敌对。令人惊讶的是,就当战胜者们还在维也纳争论不休的时候,拿破仑竟抢在危险计划之前行动,在未获许可的情况下于1815年2月底离开了厄尔巴岛,也就是格奈森瑙书信发出的几天之后。他自顾自地回到了"舞台上"。胜利的同盟者极为震怒;拿破仑重登大宝后的百日统治不过是短暂的插曲;后来紧接着的是返国流亡分子的"白色恐怖",它倒真的给"把内战输入法国"做出了贡献。法兰西民族当中君主主义者和共和主义者、保守主义者和进步人士、神甫和世俗派之间的鸿沟,最后是普遍的左和右之间的鸿沟,直到今天还在不断加深。无论如何,正是因为没有利用法国的敌人们的帮助,而是作为他们的敌人,从厄尔巴返回了法国,拿破仑终究是胜了他的对手格奈森瑙。唯有如此,他才可能数年后以法兰西英雄的身份进入民族神话,并得配享国族正当性的全部历史尊荣。法兰西民族主义证明了自己的强大,它足以挺过败覆、内战和波拿巴主义的两次崩溃。

拿破仑后来注意到了德国人的敌意,但根本无法理解。他认为自己是他们的恩人,给他们所有人,包括贵族及其子民,送来了革命的丰硕果实,替他们所有人免除了革命的恐怖。以"免于革命"这个恩赐的礼物来做正当性基础,似乎是足够了。在德国,诸多由衷赞誉扑面而来,以至于他可以把德意志的敌意视作几个理论家恶毒的精神错乱。让我们回顾一下德国的拿破仑崇拜,想想歌德的大名和他1812年7月献给拿破仑的赞美诗吧!那么,德意志反对拿破仑的道德和智识力量究竟潜藏在什么地方呢?对这位征服者而言,西班牙的精神前线是全然清晰可辨的;照他自己的讲法,狂热的教士、三十万僧侣煽动迷信和落后的群众起来反对他。在德国却没有教权主义,也没有教士统治。德国人是勤勉、劳碌和理性的人民,拿破仑这位法国大革命的显赫赢家给他们带来了和平与进步,为他们避免了革命血腥。他们的敌人是俄国人、斯基台人和在1812年还公然跟拿破仑打仗的野蛮人。所以,德意志的敌意是从哪里来的呢?

克劳塞维茨用一种坚定冷静的、可说是普鲁士口吻的答辩回敬了热爱和平的拿破仑。在《战争论》第二卷第五章"战略防御的特征"的标题下,他写道:

> 征服者永远是爱好和平的(如同波拿巴也总是宣称的那样),他喜欢悄然潜入我们的国家;但为了让他不能这么干,我们必须要去求战,所以也要备战。

这个普鲁士式的回敬给列宁留下了深刻印象,所以他在自己的摘录本即 Tetradka 中用德文手写摘抄下这句话,并以俄文配上了表示强烈支持的边注。① 那让我们就势提出下面这个启发式的

---

① 关于 Tetradka,参看哈尔维克,《列宁和克劳塞维茨》,《文化史档案》第36卷,1954,页30到59和357到387;以及我的论文《游击队理论》,1963,页55,脚注34。恩格尔贝格(Engelberg)版本的《战争论》(柏林,1957)在第413页有一个注 (转下页)

问题吧:假若拿破仑知晓了克劳塞维茨《信念备忘录》的原文内容,他会对其作何反应呢? 这个问题之所以有意义,是因为它适合用来澄清普鲁士相较于通常德意志敌意的特质。依他对德意志爱国人士众所周知的情绪爆发,我们不难构想他对出自普鲁士总参谋部军官的《备忘录》的反应。不过比之其他德意志爱国者乃至冯·施坦因(von Stein)男爵的思虑和考量,这个普鲁士人的阐述尚有些特别之处。经验丰富的拿破仑将军想来理所当然地注意到了民族风骨,籍籍无名的克劳塞维茨面对着无法和解的敌人时,用它来看透军事上的无望形势,内心却无所畏惧。这很可能会把皇帝的气愤升级为暴怒。然而,除了军事上的精确估算以外,《备忘录》还含有其他成分,就是这些触及了拿破仑道德和智识存在中的敏感之处:它有一些非常"哲学性"的东西,斥骂其为"意识形态"是没办法对付过去的。这些成分在具体的时代性上包含德意志观念论哲学的真确片段。赋予它时代性的是一位在柏林的伟大哲学家:费希特。这种哲学上釜底抽薪式的敌对,是拿破仑在当时的西班牙不可能遭遇到的。

五、费希特,敌视拿破仑的哲学家

"无从怀疑的是,费希特对德意志民族的演讲在这里(参阅克劳塞维茨《信念备忘录》)树立起了一个教父形象。"① 费希特锻造

(接上页注①)解(该书尾注 59,页 908),称赞这里是"关于克劳塞维茨的恰当的反讽"。我的看法是,因为表述本身是平静和客观的,不带反讽的口吻,所以它的反讽作用毋宁说更强。这是典型的强烈政治表达;人们不过是做了一次试验,通过对克劳塞维茨第五章的综览性阅读,对雷蒙·阿隆(Raymond Aron)在《国家间的和平与战争》(Paix et Guerre entre les Nations,Paris,1962)一文中的出色阐述进行了补充。该书页 400 以下,页 654 以下。

① Wilhelm Wagner,《普鲁士改革家及其同时代的哲学》("Die Preußischen Reformer und die Zeitgenössische Philosophie",Köln,1956。这是一篇当时获康德 (转下页)

了德意志反对拿破仑的自由战争的精神,至少总的来看对普鲁士是这样。演讲收到了两重效果:赋予了德意志人对拿破仑的敌意以民族—革命正当性的品质,同时,在宗教改革的现代延续中给予再造的普鲁士国家以新教原则的精神庄严。就这样,费希特"以德国观念论哲学的方式把普鲁士和改革熔炼在了一起"。① 在重生的普鲁士,民族革命正当性和基督新教原理这两者瞬间就历史和具体地不可分离了;但是,这也成就了后来以普鲁士为母体而确定的19世纪德意志民族国家的命运。

(1) 让我们从这项统合的第一个要素谈起,即民族革命的正

(接上页注①)学会颁奖的论文,写于1922年),页144。此外请参看盖伦(Arnold Gehlen),《德意志族性和基督教信仰》(*Deutschtum und Christentum*, Berlin, 1935);以及韦尔姆斯(Bernard Willms)的《总体自由:费希特的政治哲学》("Die totale Freiheit, Fichtes politische Philosophie", Köln und Opladen, 1967),页136;伯格纳(Dieter Bergner),《对费希特关于国族问题之表态的新评论》(*Neue Bemerkungen zu J. G. Fichtes Stellungnahme zur nationalen Frage*, Berlin, 1957),页45往下。伯格纳恰当注意到了,普鲁士自1800年起就已成为费希特的"故乡和命运";他从当时德国市民阶级的欠发达状况出发来解释国族的傲慢和"亲普鲁士的阐释"。如同韦尔姆斯所正确强调的那样,莱昂(Xavier Léon)的书《费希特和他的时代》(*Fichte et son temps*, Paris, 1927)"因为背景细节的丰富,对费希特研究仍然不可或缺"。我们这里尤为感兴趣的是该书第二卷的第十一部分,"1806到1812年间争取民族解放的斗争"("La lutte pour l'affranchissement national 1806-1813")。在法国人和德国人的民族主义争论中,费希特在一个多世纪当中都是极具争议的角色。更不可思议的是莱昂这本书无暇的客观性;任何东西都逃不过他博学的注意力,不论是主人公克劳塞维茨在柯尼斯堡写给费希特的关于马基雅维里(Machiavelli)的信也好,还是后者与穆勒之友谊的细节也好。唯一一点遗憾的是,鲍尔(Hugo Ball)的杰出著作仍然籍籍无名。(参看下一个注释)

① 这个表述来自鲍尔的《从时间中逃离》(*Die Flucht aus der Zeit*, München, 1931,黑塞[Hermann Hesse]为其写了序言),1918年7月31日的记录,页234。鲍尔低估了"改革权利"(jus reformandi)的政治—神学意义,误解了经霍布斯《利维坦》而完成的宗教改革;因此,他也没有理解他自己引用的道勒维利(Barbey d'Aurevilly)的要求,即宣布霍布斯的《利维坦》和德·迈斯特的《论教皇》(*du Pape*)为两本近代最重要的书。关于"完成了的宗教改革"(Die vollendete Reformation)这一主题,参看《国家》杂志(第4卷,1965),页51往下,以及下面的注释12(指原书注释,即本书页29注释①)。

当性。批判性—对勘性比较黑格尔对拿破仑的赞美和费希特对拿破仑的敌视,对于 1807 到 1812 年间德国的完整形象而言是不可或缺的。但这可能要跃出我们的评论和提示框架;费希特与歌德的关系以及他与沉迷于拿破仑的穆勒（Johannes von Müller）的友谊亦属此类,所以在这里也必须存而不论。我们只关注费希特对克劳塞维茨的决定性影响。对费希特进行历史性、哲学性及概览性研究的著作难以让人一目了然,他们的阐释和评断经常充满矛盾,正如大师自己在自由和强制、个体与国族、国族与人类这些问题上面的极端矛盾一样。韦尔姆斯在其研究费希特的著作《总体自由》中扣人心弦地描写了那些不断骤变的极端。该书指出,费希特的锁闭商业国是一个总体社会,而根据作者的说法,这正是哲学家本人政治理论的根本表达。据说在这个社会中,当无所不在的警政（Polizei）以强制的方式消灭了一切有悖自由的强制后,人类将找到绝对的自由。这些虽跟克劳塞维茨毫无关系,但却能让我们认识到,较之哲学家的意识形态敌意,政治思想家克劳塞维茨对拿破仑的敌意独特在什么地方。韦尔姆斯没有讨论克劳塞维茨,未涉及这个来自被拿破仑战胜的、正从挫败当中站起来的普鲁士军事国家的低阶权力精英——一个当时在柯尼斯堡和柏林与德意志观念论哲学建立了联系的杰出人物。

　　韦尔姆斯借由对那些极端骤变的厘清而揭示出来的,不仅是自我之绝对自由的抽象矛盾。自我首先表现得非常绝对,但将被完全把握,并且发现自己身处依赖性、人际性、最终是人类和国族的交互性当中,在这里,尽管自我有不容置疑的绝对自由,但仍将被彻底整合进来。韦尔姆斯也点到了很多早期费希特的具体敌人（他称之为"对手"）,列于其中的不仅有诸侯、贵族、神职人员和犹太人,也有军官。自 1807 年起,晚期费希特的大敌之一登场了:拿破仑。一位革命哲学家能发出的全部敌意,现在在费希特身上集聚起来反对法国皇帝,并且将在他身上具体有型地可见。

拿破仑顺理成章地引来了反对他的庞大同盟,并最终屈服于他们。这些敌人相互之间是如此异质,以至于人们确实能够通过比较他们的不同类型而发展出充分的敌对现象学:陆地与海洋、东方与西方、保守派与自由派、教士和雅各宾党人,他们结成同一条阵线来反对这一个人。文学战线汇聚的大名如德·迈斯特和贡斯当(Benjamin Constant)、阿恩特(Ernst Moritz Arndt)和格雷斯(Joseph Görres)、①克莱斯特(Heinrich von Kleist)和施莱格尔(Friedrich Schlegel)。拿破仑的两个大拥趸者在其失势之后依然固守着那份敬重,为神话的圆满完成做出了贡献:他们是歌德和黑格尔。歌德在其自传《诗与真》(*Dichtung und Wahrheit*)的第四卷中创作了引发热议的妖魔化,还把该卷置于谜一样的拉丁格言之下:nemo contra deum nisi deus ipse(无人反对神,除了神自己)。②黑格尔眼中拿破仑的伟大之处在于,除了能被自己制造出来的敌人打倒,拿破仑是无敌的。

费希特是真正的反拿破仑哲学家,人们可以说,他是以其自身

---

① 为了回应格雷斯的辱骂——"榆木脑壳的普鲁士人"(Stockpreuße),克劳塞维茨创造了"榆木脑壳的民主"(stockdemokratisch)这个新词;他认为,格雷斯的写作"被民主统治的瘾狂热地啃噬着"。柯塞勒克(Reinhard Koselleck)对此有一个重要注释,见《改革与革命之间的普鲁士》("Preußen zwischen Reform und Revolution"),载《工业社会》第七卷(*Industrielle Gesellschaft*, Bd.7, Stuttgart, 1967, Ernst Klett Verlag),页297以及页641。[译按:该杂志正确名称应为《工业世界》,即 *Industrielle Welt*,下同。施米特原文如此。]
② 对这句格言之出处和意义的追问,首先由格拉博夫斯基(Adolf Grabowski)在1945年后抛了出来(在《三艺》[*Trivium*]年刊第三辑第四卷),后来则在歌德学会的《歌德年刊》(*Goethe-Jahrbuch*)上引发了一系列的讨论。施普朗格(Eduard Spranger)猜测(《歌德年刊》第11卷,1949),要么是歌德,要么是里默尔(Riemer)发明了这个表达,并将其冒充为古老的、从钦克格雷夫(Zincgref)《言行录》(*Apophegtomata*)中来的东西。在《歌德年刊》接下来寻意义的一系列文章中(雅奈茨基[Christian Janentzky]、帅伯[Siegfried Scheibe]、莫美·蒙森[Momme Mommsen]),这其中让我们感兴趣的是蒙森在第十三卷的文章,页86到104,因为其与拿破仑的关系。蒙森也引用了(页99)上面文段里提到的歌德日记内容,其中涉及1806年8月的费希特和拿破仑。

作为一个哲学家而存在的。在直面拿破仑时,他的举止堪称一种特定敌对类型的典范案例:他的敌人拿破仑——僭主、暴君和独裁者,"倘若没有用来奴役全世界的其他借口的话,就很可能去创立新的宗教"的那个人。这个敌人是费希特"自己问题的化身",一个被他的自我所造之非我,一个作为在意识形态之自我异化中的对立面的非我。歌德对此可能已经有所注意,他在1806年8月8日的一则日记中写道:费希特的学说就寓于拿破仑的行事和作为当中。①

讨论费希特民族—革命尝试的著述虽有汗牛充栋之观,但它仍然未能深入渗透进德国人的普遍意识。当拿破仑被打败、共同的敌人因此消失了的时候,令人不安的民族—革命正当性思想也很快就消逝了。19世纪的德国人——不管是新教徒还是天主教徒,不管是友法人士仇法人士——在一种模棱两可的民族—王朝正当性上达成了一致;反过来说,这个正当性多少只能存在于东西两条战线是否凯旋尚未可知的条件下。对普鲁士和德国、同时也对十九世纪的整个欧洲大陆来说,要明白无误和效果显著地实施反对拿破仑——在这个意义上也是反对西方的决断,那么从1807到1812年汇集在普鲁士军制改革家那里的民族—革命联结虽稍纵即逝,但毕竟是足够了。

拿破仑无法回敬普鲁士哲学家费希特的敌意,至少不能在同样的层面上。1808到1812年间,法兰西皇帝心中愈发渴望为自己及其帝国赢得德国人,而不只是为莱茵邦联君主们的友情。伴随着皇帝欧陆权力体系和国内根基之危机的增长,他对友谊的需

---

① 参看注释9(即本书页25注释②)。韦尔姆斯引用(引证处在页156,注709)了迈内克(Friedrich Meinecke)的一个灵光乍现的表述:费希特的国族图景可能只是放大的哲学家费希特本人而已;然而作为历史学家,迈内克马上把这个想法当作"浅薄的见解"而驳回了。至于说拿破仑作为敌人可能是费希特自身的问题,迈内克没有谈到这一点。

要也在一道增长,后来加剧到不免和俄国决一死战的地步。在同样的程度上,波拿巴王朝的新正统内部也泛起了对自身民族——革命正当性源头的追思,它原来可跟王朝世袭、诸侯联姻以及封建传统是毫无关系的。对出身寒微、经公民表决产生的当权者而言,革命正当性的庄严来自相反的一面,它发端于启蒙哲学与自由、进步及理性的启蒙观念。拿破仑的自我理解和自我意识正建基于此,他自以为站立在这种革命观念的巅峰之上。

不过,新王朝暴发户跟罗马的任何一件协定、跟哈布斯堡公主的任何一桩联姻都不可能撇清或废除他和其出身之间的联系。一旦这革命的自然之子察觉到哪怕不过是敌意的气息——这种敌意不是出自旧的世袭王朝正当性对他的反叛,而是基于一种崭新哲学意识的反叛——他的自我意识就必会变得紧张拘束,留给他的就只有盲目的权力宣示了。对他来说,西班牙人是迷信的狂热者;俄国人是不开化的斯基台人;德意志人则是勇敢、勤勉的百姓。但这些1813年春天在易北河东面踏上战争舞台来反对他的普鲁士人又是什么?他们想要什么呢?面对他们,拿破仑只会因其忘恩负义而爆发道德义愤,只有对自己的盛怒责备:为什么没有及时踏平这个普鲁士国家,就如同他1809和1810年间与奥地利打了一仗之后严肃认真考虑过的那样。他绝望地质问德国人:"你们德国人也知道什么叫一场革命吗?你们不知道,但是我知道!"(1813年4月26日会晤魏玛大公国宫相穆勒时如是说[译按:穆勒在1815年才出任魏玛宫相])。德意志观念论哲学的自由意识和费希特的革命哲学却觉得自己比十八世纪法国启蒙更优越,同时也没有把腓特烈大帝从他们的优越意识中排除。费希特是这样称颂自己的:"我们将更好地理解卢梭,比他自己的理解还要好。"①

---

① 关于费希特的这句狮子大开口一般的话,参看韦尔姆斯《总体自由》,引注的位置在页18、19,注释95。

在新敌人谴责的目光里，拿破仑帝国主义、拿破仑作为新晋王族的家长所积攒的各色冠冕以及他相互拆台的正当性不过是荒谬的无稽之谈，是对大革命伟大理念之背叛，是对在欧洲范围内流转的一切古今合法头衔厚颜无耻的利用。这个当权者已经集中了太多权力在自己身上，对如此这般的新敌人原本理应心中有数。但这丝毫改变不了的是，一种从普鲁士生发出来的革命哲学向这位前革命者主张，并自认有资格提出主张，不仅它对卢梭的理解比卢梭本人更好，它对革命及革命之子的理解比它们自己也要更好。

于是，拿破仑帝国主义就收获了一个它既不可能从西班牙、也不可能从奥地利、乃至从俄国甚至英国都不可能得到的回答，一个皇帝未曾想到的回答。世界精神似乎有一阵子把柏林当作了它的行在。拿破仑臆想自己已经了结了法国大革命，然而事实上情况却未必如此：法国大革命并未终结，至少不是在拿破仑身上，而且也不是通过他。革命正当性溶解在民族正当性之中，后者已足够强大，甚至足以吸纳拿破仑的声威。然而，作为民族的正当性，它不再能够去证成法兰西帝国主义的正当性，特别是在面对欧洲大陆的其他民族时。确切地说，强大的法兰西民族主义迫使邻邦的人民思考自己的国族以及自己的民族正当性，并冒险进行民族主义的尝试。不仅西班牙人，也包括德意志人，都是在和法兰西民族主义的较量中成为了现代语词意义上的欧洲民族。无论如何，人们在这些时常激化的大陆—欧洲争执当中看到，法国借助它的革命成为了民族概念的范本，并可以说首次开创了民族正当性的类型。普鲁士—德意志的探索虽说并未实现其目的，但也足以克服法兰西第一、第二王朝的波拿巴主义了，第二次时（1870）甚至单凭民族一己之力而未依仗任何外援。

（2）在民族—革命要素之外，让我们再把目光投向第二项要素，它于1807到1812年塑造了新生的普鲁士国家：新教原则。从1806/07年的挫败中站起来的普鲁士国家，就其复兴的地点和时刻来看是新教式的。老省份都信奉新教；虔信主义的感情世界、德意志观念论哲学和新市民阶层的教育从未遗忘也从不否认自己的宗教改革出身。费希特的新教教义和其政治哲学一样，都是革命的，它和黑格尔的比起来是另一套东西。但在战胜拿破仑以后，不是拿破仑之敌人费希特的哲学，而是拿破仑之钦慕者黑格尔的"调停"（vermittelnde）阐释试图在哲学上为普鲁士奠定新教原则。1830年是格奈森瑙和克劳塞维茨的殁年，是德意志精神伟大时代的终结之年，也就在当年，这些新教原则假黑格尔之手以完全的历史哲学意识被表达和宣布了出来。黑格尔常为人热议的历史哲学宣言收在他《哲学科学百科全书》（*Encyclopädie der philosophischen Wissenschaften*）第三版（拉松版[Lasson]，页469）的附录里，原话说：

> 在不变动宗教的情况下去改变败坏的伦理体系的国家宪制和立法，在没有宗教改革的情况下要去完成革命，只是晚近时代的愚蠢想法罢了。

和黑格尔在《哲学史讲演录》（*Vorlesungen über die Philosophie der Geschichte*）中的相应表述一样，这优先针对欧洲罗曼语族信仰罗马天主教的人，优先针对法国、意大利和西班牙，针对黑格尔眼中错误的自由主义和立宪主义。但是，新教改革本身究竟是什么？它能否也可被称为革命？这个问题不会被黑格尔提出来，至少他没有想透彻；霍布斯的《利维坦》具体表现了一场在血腥革命当中完成的宗教改革，[①]这却没有触及历史哲学家黑格尔的意识，他还大抵是位霍布斯内行呢。人们可以轻易地把黑格尔1830年的宣

---

① Carl Schmitt,《完成了的宗教改革》("Die vollendete Reformation", *Der Staat*, 4, 1965)，页1往下；参看前文注释7（即本书页23注释①）。

言解释为,德国人已经完成了领主—领土之改革的全部重要任务,从现在起,他们的哲学家们可以秉着善良心性,以占卜师的角色注视密涅瓦的猫头鹰的飞行,却不必"陷入"革命的污秽现实。

在普鲁士徘徊于"改良与革命之间"(比较前揭注释 8[即本书页 25 注释①]柯塞勒克著作的标题)的年代,黑格尔派以最激烈的方式抛出了理论与实践之关系的哲学命题。对黑格尔自己来说,理论和实践是在精神的不断解放进程当中达成一致的。黑格尔右派"通过永续改革"和"不断再生"调停和消解了革命。黑格尔左派则对这项"新教原则的松懈"提出了针锋相对的批评。批评对他们而言根本上意味着一种理论和实践之间的实用主义中介。鲍威尔(Bruno Bauer)的纯粹批评尽管与革命意义等同,但仍是个人主义和反大众的,于是它相应地仅是"理论"而已。① 青年马克思同时反对单纯的改良主义和单纯的理论,他不耐烦地说:"德国人在政治上考虑过的,正是其他国家做过的事情。"

那么德国人在面对拿破仑时本来应该做些什么呢? 他们应该迎纳他免于革命的泽惠吗? 轻易屈从于外国革命的征服者,就能令伟大的人民避免自身的革命吗? 当人民再也无法回避革命,那么从原理出发要求一场革命,在任何情况下和不惜任何代价为革命而革命,有其意义吗? 这将会是职业革命家的伦理,它只能合理地对职业革命家的人民有意义和效力。在任何其他人民那里,它都只会造成悲惨的阵痛。我们不要忘记上面引过的博扬对克劳塞维茨《信念备忘录》的评论以及那句受到责难的话:德国人不是西

---

① Hans-Martin Sass,《自由的解放:黑格尔法哲学作为实用政法批判的策略》("Emanzipation der Freiheit. Hegels Rechtsphilosophie als Strategie pragmatischer Politik- und Rechtskritik",*ARSP*,LIII,1967),页 257 以下,特别是页 254:(根据黑格尔)法国大革命并未胜过宗教改革;宗教改革着重凸显的是解放新教良知的必要性,以此达到良知和法权的和解。关于鲍威尔和赫斯(Moses Hess),参看施笃克(Horst Stucke),《行动哲学》("Die Philosophie der Tat",*Industrielle Gesellschaft*, Bd. 3, Stuttgart,1963),第三和第四部分。

班牙人!但西班牙人同样也不是职业革命家的人民;即令面对拿破仑,他们也没有变成那个样子。

所以,德国人在面对拿破仑时本来应该做些什么呢?如里特(Joachim Ritter)所说,拿破仑的资深钦慕者黑格尔的历史哲学是一种调和的哲学。它跟拿破仑的另一位资深钦慕者歌德的无上耐心常常是相切近的。在其经典的《瓦普吉斯之夜》(Walpurgisnacht)中,歌德用耐心的诗句来舒缓令他感到不快的暴力理论:

要淡然,这不过是想想而已。

在对拿破仑的意识形态辩护通过海涅(Heinrich Heine)及马克思回溯到黑格尔那里的时候,赫斯却认为"自由的实在发展"恰好始于费希特而终于黑格尔。[①] 凭青年马克思的那句话是不能把费希特打发掉的。费希特把法国人在他们的政治实践中已经开始的东西在反拿破仑的思考中极端地推向终点。当然只是想想而已,这毫无疑问。然而,当人们看到一些他理论上激进主义的表述时,心中泛起的却是对某种可能性的惊惧,即这些想法万一哪天被严肃地付诸实践。或者,在费希特决定反对而不是支持拿破仑的时候,他在理论和实践关系上的失调也许就此埋下了根子?在克劳塞维茨1812年的《信念备忘录》当中,费希特是教父一般的存在,那么上述问题在克劳塞维茨那里又是怎样的?克劳塞维茨是作为拿破仑之敌才成为战争的政治理论的创始人的。他思考过,他和他的朋友们曾经做了什么。唯有如此,他的理论才是真正的,并且作为真正的理论,它可以越出时代根由的界限去继续发挥作用,甚至走进列宁和毛泽东这样的世界革命家的学说与实践里。

---

① Iring Fetscher,《卡尔·马克思和马克思主义:从无产阶级的哲学到无产阶级式世界观》(*Karl Marx und der Marxismus; von de Philosophie des Proletariats zur proletarischen Weltanschauung*,München,1967,Piper & Co),页298。

六、作为政治思想家的克劳塞维茨

哲学家费希特凭借《对德意志民族的演讲》(*Reden an die deutsche Nation*)成为了 1812 年《信念备忘录》的教父。他为 1807 至 1812 年间的普鲁士权力精英们在反对拿破仑的斗争中提供了强大的道德和智识能量。然而决定性的一点却是,在确定具体的敌对性上面,普鲁士军制改革家们只以政治衡量为准则。他们并不是宗教创立者,也不是神学家、思想家或者乌托邦主义者。《战争论》一书正是出自一位把"战争是政治的延续"的学说拓展出全球影响的普鲁士总参谋部军官之手,而非由哲学家写就。任何精明的政治家都可以在对费希特及其哲学毫不了解的情况下阅读、理解和运用这本书。政治范畴的自足性在这里显而易见。所以,仿佛费希特处理理论而克劳塞维茨处理实践的说法乃想当然耳,事实上绝非如此。政治范畴在克劳塞维茨身上获得了纯正的贯彻,与天才哲学家费希特的全部意识形态和乌托邦式汪洋恣意无涉。

法国社会学家弗罗因德是雷蒙·阿隆的学生,使用韦伯的社会学范畴进行工作。值得注意的是,他把价值无涉(Wertfreiheit)翻译成了价值中立(neutralité axiologique)。他的系统性论著《政治的本质》并不把敌友之别当作"标准"来使用(如我的《政治的概念》所采取的),而是当作三种"预设"之一。这是指三对概念,被用以表示政治性之所以可能的本质前提与先决条件:命令—服从、公共—私人、朋友—敌人。这三对概念辩证法中的每一对都将在一个值得赞赏的系统布局中用百科全书般的丰富材料发展起来,以论证政治性(das Politischen)相对于经济性(das Ökonomischen)、审美性(das Ästhetischen)和道德性(das Moralischen)是自足的。

在关于敌友辩证法的那章(页 538-633)里,有一整节处理克劳塞维茨及其战争概念(§134,页 590 往下)。就这样,克劳塞维茨最终以在热核时代仍旧有效的方式发展出了战争的理想型(在韦伯意义上)。弗罗因德在此间看到的是韦伯社会学方法的稳固性的证据,但于我们而言,这里的关键不是方法论或科学理论的争议问题,而是一项重要的、涉及政治思想家克劳塞维茨的认识。这位法国社会学家指出,正是通过嵌入政治现实,"论战争作为政治的延续"的学说才为单纯的军事作战(漫无边际使用暴力是其内在特质)施加了约束。敌对和战争是无法回避的,重要的是它们的界限,也即对科学进步之毁灭工具非人性脱缰的防范。按弗罗因德的说法,政治斗争的目标不是毁灭敌人,而是剥夺他的权力。在克劳塞维茨那里,所谓"歼灭战"(Vernichtungsschlacht)也是作为两支有组织的军队之间的实力较量来被思考的,相应地,全部其他的东西都是一部分人类以人性的名义横心施加给另一部分人类的毁灭。

弗罗因德没有把费希特的例子收进关于"政治的本质"的书里。该书的例证和插图已是如此之丰富,以至于作者不需再把费希特的情况纳作示例。我们要考察政治思想家克劳塞维茨,就有必要明确区分费希特对拿破仑的意识形态敌意和克劳塞维茨对拿破仑的政治敌意,这是为了就一个政治思想家的独特性和自足性去理解他。克劳塞维茨在其中进行思考的政治统一体,是并且一直是国家(Staat),更确切地说是他自己的具体存在着的国家。韦尔姆斯业已指出,费希特的政治理论论述是在"闭锁的商业国"中展开的,但与其说它是一个国家,不如说是一个社会(Gesellschaft),更进一步讲是一个总体社会。费希特的范畴是:自我、社会、国族、帝国和人类。国家在他看来是达成目的的工具以及强制机关;自由主义宪法或民主宪制意义上的党派在那时只能显露出朦胧的轮廓;①而从国际的革命阶级政党(Klassen-Partei)出发进行政治思考,不管是费希特、黑格尔还是克劳塞维茨,都没想到这一层。

我们已经(在前文注释 6 中即本书页 22-23 的注释①)引用过这句话:"普鲁士已成为费希特的故乡和命运"。这个说法是正确的,尽管大概不可能把费希特界定为一个普鲁士人。与费希特相反,克劳塞维茨是个彻头彻尾的纯粹普鲁士人,这不光是考虑他的出身,也不光因为他是普鲁士军官。他属于小范围和强有力的权力精英,这些人在 1807 到 1812 年间成效斐然地令普鲁士国家从彻底战败中获得新生,以致它敢于冒险参加十九世纪工业快速发展的竞赛。为挽救普鲁士的荣誉,今天有很多人的名号又被提了出来,但对于人们究竟应该如何理解普鲁士(Preußen)这个备受争议的名字,同时也对于普鲁士被二战胜利者抹杀之后残存和继续起作用的东西来说,克劳塞维茨的意义比他们深远得多。

政治思想家克劳塞维茨的局限——如果不是说困窘的话——和大陆军事国家普鲁士休戚相关。《战争论》的视野只覆盖了陆战;广阔的海洋世界和大洋上的海战连同它们特有的敌人、战争和战利品概念完全没被纳入考量。这位普鲁士总参谋部军官必然从他自己国家的局势出发,必然从受大陆列强夹击的陆上军事势力的窘境出发进行思考和论证。这个政权从来没有自给自足过,它永远需要结盟,在紧要关头的存活几率永远不高,一直都身处非此即彼的压迫之中:勃兴或衰落、战胜或屈服,每一场大胜都强化和加剧了进一步崛起的迫切性,直到工业进步的竞赛使这个正派的

---

① "在等级上依然有差的社会阶层取得了诸党派(Parteien)的雏形;更多在政治潮流意义上,而非在组织或跨地域联合的意义上。在这背后,以及在喧闹的学生社团之外,商业和经济利益集团,特别是旧阶层的利益集团跳将出来,对行政规划的宪法需求以及行政理解下的公共福利强加阻碍。"柯塞勒克如是说。见《改革与革命之间的普鲁士》,1967,页 297。

大陆军事国家最终不得不"攫取世界权力",并把它推进毁灭。普鲁士德国没有再产出过一位海战的克劳塞维茨。

窘迫的情况将思考带入了具体性,并给立论于此的战争学说带来了出乎意料的成功。十九世纪没有任何占卜者与先知可能预先察知,这种从普鲁士的窘境当中生长起来的学说会进入二十世纪世界政治的伟大实践。第二次世界大战的胜利者在此期间只给普鲁士保留了一点残余物,以致古老的、以前流布甚广的对普鲁士的敌意,几乎没有伤及克劳塞维茨。但是也已经有历史学家对他今天的世界声望感到怀疑,因为这项世界声誉实际上是在像列宁和毛泽东这样的职业革命家的参与下才得以成就的。

一位政治思想家被卷入斗争前线的敌对中,这是由政治性的概念本身所决定的。正确的思想无法克服或缓和这种危险,而只会令它升级和激化。心灵的战争比男人的战斗更残酷(Le combat spirituel est plus brutal que la bataille des hommes)。科学的"价值无涉"理想在这一点上什么都改变不了。像"价值无涉"这样的范畴只会错失政治性的真相和事实,因为价值哲学从政治朋友当中只看到"价值",从政治敌人当中只得到"无价值"。所谓"社会科学价值无涉"的疑难就不要在这里展开了。最后,着重指出我们所引用的出版物的学术意义,对此我们也就满足了,而且我们尤为肯定,任何一个哈尔维克版本的第一卷读者,都紧张期待着已预告出版的下一卷。

附录一:信念备忘录第一部分

[德]克劳塞维茨(Carl von Clausewitz) 著

李 柯 译

警 句

毫无疑问,我清楚安闲的价值、社会的适意和生活的欢愉;跟任何人都一样,我也希望能幸福。尽管我是如此渴望这些财富,我却极少用背信弃义和寡廉鲜耻的方式来换取它们。哲学教导我们要去尽自己的责任,用我们的血来忠诚服侍自己的祖国,为它献出我们的安宁,还有我们的整个存在。

——摘自腓特烈二世遗作

这一小段手稿无疑需要在世人的注视下为自己的政治观念进行辩护,它视反抗法国为必要,与普遍见解相背离,持这种观念的人被诋毁为过度紧张的雷神,或危险的革命者,或轻率的空谈家,或自私的阴谋家。

谁又能责怪他们,在他们离开舞台的这一刻,他们离开了他们的幸运和忠诚的全部对象,因为他们不可能满怀热情和满心尊重地为他们打心底里憎恶的敌人效力——他们在这一刻,希望表现得像是冷静判断的深思熟虑的人们。出于对政府的考虑,他们的观点从不会被大肆宣扬,公众完全被外部专横的压力排挤开了;人们尝试着在这里将他们摆在跟别的意见拥有同等权利的位置上。

当然了,国王将会给他们赔礼道歉,不过他最好心里明白,谁是无私地效忠于他,谁的心里对他的事情充满了最温暖的热情,而这些人恰好又不是他最没能力的官员们。

倘若普鲁士已经伸开双臂拥抱法国,倘若在这里存放着信念备忘录的那些人,他们从表面上看不再(即便在心里面永远)听命于这个国家,那么就可以公开这些备忘录,并且不会因此有损政府的荣誉。或许在这种情况下这些备忘录仍然有能力在臣民的头脑和心中燃起星星之火,它能够在将来治愈政府。

第一项备忘录

一场新的大战即将在北方爆发。或许它的爆发会推迟几个月;但这绝不可能博得许多人的喜欢,这场暴风雨也不可能就此消散。

每一个身处国外、参与普鲁士国家的人(这种人肯定不在少数),都在焦虑不安地为这个国家担忧,不知它在新的灾难中将会面临怎样的命运。

但是,不仅仅是这个国家的命运,就连它的一举一动也是庞大的普遍的利益对象。所有人都期待,普鲁士至少能够带着荣誉斗争,辉煌地走向灭亡。

这个作为一种私人观点的备忘录主要针对参与此事的朋友们,与我的少数但是部分同胞分享;然后也给我其他的同胞仅仅作为正式的声明,反对以任何形式干涉已经决定之事,将要发生之事,以及将来难以忏悔之事和将会后悔之事。

或许这几行文字也会在某些人的胸膛中激发对义务和荣誉的感觉,或许它们还会给某些头脑发送一束光线,驱赶幽灵般的恐惧怪兽,照亮实际存在的危险,把它们与尚不存在的危险区分开来。

****

自1794年以来,普鲁士仅有一场战争,这场战争持续的时间还不够长,挣扎还不够多,意志还不够坚定,并不足以导致彻底的绝望。更确切地说,整个欧洲都在期待这个国家,希望它有一次针对所有压迫和毁灭进行的反抗,并且通过生死斗争一展弗里德里希的威名。

整个海外完全有理由期待这个在全体普鲁士人口中的弗里德里希二世之名,对我们来说还需发现一个值得关注的信念;责任感、美德和荣誉不会因时间的压力变得逐渐麻木和虚弱,相反,它们赢得了更大的弹性,并用高贵的厌恶填满我们。事实上,关于荣誉和声望有很多要说的,当同时拥有两者,并不遭受危险的时候,他们只不过是浮华而已;当我们面对外国时,我们大概能省去很多套话,它纠缠我们太多了。当人们看到我们在危险面前不顾荣誉和羞耻地藏匿起来,这些吹嘘将显得多么可鄙和不体面呀。

所以恰恰是这样的人看起来不可相信,即见证了弗里德里希的作为的那些人，以及其他一直在口中呼唤其英名的人，他们对他的所作所为只知拍手叫好，对所有不是他风格的作为就轻蔑地嘲弄，这些人通过公然写在脸上的不知羞耻的怯弱，全然恬不知耻地去充当了英雄家族的子孙，这些英雄家族曾在世界上为普鲁士赢得了巨大的威望和参与的权利。

我并不是打算在这里绘制一幅全面的图景，在上面展示有关普鲁士现存所有的公众意见和声音；就我个人而言是缺乏经验的，因为我主要只知道首都和相对高贵阶层的情况；我被迫仓促地去接触他们的主要特征，仅仅通过郑重其事地拒绝围绕在我周边的那些公众意见。

重新抵抗法国的这种意见在我们中间差不多完全绝迹了。因此，人们相信无条件联盟的必要性、屈从于恩赐与冷酷的必要性、最终是放弃自家王室的优越的必要性。人们用耸一耸肩的方式来宽容这递增的不快——顶多用盯着地上看的方式表达一下羞愧。

这就是普遍的声音。个别人甚至通过放肆的言行而出众，他们吹嘘市民财产的安全和休闲的享受；所有的这一切都应该献祭给这个必要性，包括王权，也包括国王的荣誉，和国王的安全与自由！

这是少数例外的公众意见。信奉它的方式，并按照它生活，可以把不同的阶层区分开来，包括在个人的层面上。有教养的阶级败坏了，宫廷和国家官员是最败坏的。

他们希望的不仅仅是其他的安宁和安全，他们不是不习惯于这样的思想，即在危险的处境下履行职责，而是他们带着无法消解的尚未绝望的仇恨迫害着每一个人。

当人们跟随我们的状态或一个更糟糕的状态时，当人们更青睐反抗时，究竟什么会跟绝望不同呢？

所以，谁要是在保全国家责任和荣誉的道路上尚未绝望，不相信责任就是最无条件、最可耻的屈从，不再需要荣誉，那他就是一个叛国贼；他肯定会被那些玩忽职守的国家官员所憎恨、追究、在公众面前毁谤、在国王面前控诉以及——被出卖给法国特使。

所以，对国王耿直和怀有善意的真正爱国者被公众意见所排斥，被自私自利的懦夫和无耻的好逸恶劳之徒愚蠢地、恶毒地控诉成了反国家和国王联盟中的一员。

谁没听过已成笑柄的美德联盟？那些联盟中的头面人物，在被控诉成联盟中最活跃的成员的时候，几乎不知道这个社会是否存在以及如何存在。正如容许一个死灵法师的幽灵在烟雾中显形一样，以这样的方式人们幻想着不停地惊扰柏林的宫廷和居民，这无疑是最无耻的谎言了。但是若重要的只是将胆怯的公众置于惊扰之中，那一个这样的假象就足够了。

这种政治上的信仰制度随之带来的是个人的仇恨、嫉妒，容易让人想去迫害他人。而且已经无耻到了可以公开承认自己是卑鄙制度的地步，无耻到了可以每天大肆宣扬那些肮脏原则的地步，还一点也不觉得羞愧。谁要是去谴责这种政治主张，他的个人功绩、想法和性格就会遭到侵犯。

然而请您把目光从这些民族败坏的迹象上挪开，它们就像脓疮，是病入膏肓的外在表征，整体太容易被它侵蚀、毒化和消解掉。

不因心灵和基本原则的败坏而发展成这般充满恐惧和气馁的信念，就如同日常秩序一样，所有的这些并不总会消失殆尽，而是能够和将会提升自己成为更好的存在，只要是在他们触手可及的地方。

人们不必隐瞒对政府的任何一种情感，特别是对政府的缺乏信任，这正是普遍气馁的根源。政府对臣民的信任同样很少，甚至对自己也是如此：这种对自己和他人在信任上的总体匮乏，是我们公共意见的普遍根基；怯懦的持续作用，对意见品行不端和不负责任的影响，是公共声音的根源。

我郑重予以避免这些人们拿来装点我们的意见和声音，好像它们全部是从幸福感中或者某一个同样的感受中蹦出来的一样。

我避免通过偶然情况而对获得拯救怀有轻率的期望。

我与对未来的含混期望绝缘,未来,将不认识残留的意义。

避免幼稚地希望通过自愿解除武装来恳求僭主平息盛怒,通过低廉的卑躬屈膝和谄媚来赢取他的信任。

避免错误地听任精神能力被压制。

避免上帝赐予我们的力量中所包含的非理性的猜疑。

避免罪恶地遗忘对普遍最优的所有责任。

避免厚颜无耻地牺牲所有国家和民族的荣誉、所有个人的荣誉以及所有的人类尊严。

我相信并承认,没有什么比重视尊严和自由的存在更值得一个民族来重视的了。

我们应当为此誓死捍卫直至流尽最后一滴血。

没有什么更神圣的职责需要履行,没有什么其他更高级的法律需要服从。

怯懦服从这一污点永远不会消失。

这一滴民族血液中的毒汁世代相传,使得后人们活力尽失直至消失殆尽。

国王的荣誉和政府的荣誉是一体的,它与民族的荣誉息息相关,是幸福的唯一的守护神。

一个民族在崇高地为自己的自由而抗争时是不可战胜的。

在血腥和光荣的抗争之后,自由的毁灭确保了民族的重生,生活的核心是从中培养出一颗新的大树,从而将以往深厚牢固的树根连根拔起。

我声明并预告世人及后世,部分人打算带着一种错误的智慧规避危险,我认为最道德败坏的正是这种错误的智慧,因为它引起了恐惧和害怕;如果完全不允许我们带着男性的勇气面对危险,即带着一种平静却坚定的决心和清醒的意识去面对危险,那么,在这种情况下我认为最抑制不住的绝望是更智慧的东西。

我并没有因身处当代极度的恐惧之中而忘记古往今来具有警醒意义的事件,忘记整个世纪的智慧学说,忘记著名民族的崇高范例,把世界历史献给一份谎话连篇的报纸。

我单纯地感受到所有的自私,我可以在所有同胞面前公开坦承内心的每一个思想和感受,如果可以在祖国争取自由和尊严的斗争中获得一次伟大的毁灭,那我会觉得自己真是太幸运了。

这份我心中的信仰以及内心中类似的想法值得同胞们的蔑视和讥讽吗?

关于此事,留与后人说!

在历史的圣坛上,我记下这简单的一页,并且坚定不移地相信,如果时代的狂风刮过去了,这座神庙曾经德高望重的祭司将会被小心翼翼地保存下来,装订入游牧民族的生活年鉴之中。

然后,后人自有他们的评判,他们会把一些品质从罚入地狱的判决中拿出来,比如勇敢直面道德败坏的风暴并与之搏斗,保持对责任感如对待心中的上帝一般忠诚。

第二项备忘录[略]

第三项备忘录[略]

附录二:给费希特的信(1809)

[德]克劳塞维茨 著

黄 涛 译

[英译本编者按]1807年6月,哲学家费希特在哥尼斯堡的一份叫《维斯塔》(*Vesta*)的杂志上发表了一篇论马基雅维里的文章。① 该文的目的是针对那些庸俗的误解而为马基雅维里进行辩

---

① "Ueber Machiavelli, als Schriftsteller, und Stellen aus sienen Schriften", Vesta: Für Freunde der Wissenschaft und Kunst(1807年6月),页17-81。载于 *Johann Gottlieb Fichtes nachgelassene Werke*(Leipzig,1924;重印,Berlin,1962),3:401-　(转下页)

护,他们通常将这些庸俗的误解归结给马基雅维里,文章认为,马基雅维里的这一毫不留情的有关政治权力的进路,对于德意志民主的当下情势来说是唯一充分的进路。当时德意志民族的情势非常严峻。到 1807 年 6 月为止,哥尼斯堡已经成为了普鲁士君主政体的最后堡垒。6 月 14 日,弗里德兰战役有可能会终结普鲁士进一步抵抗法国人的所有期望。就如同十六世纪的意大利城市国家,德意志已经成为处在边缘的伟大权力的战场。因此,在那位杰出的佛罗伦萨共和主义者的著作中寻求灵感完全是自然而然的。

在 1809 年早些时候,克劳塞维茨就读过费希特的这篇文章,并如此地深受鼓舞,因此给作者写了这里重印的信件。① 从那时以来,就如他自己所说,并且我们也可以从他的早期笔记中看出来,他已经谙熟马基雅维里的观点。在政治方面,除了在国际事务方面,克劳塞维茨认为马基雅维里的作品中包含有不朽的洞见。马基雅维里认为,国家乃是一个非道德的、自治的单位,并且,他认为政治是一个在其中强力和权宜之计优先于法律和良心的领域,这也是克劳塞维茨的看法。他欣赏费希特为这些观念做辩护的努力,反对那些将国家视为是受着某些精神方面的使命而获得生机和获得正当性的观点——在克劳塞维茨看来,这种看法不仅是错误的,而且在精神领域的从容不迫可能会在战败的时刻成为一种庇护所。另一方面,在军事事务中,马基雅维里并未大大地超出他的时代,尽管他的天赋使他成为了一个人和事方面的敏锐的判断者,但是他对于一般意义上的战争的理解仍然是受制于古人所获

(接上页注①)453。该文已经有了中译本,中译本参见费希特:"论马基雅维里",谢地坤译,商务印书馆,2006 年版,《费希特著作选集》(第五卷),页 185-240。

① 这封信最早出版于 J.G.Fichte, Briefwechsel, H.Schulz 编辑(Leipzig, 1925), 2: 520-26。重印于 Verstreute kleine schriften, 157-66。克劳塞维茨是以匿名的身份来写这封信的,因此这里没有发现有费希特的回信。除了这封信的政治内涵之外,也极大地表明了克劳塞维茨同德国观念论的关系,相关讨论参见 Paret 的《克劳塞维茨与国家》(Clausewitz and the state),页 167-179。

得的那些成就,在他看来,这些东西是有着永久的有效性的。

费希特也深受过去的战争经验的影响,他毫无批判地接受了马基雅维里提出来的那些军事观点——尤其是他针对炮兵提出的反对意见,这似乎是克劳塞维茨这封信的直接的灵感来源。克劳塞维茨的信一上来就绝对否认像一支军队需要多少炮兵这样的问题可以在理论的层面得到解决。在克劳塞维茨看来,在这个问题上经验必须成为向导。但他同意费希特的如下看法,这就是,如果德意志想要挽救自身,就需要某种类型的再生力量,并且不是将这种力量置于一种新的军事形式之中,而是置于人民的战斗精神的一种复苏中,这种精神,假以时日,将会产生一种适合于它自身的适当技术。

克劳塞维认为,军事上的恢复元气必须从考察普通士兵的心灵状态开始,也就是从考虑普通公民的心灵状态开始,这个论证是与他在那时参与的实践改革相一致的。这也同样非常奇怪地与如下观念达成了完美的协调,这就是认为个体的道德改良乃是民族复兴的前提条件。在那个时代,这种态度是同一种非政治的虔敬主义相关联的,而后者是克劳塞维茨所公开地鄙视的。然而,在这里,他是在一个略微不同的情形下来考察这个问题的,这就是,精神力量并不是对于政治上的失败的一种补偿,而是政治和军事力量的一种直接的和当前的来源。

然而,不同于费希特——尽管我们可以注意到,就像马基雅维里一样——克劳塞维茨并不将个体的道德自由和道德上的优越视为政治的正当目标,尽管出于其他理由,这看起来是非常令人满意的。国家可以利用公民们的精神方面的资源,并且,在这个意义上,在培养这一精神资源和保障这一精神资源方面是有利可图的。但国家仍然是一个有自身利益的机器,它对社会秩序来说不可或缺,但却仍然与权力在其中不起作用的其他价值和理想处于永恒的紧张之中。

致撰写了《维斯塔》第一卷中论马基雅维里一文的令人尊重的先生：

我读完了您的文章，尽管我对战争艺术尚无深刻的洞见，也不是那个能够响应您对研究马基雅维里有关战争艺术的书的呼吁的有影响力之人，①但我自认为没有偏见，自从我看到我成长于其间的传统的军事形式和军事观点如同朽木一般崩裂和在事件的激流中遭到破坏，我就越是这样认为。六年以来，关于战争的集中的思考也为我阅读这篇文章做好了准备，我在几年前读过马基雅维里的《兵法》一书，但眼下这本书不在手上，因此我在这里就不打算就某些具体问题提出严格的论证。然而，我希望您能够允许我提出少数几个观察结论，也许这些结论能令您满意，在您的思考中或许值得考虑。如今和以往有着极大不同的是，一种宽泛的、合理的战争观念，超出了战争实务家们的那些微不足道的准则，应该成为每一个公民的共同财产，因此，所有致力于这方面理解的人，应该是可以彼此交流的。

火炮就像其他武器一样，的确在各个地方使用得非常糟糕，它主要是由普鲁士军队在1806年使用的，法国人很少使用它们，根据目前的标准来判断，法国军队中炮兵的数量并不多。

然而，除非通过诡辩，否则很难基于理论上的根据计算出火枪相对于步兵的最佳比率。完全忽视炮兵几乎肯定会带来严重的不利后果，因为当火枪大规模地集中的时候，就几乎不可能针对它做出任何抵御，自从马基雅维里以来，火枪的效果至少是加倍了。奥格劳在埃劳的军队仅仅是被俄国的炮兵打败的，而拿破仑固执地放弃了常规，要求他们承担责任。在这里和在其他地方一样，唯有经验才能将我们引向真理，眼下，在炮兵问题上已经有了不少的

---

① ［译按］费希特在《论马基雅维里》一文中呼吁，"一个谙熟军事、没有偏见而有影响力的人值得花力气去仔细研读几遍这本专著。"

真理。

　　毫无疑问,我们可以说,在德国,战争艺术处在衰落的状态。如果战争艺术要想对于我们有用,就必须通过一种新的精神来使之得到活力,并且为任何战争所需要的艰辛、努力和牺牲提供正当性。在接下来的评论中,请允许我向您指出即将发生的事,并且,在这个方面,同样谈一谈马基雅维里著作的相关性。

　　我不止一次地看到,马基雅维里是一个在军事事务方面非常敏锐的判断者,他有一些全新的洞见,比如说,他这样谈论罗马大将法比乌斯(我想是在《论李维》中),[①]说他的主要的军事行动并不是主要地考虑具体情形而设计出来的。他之所以采取拖延的战略,不是因为在他看来,这种战略特别适合于现有的条件,而是因为他天性拖沓,当西庇阿想要进入非洲(进攻迦太基)时,他反对这一计划,如果法比乌斯为王,罗马可能会走向覆灭。

　　但是就马基雅维里有关战争艺术的著作而言,我还能找回那已经逝去的东西,这就是在他的政治著作中那非常突出的自由的和独立的判断。古人的战争艺术深深地吸引了他,不仅在其精神方面,而且在所有的形式方面。中世纪很容易发展出一种对于古希腊和罗马的战争艺术的夸大其词的尊崇,在那个时期,战争走向了一场深刻的衰落,并且成为一门手艺,这一点可以通过那个时代的雇佣军和雇佣而来的将军得到说明。

　　在瑞士的时期之前,[②]在战争中,武士们的重装骑兵得到了充分的发展,并且也正是在那里,因为防御性武器的不断增加,战争

---

① 大将马克西姆·法比乌斯(Fabius Maximus Cunctator)在第二次布匿战争(公元前218到201年)中担任罗马将军。此人的贡献在于,在他遭遇到汉尼拔所率领的进犯而来的侵略者的时候,所采取的骚扰和消耗的战略。费边(Fabian)一词就是从他的名字中得来的。
② 在十四世纪,瑞士开始在广场上使用长矛兵,其队形类似于希腊的方阵,并且被证明可以有效地对抗骑兵。这一技术得到了广泛的模仿,并且标准者欧洲战场上步兵地位的再度上升的开始。

走向了小规模作战和军人之间的战斗。因此,非常精彩的是,马基雅维里认为,正如我在穆勒那里读到的,在中世纪早期(在广泛地使用火器之前),战争艺术更多地是处在国内,发生在那些似乎并不掌握此类艺术的人之间,而不是发生在那些殚精竭虑想要改良这门艺术的人之间。瑞士人并不懂得古希腊和罗马的战争策略的那些例子,却再度发现了一种作战的更高方式,战争不是出于其他理由,而是因为他们的穷困和他们所处的地理位置,他们不得不进行徒步的战争,他们身上也没有什么防御性武器,而只有勇气。并且,由于瑞士的那些城市之间彼此孤立,他们很幸运地没有其他国家的那些错误的实践做法,反而是得到了来自于他们自身常识的良好指引。

接下来回到战争蜕化为一门手艺,我们之前已经说过,这并不仅仅限定在中世纪,而是在之后的时代甚至更为强调。与马基雅维里不同,在我看来,我们不应该仅仅固执于过去时代成功的方法,以这种或者那种方式来恢复它们,而相反要寻求恢复真正的战争精神。我们不应该从形式出发,而应该从精神出发,并且自信地等待它,从而颠覆旧的形式,创造出一种全新的形式。

在我看来,这一真正的战争精神就是指在最大可能的程度上调动起每一个士兵的能量,在他们身上注入一种尚武的情感,如此一来,战火就会蔓延到军队中的每一个部分,而不是留下无数熄灭的煤块。在这些东西取决于战争艺术的程度上,它可以通过对待个体的方式来达成,但是更多是通过运用个体的方式来达成。现代的战争艺术,不是将人作为单纯的机器来使用,而是激发个体的能量,只要武器的性质可以得到允许,这一点,的确确立了一个限度,因为大规模力量的基本条件就是确立这样一种类型的组织,这种组织允许他们受到理性意志的引导,而又不存在过度的摩擦。

关于这一点我们就说到这里,尤其是在十八世纪,这里存在如下趋势,即将整体转化为一台人工的机器,在其中,心理学要服从于机械力量,但这一点只能在表面上才能发挥作用,他想要通过单纯的形式来击败敌人,并且为个体提供至少是可能的运用自身理智能力的机会。几乎所有的国内战争史,尤其是瑞士的独立战争和法国革命的历史,都无数次地表明,通过激发起个体的能量所得到的东西,要比通过人为的形式得到的东西多。现代的武器,并不与这一点相冲突,甚至是对此表示出高度的支持。古人并没有摈弃方阵和军团,并且,这些东西毫无疑问都更多是人为的,而不是现代以来的简单的、在两条战线或者三条战线上进行部署。除了轻型部队,在古代世界,战争仅仅是发生在这些一般来说十分笨拙的人们之间,而在现代战争中,大规模部队仅仅在目标需要它的时候才能够使用。因此它们也就可以划分为更小的武装力量。

轻型武装的数量,也就是那些作为个体而参加战斗的人员的数量,如今较之在古代人那里要更多,这一点是同军队的规模相对应的。在某些战争的形式中,尤其是在其中最精致的那种形式中,人们在国内发动的战争是以自由和独立为根据的,要使这种数量加倍是值得的。尽管人们说,关于我们的主要武器,也就是火枪的使用,无论如何并不是一种单纯的机械技术方面的事务,因为步兵所使用的火枪的效果是不断变化的,不仅仅是在散兵中使用,而是在排成一列的部队参与的战争中使用,这就取决于步兵对于危险是否有一种或多或少的适应性,和能够以一种适当的方式来使用武器。法国步兵使用火枪被证明比普鲁士的步兵要好,尽管在后者那里运用了更为先进的技术,就是这个原因。

据说古人在激发个体的战斗精神方面最为重要的好处,是来自肉搏战,这是每一场战斗一般都会采取的。因此,如果完全地否认这一点就会是一种偏见。但是,如今已经非常明显的是,正如火枪为现代战争中的胜利铺就了道路一样,同样重要的是,这种决定只能通过狂热地使用兵刃来得到保证。可以肯定的是,在古人那里,个体士兵的价值更能影响他们的公民政制,而不仅仅是影响他们的战斗方式,想要否认这一点非常难,因为那些在战争中杰出的人物,相较被他们击败的那些人来说,同样也会在公民生活中有着杰出的地位,但这并非是出于更为强烈的想要进行私人冲突的动机。并且,在这种观点看来,如果现时代个体在战争中不再勇猛是源自于对于真正的战争精神的忽视,源自于错误地诉诸于那些已经僵死的战争形式,我们就肯定可以看到两个源泉,我们必须再度地将其清理出来,如此,勇猛好战的精神才能够重归于我们,并且使我们的邻邦畏惧我们,首先是公民生活的状态(civil conditions),这是属于政治安排和政治教育方面的事务,其次,是恰当地使用军事方面的潜能(military potential),而这是战争艺术所负责处理的内容。

如果我们遵循上述的原则,并且以最高程度的质朴(greatest simplicity)来组织我们的军队,在军队中的每个人的头脑中植入一种战争的本能,植入一种伟大的活力和事业精神。如果军队的最高指挥官能够相信这些东西,如果他本人就是一个勇敢无畏的士兵,唯一在意的是尚武的精神,并且懂得通过牺牲来激励这种精神,如果,整个部队的力量由此而得到了进一步的提升,那么,战争的美德就将会通过上述这些例子,通过不断地同危险接触,从而很快充斥军队的各个角落。无论如何,在某些人那里已经存在的,出于其他的理由,比如说政治上的理由而产生的战争本能,是不会被巨大的机械力量所扼杀的额,这一点在之前可以经常性地见到。因此,事先认为的那种有关武器的观点,以及有关战争的基本形式的观点就将会走向消失,因为,正如我们所知的,在任何技艺中,风格主义(mannerism)的自然的敌人就是精神。

我承认,对于这种形式的战争的优先性,我有一种非常崇高的看法,这就是,在这种形式的战争中,军事德性将会激发部队中的每一个角落,在这里,战争的主要目的就是尽最大可能地充分运用这种精神。在我看来,这种形式的战争将会支配任何其他形式的战争,不管我们多么聪明地构想在此之外的那些战争形式,在这里还不用说,根据这种战争形式自身的性质,这种战争形式可能是最为接近战争的最为完整的形式。如果说,这种形式的战争尤其适合于我们当前的形势,这一点是不证自明的话,那么,在我看来,我们就必须要努力地追求它,在它那里寻求救赎。

请原谅我在这里的开诚布公的交流,在此我虚心地就教于您。我之所要给您写这封信,只是因为眼下我们被一种神圣的热情所蒙蔽。如果这里但凡有一点真理的火花,那点微弱的火光是不会逃脱一位伟大哲人的敏锐眼光的,您是神圣火焰的教父,在您这里,上帝的美好特权已经允准您接近那最为内在的本质,也就是任何一门艺术与科学的精神。

哥尼斯堡,1809 年 1 月 11 日

目前我仅仅读到了您对于马基雅维里的辩护的末尾部分,尽管这个部分与此处主题不那么相关,并且并在我看来,它也并不能给您带来特定的愉悦,但我发自内心的坦率也让我不得掩盖您的华彩文章给我带来的巨大满足,这篇文章的结论与我在私底下通过平静的反思获得的结论完全相符,并且,它也是我在此前无法作为自身的确信而大声说出的东西。

大多数人固执地坚持己见,他们喜欢将这些意见视作自己的聪明判断,或者至少是一种明显的妄自尊大,但其实不过是出自一种可怜的恐惧或是一种纯然的愚蠢罢了。

第二次世界大战之后的世界秩序(1962)

[德]施米特 著

李 柯 译

[译按]第二次世界大战结束后,施米特不仅失去了在柏林大学的教授席位,还数次身陷囹圄,面临战犯指控,直到1947年才重获自由之身。随后他"流亡"回家乡小镇普莱滕贝格(Plettenberg),直到50年代后期才真正返归公共舆论的中心。不过在此期间,他绝不是一个闭目塞听的隐修士,反而对外界局势的变化洞若观火,并有若干相关作品问世,本文便是里面集中度较高的一篇。

911事件以及随后美国政府的武力行动曾经带来了一段喧嚣的"施米特复兴",论者或奉他的敌友政治观为解题基点,或引正义战争论为分析框架,与此同时,作为理论前提的空间学说以及与空间划分相关的法秩序论却并未得到充分讨论,所以很多应用型阐释不仅与施米特的本意徒具形式相似性,甚或更起到了扰乱视线的作用,以至于施米特的形象长期停留在十足的政治现实主义者和地缘政治理论家上面,而无论这哪一种形象,反过来都强化了原初的误解。这种局面的形成至少与人们过分重视施米特出版于1950年的专著《大地之法》有关。该书的主要内容来自作者40年代初在柏林大学举办的一系列讨论班上的材料,其中绝大多数篇幅用于建构一种立基于土地占有和划分的秩序发生史叙事,于是读者不免把注意力过分集中在土地这种要素上面,从而把该书理解为帝国的霸术之书,却忽略了空间的另一种抽象含义以及 Nomos 的真正原理。事实上,从战后直到 1963 年的《游击队理论》发表之前,施米特一直致力于空间论题的细化与发明,若将目光投向这段时期,便不难发现他思想上的空间历史哲学品格。

也正是在这种空间历史哲学品格上,施米特与似乎若合符节的科耶夫分道扬镳。众所周知,美国对战后秩序的安排首先源自一种理想普世主义的铺陈,苏联的地缘扩张实际上以一种带有末世论意味的政治弥赛亚主义为基础。罗斯福政府的主要官员以及许多美国民众都真诚相信,以强权均势为基础的旧外交模式是失败的,威尔逊的集体安全设想却值得再试一次;苏联意识形态的发言人日丹诺夫则宣称世界由帝国主义和反民主阵营以及反帝国主义和民主阵营所分割,前者的代表是美国,后者的代表是苏联。这两种历史哲学间非此即彼的激烈对抗不仅取消了真正中立的可能性,也瓦解了欧洲的独立性,不管是法国还是德国,其智识阶层都必须在这个关口回答对抗的性质以及究竟向何处去等问题。施米特在 1952 年给政论杂志 *Merkur* 写了题为《世界一体论》的评论,自那时起直到本文为止,有大约七八篇文章直接论及空间历史哲学,并由此开出世界内战的论题域;而与施米特所强调的东西对抗大背景相比,科耶夫写于 1945 年的策论《法国国是纲要》中以拉丁族性为基准的南北分立显然是飘渺的,他的三国演义构想也被政治实践证明并不比奥威尔小说中的大洋国、欧亚国和东亚国格局更真实。不过,他应施米特之邀于 1956 年在杜塞尔多夫发表的名为《从欧洲视角看殖民主义》的演讲颇值得注意,是本文很好的对照文献。不难看出,施米特对未来空间秩序的展望,和科耶夫有诸多不同。

本文首先以西班牙文发表于 1962 年,1990 年才由君特·马什克译为德语。1962 年 3 月 21 日,施米特被聘为马德里政治研究所的荣誉研究员,并在所长弗拉加的主持下用西班牙语做了一次演讲,后以《第二次世界大战之后的世界秩序》为题发表在该所当年的《政治研究杂志》上,同时也出版了单行本,受到了西班牙媒体的热烈追捧。与之相应的是,法国政治家和理论家念兹在兹的"拉丁共性"在西班牙却颇受冷落。这或许是条佐证,在仍以德国为直接假想敌的拉丁帝国构想面前(科耶夫的《法国国是纲要》首次公开出版于1990年,直接缘由就是两德统一,欧洲内部的权力格局将大为改变),人们应当向施米特思想的精神品质投以更多的敬意。

弗拉加(Don Manuel Fraga)以学术的透彻和完美睿智的理解精湛阐释了我的作品。他还优雅大度地谈了我这个人和关于我的传闻。马德里这所著名政治研究机构把本身就已经很重大和卓著的奖项授给了我,倘若考虑到历史时机和当前形势,这份荣誉就更有意义了。我感谢研究所以及所长弗拉加,并接受这份象征着友谊和精诚团结的至高荣誉。我将骄傲地佩戴起这枚授予我的奖章,并将其含义铭记在心。

我也感谢我所有的西班牙朋友,不管他们是研究所工作人员,还是来自其他地方,并且确证我写下的、还被弗拉加教授在他发言中引用的话:这项由政治研究所和与西班牙朋友们此次相聚带来的殊荣,在我的避难之处、在我人生的黄昏之际,是一个节日,它不容亵渎。

弗拉加称我为欧洲危机的见证人,一个非但不想置身事外、甚至希望生活在其中的见证人。确乎如此。在一个混乱的年代,我已经把我学术研究的成果自觉地放在了历史的秤盘上。一个别致的巧合是,研究的真正脉动一直把我引往西班牙。在这次可以说命中注定的相聚里,我看到的更多是一种证明,即西班牙民族解放战争是一块试金石。在当今世界范围的斗争中,西班牙是第一个以自身力量和那样一种方式取胜的国族,从这个角度看,这是所有非共产主义国族从现在起在面对西班牙时都不得不去证明的。

自我以柯特斯(Donoso Cortes)为主题做第一个西班牙语报告以来,已经三十三年过去了。那是在1929年的马德里,在当时的德国研究所。

差不多二十年前,我在马德里政治研究所做了和今天主旨相同的演讲:"空间的问题"。

我今天的演讲是冷战核心问题这个循环主题中的一个部分。冷战的主题有很多面向:政治的、意识形态的、法律的、经济的和军事的。就最后一项来说,核战略的问题显得尤为突出。在丰富而又几乎不可忽视的文献当中,所有这些面向都以形形色色的方式得到了处理。这里面也有西班牙杰出作家们的贡献。我特别要提到尊敬的同事伊里巴内(Frage Iribarne)发表在《政治学杂志》、《特雷列斯纪念文集》(1958)和《拉坎布拉纪念文集》(1960)上的若干作品。我在试图描绘当今世界局势的时候参考了它们,获益良多。

我们正处在一个险峻和变化剧烈的紧要关头。不幸的是,这在今天,在1962年的春天,并不意味着我们接近了世界和平和终极秩序;人们甚至很可能都无法给冷战设想一个结局,那无非又是一段夹在战争与和平之间的新的悲惨过渡状态而已。

一、反殖民主义、宇宙空间的占领和工业发展援助

在思考的进一步展开中,我们自然必须谈及联合国——这个揽下保卫和平与世界秩序之任务的全球组织。但我们心里清楚,联合国无非是现存秩序、很遗憾同时也是现存之无秩序的反映。联合国什么都不建构。如我们所见,除了亦步亦趋于冷战发展进程中的每一次变迁,它什么都做不到。没有人会否认,联合国的方法和程序性路径具有一定的价值,然而,采用规范主义或者跟诉讼

相类似的商谈无法化解真正的问题和客观现象。有三种新现象迫使观察者去审视当今世界形势中真正客观的问题；甚至可以说，它们新就新在令人始料不及。像今天表现出来的那样，在1945年，也即在第二次世界大战结束时，它们仍隐而不彰。我所指的，就是反殖民主义、对空间的征服、不发达地区借助发达地区的工业发展。

就这三种现象本身而言，它们被彼此分开考察，是完全异质的东西；乍看来，它们之间不存在直接的关联。排列顺序大概也显得很随意，首先是反殖民主义，之后是空间问题，排第三位的是不发达者的工业发展。在演讲的第二部分，我将详细论说不发达地区的工业发展，因为我在这里把它视为一种新世界秩序的中心议题，十分急迫。这是个大问题，我们可以用"大地法"（Nomos der Erde）这个表达来指称它，以便把它在术语上跟那些不那么根本的论题区分开来。"大地法"的表达有特定含义，它把注意力引向一项新的土地占有之具体事实，引向随之而来的对大地的分割、分配与瓜分。人们在此必须考虑到，对地球新的占有和分配的壮观进程在其具体的现实中将造成空间结构的实质变迁，也包括造成空间概念的改变。我们冀望利用"法"（Nomos）这个术语，让新世界秩序问题的空间视角能够凸显出来。

请诸位原谅以上对语词Nomos的术语学提示。若要提醒大家注意"世界秩序"这一课题的空间视角，我认为这实属必要，因为这样的话，我们的观察就不至于终止在抽象的套话或规范性的拟制当中了。正如前面所言，我还将返回到不发达地区的工业发展这个主题，返回到我们这个时代大地法中的主要问题。反殖民主义关注的通常完全可以视为一些意识形态的东西，在很大程度上，这也千真万确。最重要的是，它是一种宣传鼓动，更具体而言是反欧洲的宣传鼓动。它呈现在我们眼前的历史，就是一段宣传—运动的历史，不幸的是，甫一开始它就无外乎一股欧洲内部的运动风潮。最先出现的是法国和英国的反西班牙宣传,也就是十六和十七世纪的所谓黑色传奇(leyendanegra);这种宣传在十八世纪的人道主义化启蒙时期有所增多,让自己化身成了普遍性的东西。最终,整个欧洲被贴上世界侵略者的标签,并被送上被告席,在联合国顾问汤因比(Arnold Toynbee)的历史观念当中也正是如此。欧洲列强英国、法国、荷兰和比利时的巨大海外殖民帝国是如何伴随着这种欧洲人创造出来的反欧宣传诅咒大合唱,在第二次世界大战结束之后仅数年内就崩溃了的,对我们来说仍有现实意义。

出于这个缘故,人们有必要从反欧洲的意识形态迷雾中把自己解放出来,并牢记:所有能称之为国际法的东西,几个世纪以来都是欧洲国际法。最重要的是记住,现存国际法的全部经典概念都来自特定的欧洲国际法,即欧洲公法(iuspublicumEuropaeum)。特别是涉及战争与和平的概念以及两组根本性概念区分的时候:首先是战争与和平的区分,这意味着对冷战中相当典型的中间状态的预防;其次是敌人与罪犯在概念上的分离,它意味着预防对反对者的歧视和入罪化,而这对于革命战争来说尤为典型。革命战争在本质上是和冷战联系在一起的一种战争。反欧宣传的发言人之一、印度政治家梅农(Krishna Menon)在侵入葡萄牙的果阿飞地之后宣布:"国际法直到今天都是欧洲的;让我们来创造非欧洲的另一种国际法。根据以往的全部经验,我们可以带着某种好奇而对战争与和平的观念怀有期待,它将创造这一新的国际法。"

然而,正是因为这一反欧洲姿态,我们不可以忘记反殖民主义的空间视角。欧洲以外的族群进行征服、土地占有和镇压似乎并不会招致反殖民主义的憎恨。北美驻联合国代表史蒂文森(Adlai Stevenson)尽了很大努力,试图阐明何谓苏维埃式帝国主义观念。类似的尝试揭示出,今天全欧处于防御状态已经到了什么程度。于是,反殖民主义与空间有关的特质就跃入眼帘。在思考这种现象的意识形态特质时,不容我们无视其中的空间维度。国际法经典思想中尚且留存下来的东西起源于纯粹的欧洲中心空间秩序。而反殖民主义是伴随着此空间秩序毁灭的一种现象。它独一无二,仅向后看,指向过去;颠覆当前既有格局是它要实现的目标。除了道德预设和欧洲国族的入罪化,它没有创造关于新秩序的任何观念。它基本上为一种空间观念所确定,哪怕只是消极的,因为它不据有以积极的方式去促成开启新空间秩序的能力。此外,这个空间将以别的令人吃惊的崭新视角呈现出来:作为工业发展援助的空间。这个问题我还要再谈到。

也正是因为反殖民主义的消极的和破坏性的倾向,着重强调它的空间视角对我来说就饶有趣味了。另外还有一个普遍现象突然引人瞩目地跃上了前台,新型的宇宙空间登场了,它有着明显的空间维度。空间的问题,看起来甚至是这里要处理的唯一事情。现如今当人们说,我们的时代是空间的世纪,以及当人们带着一份坚定或激情到处谈论"空间"时,大家首先想到的是宇宙空间及其征服。无可度量的新空间敞开自己,并将以林林总总的方式被占有和划分,如同每一个人类活动当中都不可避免地发生的一样。近来我们刚刚谈论到一种大地法;而现在,这个问题似乎在无限扩张,以至于思考宇宙法也都显得顺理成章了。与占有和划分宇宙空间的大手笔相比,以前有过的所有历史经验——不管是占有陆地还是占有海洋,甚至是征服大气层——对我们来说都显得渺小和微不足道了。

刚刚谈过那种奇特的反殖民主义现象,我们下面要面对的是它的反现象(Anti-Phänomen)。反殖民主义的意识形态还停留在人世间,留在我们这个小小星球上。然而,对宇宙的征服把我们置入到广袤无边的新空间,甚至让我们摆脱了地心引力,更有甚者,这种征服大约都不需要一个阿基米德支点。反殖民主义不是别的,它正是对欧洲民族历史过往代价的清算。与之相反,对宇宙空间的占领面向纯粹的未来,并且把直到今天已经发生过的历史表象都变成了微不足道的前奏。尽管如此,遗忘或者轻视空间视角的重要性仍然可能是草率的,在这个视角下,两个反现象相互冲突;在宇宙空间大争夺和东西方大规模对抗的当代竞赛中,两个反现象也相互冲突。美苏之间的事务首先以及基本上关乎对我们地球的统治,关乎对我们的星球进行政治支配,以宇宙的眼光来看的话,这就显得渺小了。但是,谁只要统治了地球,谁才能统治那新的宇宙空间,而新的技术工具将令其成为可能。反过来说:强权在占有宇宙空间时踏出的每一步和获得的每一个进展,都是向统治地球迈进的那一步。围绕卫星和宇航员编排出来的梦幻般的宣传有着极为具体的政治目的,那就是去影响地球上的居民,而不是月球或火星上可能的居民。对平流层或者宇宙的统治将会收到在地球上实施的战争战略的回馈。在此处,战争也是总体的。但不论是冷战还是热战,它都仍是一场地球人跟同一个地球上的其他人之间决死的战争。

二、现代冷战是革命战争的一部分

因此,我们不得不注意附随于反殖民主义和宇宙征服这两个现象的空间视角。它们都与冷战的前线和命数交织在一起。直到历史进入当下,反殖民主义被东方利用来反西方,新的宇宙空间也变成了东西方激烈对抗的舞台。所有这些可能都没什么好惊讶的,到这个时候,我们已经习惯了冷战,它对我们来说似乎是关于人类当前存在状态的不言自明的事实。然而正因为如此,不把我们的目光从冷战之当前样式的具体独特性上面移开,不把关于冷战的疑问和问题限缩到普遍和抽象的观念上去,恰恰是有必要的。这里存在着向抽象一般化转变的分外危险。人类历史上的一切时期都有战争与和平的过渡状态,在讨论当前形势下的道德和法律时,它们被当作平行或相似的事情而被提出来。由此常常产生一种关于道德省察和法学省察的印象,甚至有应当产生一个清晰定义的印象,尽管一种触及当前冷战中的具体性和危险性的方式实际上阻止人们这么做。自二战以来,现代冷战渐次沾染了一些具体的特质,为了能探究其不同阶段,我们必须对抽象一般化的危险保持足够警惕。

我们已经说过,在任何时期,都会碰到战争与和平之间的过渡状态。简单来讲:自地球上存在战争与和平以来,就有一种所谓的混合状态(statusmixtus)。所以,把冷战看成一种普遍的历史现象,是可以及完全允许的。阿里亚斯(García Arias)发现,在中世纪的西班牙,"冷战"这一术语就已经出现在曼努埃尔(Don Juan Manuel)的一部题为《秩序之书》(Libro de los Estados)的著作当中了。该书谈到冷战时说:"冷战给它的制造者既不能带来和平,也不能带来荣誉。"①西塞罗的讲法广为人知,也时常被引用:在战争与和平之间并无中庸之道[Interpacem et bellumnihil medium]。格劳秀斯在他的《战争与和平法》(1625)当中援用了这个表述,自此它变成了一句谚语。上文中提到的两个例子已经向我们阐明了下述命题:战争与和平的结构从一个时期到另一个时期会有变化,而战争与和平之间的过渡状态恰恰依附于这个结构。基督教中世纪封建领主之间的冷战、基督教帝国与穆斯林帝国之间的冷战和西塞罗提到的冷战总归不太一样。在抨击安东尼(Mark Antonius)的第八个演说(Philippika)中,西塞罗把罗马共和国的一种状态纳入了视野——仔细考察的话,那毋宁是场内战。两次内战之间的混合状态自然与两场国际战争之间的过渡状态非常不同,后一种战争是由两个基础坚实和无从渗透的国家所进行的。格劳秀斯在1625

---

① Luis García Arias,《现代战争的合法性》(Sobre la licitud de la Guerra moderna),载《现代战争》(La Guerra moderna),Universidad de Zaragoza,I,1995,页120。

年使用西塞罗的措辞时从结构上根本改变了它,并借此制造了一个信条。格劳秀斯已经站在了经典国际法式的国家间欧洲公法的开端,而欧洲公法的结构意味着,国际法意义上的战争是国家之间的战争,更确切地说,是欧洲中心世界秩序内主权国家之间的战争,这套秩序在当时也是由它催生的。与之相反,内战则在一国之内展开。

不论是在国际法中,还是在宪法中,[①]人们今天都频繁谈及所谓"经典概念"。它们常常被有意无意充当形构法律或道德观念的基础。它们被假定是有效的,尽管如此同时,它们也在遭受非难、在解体。就此而言,过渡状态也塑造了当前的世界。这是一种危险的状态,因为它是许多冲突的起因,也可能让人误用传统上拥有权威的话语和观念,特别是如战争、和平、中立性等话语和观念。如我们已经说过的,国际法至今尚存的"经典性"本质上是一种欧洲法权,正好侧身于战争与和平、参战者和中立国、战斗人员和非战斗人员、军事和民事的分离和严格区分之间,立足于所有这些精确区分之上,立足于最终在1907年海牙会议的规范中寻获自己经典表达的这些区分之上。

然而,为这一切国际法经典概念提供基础、并让真正中立性的观念成为可能的,是一种似乎自二战以来就已经被抛弃的根本区别:敌人和罪犯的区别。根据经典国际法,人们跟敌人作战,而不宣布他们为罪犯。恰恰相反,敌人被视为自主和同等的而受到尊重,因此人们在战胜他之后,可以跟他订立光荣的和平。

直到如今,还能够被当作国际法史上的人道主义进步而受礼赞的一切东西,都建基于这个经典的区分。今天我们很能理解,为什么法国外交官塔列朗1805年在一个非常有名的备忘录中,欣喜

---

① 请与我《宪法法文集》(*Verfassungsrechtliche Aufsätze*)索引中的关键词"经典概念"做一对比,Berlin 1958,页512。

若狂和无比庄重地把这项区分当作人性的进步来庆祝。而今在总体战争、灭绝战争和游击队参加战争的时代,这项进步意识显而易见地失落了,野蛮的故态复萌好像几乎无法避免。根据列宁和毛泽东的著名命题,只有革命战争才是正义战争,这是一场在敌对者的土地上以摧毁社会秩序为目的,根绝其统治阶级、对权力和财富实施重新分配,而不再顾及区分侵略和防御的战争。除了颠覆他国社会以外,革命战争并不把别的什么关切或指向当作自身的最终目标。所有其余的东西,包括区分战争与和平,对进行革命战争来说不过是战术或策略问题。为了赢得权力而视情况采取军事或非军事方法、使用合法或非法工具,亦属此类。这是革命战争根本性与决定性的首要原则。在一篇很有名的关于战争之现代形态的文章中,毛泽东估算了被他用作基础的战争工具与和平工具之间的数量质量关系,也即是说,热战和冷战的比例。他认为,只有当冷战已经利用和平工具为军事介入创造了成熟时机的情况下,方使用热战。唯有如此,才会出现红军,它才能占据全国。毛泽东用数字核算出这两种战争方式之间的比例是 10:1。换句话讲,革命战争是十分之九的冷战和只占十分之一的热战,即使这十分之一非常关键。当我们思考冷战的时候,这是一个必须注意到的比例。因为,只有敌意才构成每一场战争的实质,而它在十分之九的冷战中并不少于那其余的十分之一,不少于所谓的热战。

革命战争利用国际法的经典概念,就如同它利用宪法的、最后是民法的经典概念一样,仅只出于革命目的而把它们变成了战术战略目标的武器和手段,从而将之工具化了,这包括在一定意义上将其相对化和中立化。和法学客观性意义上的中立性截然不同,这是从内部对它的摧毁,而当法学家听到谈论相对化和中立化的时候,他乐意想的是前者。西方法学家今天也倾向于把经典概念相对化,特别是遵照在适用上成问题的各种单行规定来拆解战争概念。如此理解的话,就既会存在一场海牙会议意义上的战争,也存在另外一场非常不同的商法意义上的战争,例如现购自运条款（cash and carry）,或者一场某些安全法条款意义上的战争,诸如此类。① 这是一个现实和实证的解决方案;倘若要在一场冷战当中适用各种法律的话,它具有便利性。但其危险在于,法学—实证论的相对化方法在很多情况下得到的最终结果和革命相对化方法所得到的结果一致,但后者理解的追求意图跟前者截然不同。世界秩序的中心问题一直是政治性的,注意力一旦走上迷途,便不再关注它,一种中间状态就被合法化,其合法性不需要花多大力气就可以为革命战争所用。

  如此一来,为了恰当地说清世界局势,人们必须认识到这些观念的疑难之处。战争与和平之间的过渡状态跟过去几个世纪中所谓的混合状态有天壤之别,一个强有力的对手在过渡状态中发动的革命战争和相对的、局部的战争也迥然不同。现在,一个新的中间状态自第一次世界大战结束后就已被触发了。日内瓦国联的集体安全机制和阻止侵略战争的尝试业已摧毁了经典的战争概念,同时也摧毁了法学—国际中立性的经典概念。这套集体安全机制既不是有利于和平的部署,亦非遏制战争的保证。1935 年被吸收进国联的苏联为实现其世界革命目标而使用国联的机构和程序,大力介入关于裁军、谴责战争和定义侵略者的讨论,并提出最为激进的建议。这些做法之所以不被禁止,是由于苏联进行的革命战争只有十分之一是军事斗争,此外也是因为,跟遭到强烈义愤谴责的经典国际法上的战争相比,革命战争展开于另外一个层面。

---

① Fritz Grob,《战争与和平的相对性》(*The Relativity of War and Peace*), News Haven 1949;另可参看 Helmut Rumpf 的作品"论战争概念的相对性"(*Zur Relativität des Kriegsbegriffs*),载于《国际法辑刊》(*Archiv des Völkerrechts*), 1956/57,卷 1,页 51-55; Manuel Fraga Iribarne,"战争与和平"(*Guerra y paz*)、"作为新问题的中立概念"(*nuevosproblemas del concepto de la neutralidad*),载《特雷列斯教授祝寿文集》(*Homenaje al Profesor Camilo Barcia Trelles*), Santiago de Compostela 1958,页 339 至 350,页 344 以下。

三、冷战的三个阶段：一元性、二元性、多元性

第二次世界大战爆发前夕，确切地说是在1939年4月26日，英国首相张伯伦在下议院宣布引入征兵制，并说道："我们没有战争，但我们同样也不怎么拥有和平，这千真万确。"[①]在二战期间，中立性观念受到法学讨论的垂青。虽然它用新的区分把自己碎片化，一步步把自己愈加相对化，让自己消散，却从未彻底地偏离其基准点：法学—国际中立性的经典观念。于是就产生了一种过渡现象，比如不战而屈人之兵（Nicht-Kriegführung）和非战争措施（measures short of war）的实践。美国即以半中立或四分之一中立照此行事，直到在希特勒1941年宣战之后才公然介入战争。但是，当全部、一半或四分之一中立性一直都存在的时候，同样也将有全部、一半或四分之一的战争。这是一条通向过渡状态的道路，是通向不再容许区分和平何时终结、战争何时开始之状态的道路。罗斯福和斯大林结成的友谊与共同对抗希特勒的战斗掩盖了批判性的洞察，斯大林方面当时对美国奉行的就是介于和平跟战争之间的暧昧态度，这构成了革命战争战略的一部分。

于是，现代冷战的第一阶段就这样开始了。我们可以把它界定为一元性阶段，因为它建立在这样的观念之上：世界的政治统一体在当时，也就是1943年，基本上是存在的。若想最终实现普遍和平与建立新世界秩序，只需要克服一些像希特勒德国这样的障碍就行了。自1942年起，美苏同盟变成了整个全球性政治构造系统的根基，在许多不那么批判性的观念市场上，这种政治构造直到

[①] 张伯伦这句话和我数月后的一篇作品有关，也即1939年10月在《德意志法学研究院院刊》（Zeitschrift der Akademie für Deutsches Recht），第六卷第十八期，页594、595，以"绝无可能置身和平与战争中间"（Interpacem et bellumnihil medium）为题发表的文章。

今天仍据有一席之地。特别要提到的是联合国——这个普世和平的崭新机构就是在罗斯福和斯大林两人疑窦重重的友谊基础上建立起来的。

第一阶段基本上不过是前奏。在1947年,也即第二次世界大战结束两年后,冷战就进入了第二阶段。第一阶段是一元性的,即便它只是在虚幻统一体的意义上如此,但为了与其有所区别,我们讲冷战现在进入了一个强调二元或者两级的结构当中。对一场由世界友谊的某个主角针对第三方势力而发动的战争来说,另一个主角是否中立,哪怕是局部的中立,已经不再休戚相关。更准确地说,两个世界强权彼此产生了紧张的敌意,它们迄今为止仍相互孤立,但又共同构成了联合国全球体制中并立的坚强柱石。世界统一体的幻觉破灭了。斯大林彻底改变了革命战争的策略。1947年,他的发言人日丹诺夫宣布"两个阵营"纲领,这意味着在分割全世界时,美苏将奉行敌友标准;在这两个阵营之间,一种货真价实的中立性已不再可能。

此时此刻,同一个世界(Oneworld)和世界国家的观念溜走了。它们已不再被当作是与一元性早期阶段相伴相生的一种意识形态现象,但舍此以外,它们不再据有更多实质。同一个世界观念留下来的剩余物无外乎老套的进步主义乌托邦和技术主义幻象。而世界统一体与其说是个控制论问题,莫如说是个政治问题,它包含着一个严肃的、甚至是悲剧性的任务:克服人类与诸民族之间的敌对性,克服诸阶级、文化、种族和宗教之间的敌对性。① 在二元性阶段,两大强权只能容忍其他国家一定程度上的中立,除非两者停止敌对并改变成另外一种状态,否则在二元论的标志下,对立双方的敌视关系就容不下中立,甚至容不下局部的中立。如此看来,美国

---

① "两极"(bipolar)这个术语按照有关二元世界的敌对紧张关系来说,差不多是中性的,因为极性(Polarität)概念是从自然科学当中抽取出来的,而人与人之间的政治敌对跟化学或物理的极性标示多少有所不同。

总统罗斯福在二战第一个月对希特勒信守的局部中立,和今天冷战二元性阶段两个敌对阵营夹缝里面的所谓中立是不同的。作为临界现象或无甚意义的例外,二元论准许微弱程度的不结盟。但是如果两大阵营之外的国家基于其数目和重要性而构成一股独立政治势力,并表现为第三条战线时,冷战就将进入它的第三阶段。

我们现在大概正在经历这个时刻,即世界的二元—两极体系将被多元—多级结构替代。因此,这个时机也尤其值得分析。事情很显然,作为全球性组织的联合国正在经历一种转变,这就是征兆,说明一个关键时刻即将来临。世界秩序的变革为形势变化所曝光,其激烈程度堪比十年以前。冷战的一元性短暂前奏之后,苏联一成不变的否决瘫痪了联合国安理会,二元性阶段因此走上前台。仅仅截至1957年2月,苏联就投了八十次反对票,而从那时起算到现在,这个数字至少已经是一百次。人们必须考虑到,安全理事会的初始角色应该是保卫和平的世界政治机关。但两大世界强权甚至把战火延烧到了这个赫赫有名的公共论坛上,以致它完全变成了冷战的道具。1953年,美国认为不得不推动一项动议以改变议事流程:用联大取代安理事会,它将以三分之二多数对保卫世界和平作出决定。追问这一修改是否合乎《联合国宪章》的原初品质没有太大意义;实情是,借助从安理会到联大这一过渡方式,联合国运行相当良好,而苏联实际上也容忍了这套体制。

然而近年来,非洲和亚洲诞生了数量惊人的新国家,它们都将被无条件地接纳进联合国。反欧洲的反殖民主义取代了所有其他正当性或合法性论述的地位。新成员一旦拥入全体大会,联合国组织机构的特质就将随之改变。如今,三分之二的多数不再尽为美国掌控。这实际上意味着什么?我只消举出阿尔及利亚、刚果和果阿的名字就足以说明了。难以权衡的新局面产生了。北美的一位著名评论家哈什(Joseph G. Harsch),甚至曾建议冷战的两个对手不拘一格达成一致,最起码从所谓有色人种帝国主义招致的混乱威胁当中拯救残余的坚固性。

四、当前工业发展空间的多元主义

因此,跟在二元阶段之后的便是多元时期。不过若把它轻易看成二元论的扩展,而忽视其在空间结构上的深刻变革——这种变革甚至影响了空间观念本身,就将是错误的。目前,在地球上呈现出来的是这般图景:超过一百个国家宣称自己要独立自主。它们统统生存在两大世界霸权核均势的阴影之下。回避在两个世界阵营之间选边站的有十余个。这些国家里面没有任何一个有能力逃避大空间化的趋势,除非它甘愿在政治上显得无足轻重。技术的发展仍未导向地球和人类的政治统一,而为数众多的单个国家的国界及其国内市场却已好像过于促狭。从延续至今的乌托邦式世界统一体到突破早期空间维度的这段时期,便是大空间成型凸显之时。

我们今天直面的空间多元论,实际上是大空间的多元论。不过,"大空间"指称的是一些必须跟旧式的空间严格区分开来的东西,而不仅仅是对后者的扩展。当我们思考空间时,一开始想到的是诸多二维空间。从国际法上来看国家的话,它首先是一片有边界的领土,民族的立法、政府和司法运作于其间。的确,传统的经典战争、战役观念就把我们圈定在这种平面思想中。我们想象的战争是发生在一块战场上的一连串会战,在那里将决出胜负。把战争理解为戏剧,这是巴洛克式的思想。相反我们必须记得,当前的革命战争在可见的意义上只是十分之一的战争,它的更多剧情并不发生在彼此相仿的领土或开放战场上,而是在冷战的多维空间中上演。其结果是可以从中推出广为传播的大陆板块(Kontinentalblock)学说,它的特质首先启发我们联想到语词"空间"和"大空间":一块界定清晰的平面区域,而不是多极化的四面透风的混合物。英格兰、法国、荷兰和比利时等欧洲列强海外帝国崩溃的观感仍然包裹着我们欧洲人。英联邦甚至都不能作为一个政治统一体而维持下去了。从先例中可以推知,我们无法避谈联合的、巨大的、大陆的、不可渗透的板块的存在。

问题的核心还全然不明朗,因为新空间秩序此时尚处在开端成型期。诚然,东方板块的国家似乎追随着强大的大陆凝聚力。但即便这里也存在着连续性的断裂。阿尔巴尼亚是一个经常被举出来的例子:为了着手和远得多的中国取得直接联系,它脱离了苏维埃的防卫圈。不过为了更好地认识我们感兴趣的大空间的特性,还是让我们暂且留在西方吧。作为最大的军事经济强权以及首个核力量,美国为我们澄清了大空间的现代多元主义。美国的例子业已向世人展示,跟既往的那个以相对适度的面积而著称的空间结构相比,今日的美国是有反差的。与之相仿,在空间结构变化的视角下,我们还将在地球上小一些和中等一些的国家那里经历更多的惊奇。

美国首先是个经典国际法意义上的受限空间,这是完全可以想见的。它有自己确定的领土边界,每个孩子都能在地图册上根据彩色标记把它找出来。人们也可以在上面添加著名的三海里界限(Drei-Meilen-Zone)或者海岸长度等其他更多内容。基于海底而存在的权利主张强调的是另一种截然不同的空间尺度,我们现在还无法深入讨论这一问题。但有一桩事实和我们的主题甚是切合:美国借助推行门罗主义,圈定了一片更广阔的地理区域——西半球。二战期间,美国的地理边界曾在特殊情况下被充分讨论过,比如在太平洋的边界问题上,或者在格陵兰事务上。[1] 但是,隶属于美国现实政治空间的不光有它的领土——即在国家权能的范围内开展立法、统治、行政和司法适用活动的地方,同样也不仅有门

---

[1] 比较 Schmitt,《大地法》(*Der Nomes der Erde*),1950,页260。

罗主义起作用的势力范围;除此以外还有大西洋防务共同体,即拥有包括美洲和美洲以外共十五个成员国的北约,而美国是其中最重要的成员国。在联合国的全球空间中,美国同样地位显赫。因为联合国安理会自身在热爱和平的特性上尚且争执不休,所以北约的防卫区域就不是《联合国宪章》第52条规定的"区域"(Region);而以承认自卫权的《联合国宪章》第51条为基础,北约的防卫范围就构成了联合国全球空间的一部分。还有,对于从美国才是核力量、北约却不是这么个事实当中产生出的空间来说,更好的做法莫如别去谈论它。

这四种密度和渗透性都非常不同的空间——国家领土、门罗主义的西半球、北约的防卫范围和联合国的全球空间——所有这些空间,我重复一遍,人们可以把它们想象成某种表面。但实际上,它们是源于人类能量和活动的非常有磁性的力量场域。在这里还能引申出其他空间:真正受美国影响的空间和门罗主义的空间并不一致;然后是北美内部和外部市场经济力所能及的空间;美元影响的空间以及文化扩张、语言和道德名望的空间。我不希望在这里没完没了地涉足关于空间问题的讨论,已经跑题了那么多,我请求你们谅解。但是,把目光投向不同空间不可胜数的彼此干扰和重叠,明了我们在目前来说格外属意的一类空间的典型特征,是必不可少的,因为它将决定地球上所有人民的命运:这就是工业发展的空间,以及根据发达和后发而对地球上的区域及人民的分割。工业发展援助的问题接踵而至,发达者应把自己的财富拿出来投给不发达者,向它们靠拢。讲座开始时,我使用了 Nomos 这个词作为地球的具体划分及分配的特有命名。此刻若您在这个意义上就术语 Nomos 向我发问,什么是今天的大地法,我可以明确告诉您:它是基于工业发达与否而对地球的划分,以及它所直接引发的后续问题。这种分配是地球今天真正的宪法。它的伟大始创文件便是1949年1月20日宣布的杜鲁门主义的第四条,该计划明确规定了这些分配,并以全部庄严宣布全球的工业发展是美国的意图和目的。这份文献的根本意义并不出乎意料,人们一直以来也都在谈论它。① 不发达国家或地区的讲法迅速被更温和的不结盟国家(uncommitted nations)所代替。但仅就在最近几年,这种现象以更大的规模和程度化身为一种觉悟,人们承认它是新世界秩序的出发点;不宁唯是,在西方世界的某些地方,发展援助的话题正由一种烦琐礼仪被拔高为时尚,并被当作应付世界上所有问题的方便之钥。

在工业发展援助的视角下,当前的世界图景充满了矛盾。美国和包括联邦德国在内的西方国家不仅给它们的盟国和政治友好,甚至也给反殖民主义空间里的中立者提供发展援助,在那里投放巨量的资本和工作机会。苏联享有不用任何外援而实现自身工业发展的口碑,却用巨大的牺牲和对本国居民消费史无前例的压缩来支援中国建立工业,不仅如此,甚至在支援非共产主义国家和中立国时,它亦未缺席。对这种中立性的新类型来说,往昔被殖民过的空间好像成了预设的环境。或许在这里能找到某种解释:反殖民主义是美国和苏联共同的意识形态。可是,这里仍存在极为深刻的对立。一方面,新空间表现为一种纯粹商业性质竞争的非政治场景,从而有利于人类工业进步;与此同时,新空间还表现为敌意和冷战的特别激烈邪恶的战场。

就这样,我们用一张既有公共工业设施、也有私人工业设施的绵密之网把地球罩起来了;这是一张把敌对双方联结在一起的网。为了彻底洞察这个复合体的全部神秘,一个财政、经济和世界贸易领域的最佳知情人士大概是不可或缺的,而要用法学的精确性来表述从大洋中产生的全部关系,一位极其渊博的国际私法和公法

---

① 比较我 1957 年 9 月 3 日在 Joachim Ritter 教授哲学研讨会上的发言;除此以外还可参看我《宪法法文集》中的第五篇短评,页 503/504。

专家应该也是必需的。对我们的主题重要的是,一个决定性的观念,比如中立性的观念,已经把它的内容和意义彻底颠覆了。举例来说,印度这个反欧洲的反殖民主义最激进的冠军,可以同时利用俄国、英国和德国来发展自己的工业。我想无需再举别的例子了。实质上,尽管东西方在对抗,把一切都包围在它们的阴霾之中,最终的、界定清晰的发展空间仍然不能确定下来。所有的东西都还在拟议当中,依然在路上。欧洲经济共同体同样也并未拥有一个统一和规划良好的发展空间,尽管在今年年初,欧共体进入了其第二个、也是更集中的成长阶段。欧共体自己也有欠发达地区,可是却允许它的成员为遥远的非洲和亚洲国家提供工业发展援助。很多专业人士预言,欧洲经济共同体将不可避免地导向政治统一体。但问题是,欧洲能否成为一个令人信服的提供均质援助的担纲者;换句话说,不论对内还是对外,一个政治上团结的欧洲是否将拥有一个同质和统一的投资与生产政策,否则的话,援引中立性的成员国就可以置身事外、袖手旁观了。

结　语

伴随着这个问题,我的阐述也要结束了。它所表达的不过是次要的,而决定性的、压倒其他一切的,是如下问题:我们最后描述的冷战二元论和大空间多元论之间的矛盾将以何种方式消解？冷战的二元论会激化吗？或者会建立起一系列大空间,在世界上形成均势,一个稳定的和平秩序需要的先决条件就此产生？两者皆有可能。职是之故,我们在这里要给自由的政治决断、给历史责任留出余地。世界上的国族及其领袖必须对此做出决断。预测他们会拿什么决定出来,不是我的任务。我的任务是客观诊断当前局势,在可能范围内去阐明它。最后,请您允许我补充一点个人评论。

我把演讲的主要关切设定为工业发展的空间,谈论了这一发展的不可抗拒。但千万不要以为这是出于对工业主义感到振奋,或者对服务于它的科学方式盲目赞叹。这是大势所趋,是建立在对当今世界和今日新秩序之潜在起始点的理智洞察之上的。托克维尔谈论了现代民主的发展,而以同样的精神态度,我谈论了工业发展。更进一步看,乌纳穆诺(Unamuno)的话让我们感到震撼:"让他们去杜撰吧!"(sollen sie erfinden!)这位伟大悲剧哲学家的呼喊现在是、将来也仍然是精神杰出的标志。我们不可对工业发展的客观必要性视而不见,但却必须提防如墨西哥人相信白人是神那样,去信任现代技术。工业和现代技术的全部世界无外乎人的手笔。新的、尚在形成中的大空间,将从人类规划和管理的维度找到自己的尺度,更精确地说,以如下事项为目标组织起来的人对人的规划和管理将成为它们的根据:用充分就业、稳定的货币和广泛的消费自由保障工业化地区普罗大众在生存上的合理安全。只有当新空间找到了契合任何需求的内在途径,新的大空间的彼此均势才会起作用。这样一来,人们将看到,不同的国族和人民据有必要的力量以在工业发展过程当中去维系自身,并且忠诚于己,另一方面,国族和人民会失去自己的面孔,因为它们把人类的个体性献祭给了技术化地球的神祇。在这之后人们将观察到,新大空间的中心和内容不仅得之于技术,也得之于人类基于他们的宗教和种族、他们的文化和语言,以及基于他们国族遗产的生命活力而为人类发展共同努力的精神实质。

合法性问题*(1958)

[德]施米特 著
邹益民** 译

拉贝托尼埃,这位不属于教团的神甫(Oratorianer-Pater Laberthonnière),在1932年去世后遗留下一本内容可观的毕生巨著,这本书由他的朋友路易·卡内(Louis Canet)编辑出版。截止到目前,这本书从1933年到1948年已经出版了相当可观的7卷。对这7卷,不久前又出版了一个扩展的部分,即对制定法(Gesetze)之主权概念的批判①,这应当引起我们特别的关注。拉贝托尼埃神甫反对广为流传的道德的、神学的、哲学的以及法学的关于制定法崇高性的观念。这些观念可追溯到亚里士多德的名言并在该名言中达到顶峰,即"不是人,而是制定法"应当统治。与此相对,这位博学的神甫坚定地主张,在每部世俗的制定法背后都直接地有人在支持,这些人把制定法当作他们权力的手段加以运用。

---

* 本文译自 Carl Schmitt, *Verfassungsrechtliche Aufsätze aus den Jahren 1924–1954*, Duncker & Humblot, Berlin, 1958, S.440 bis S.451。
　本文的译文经过德国弗莱堡大学博士候选人汤沛丰同志认真校对,在此特致谢意。
** 邹益民:法学博士,河南大学法学院讲师。
① Oeuvres de Laberthonnière, publiées par les soins de Louis Canet. Sicut ministrator. Critique de la notion de Souveraineté de la loi. Introduction et Notes de Marie-Madeleine d'Hendecourt, Paris, Librairie philosophique J. Vrin, 6, Place de la Sorbonne, 1947.

拉贝托尼埃神甫非常深入地推进了他的批判。《准则：是制定法而不是战争构成了准则的基础》(La maxime: c'est la loi, ne diffère en rien au fond de la maxime: c'est la guerre)，这样把制定法同战争相联实际上是令人惊异的，听起来也很激进。为这种做法提供基础的认识，仅仅作为内战经历的痛苦后果才能够被人们所理解。对我们来说，这位不属于教团神甫的阐述在此应当成为我们忆起上个十年中一些历史、道德、法律与社会经历的契机。

一

为什么德国的公职人员阶层会服从希特勒？伴随这一问题，我们既不应当激起新的罪责问题，也不应当构思新的道歉。我们谈及一般的客观的合法性问题，这个问题是非常现代的问题，也绝非仅仅同德国公职人员阶层相关。这里不涉及单个个案，而涉及一个庞大的群体在社会上的整个状况。这个群体包括许许多多人在内，又特别涉及领导和发布命令的阶层，即更高级公职人员中的部级官僚。

处在较高与较低的各级别的许多官员在 1933 年以前已经同情希特勒及其运动，特别是自 1930 年 9 月希特勒在竞选中取得重大竞选成功以来。这些同情的理由五花八门、性质各异。它部分是由于希特勒所发布的全国口号，部分由于阶层与阶级利益。德国公职人员阶层在整体上，特别是处在更高级别的和最高级别的公务员不担心希特勒危害他们在社会和经济上的整体生存状况。倒是这种整体生存状态在 1933 年以前有双重基础：流传下来的德意志官僚国家(Beamtenstaat)，连同公职人员充分取得的权利；以及富有影响的高级部级官僚制。充分取得的公职人员权利以及高级部级官僚制的支配地位，这两者在魏玛宪法的最后十年中达到了惊人的顶点。魏玛宪法明确保障公职人员充分取得的权利。高级部级官僚经由制定宪法第 48 条的命令实践(Verordnungspraxis),已经变成立法者。这种命令排挤制定法。法的制定通过简单化和加速化而变得"机动化"。但是立法程序的每一种机动化对科层部门来说都意味着权力增强,命令产生于科层部门中。

大多数公职人员不害怕来自希特勒的危险,既不害怕对他们充分取得的权利的危险,也不害怕对整体上德国公职人员支配地位的危险。很多人相信他一再所做的保证,甚至认为他是传统上德国职业公职人员阶层原则的拯救者。所有人都害怕公开的内战,并把希特勒的合法性保证看作对内战的预防。那时从极权政党体系对传统德国公职人员国家所必定意味的危险中,人们仅仅预感到少之又少的某些东西。希特勒也做了所有的事情,以让人们保持这种毫不疑心的状态。他在其著作《我的奋斗》(Mein Kampf)中对德国公职人员阶层的赞扬,重建德国职业公职人员阶层这一计划,以及组织一个民族社会主义公职人员联盟(NS-Beamtenbundes),都服务于上述目的。但是决定性的是郑重的合法性声明,特别是希特勒在 1930 年舍林格尔诉讼(Scheringer-Prozeß)中所作的著名的合法性宣誓。那时,在德国,合法性问题表明自身的确是国家权力问题的关键。因而在合法性概念中,人们发现了对我们以下问题的根本回答:德国公职人员阶层为什么服从希特勒?

因为希特勒夺取政权在德国公职人员眼里并非不合法的。这对大多数德国人和外国政府来说也几乎一样如此,这些外国政府继续了它们的外交关系,而不认为必须要做一次新的国际法上的承认,就像在不合法性的情形中是必须的那样。也不存在反对希特勒的对立政府——既没在德国地界上也没以流亡政府形式产生。所谓 1933 年 3 月 24 日的《授权法》清除了所有顾虑,它以一般的和笼统的方式,让事情得以合法化,这种合法化既溯及到 1933 年 2 月和 3 月所发生的事情,也指向所有未来的行动。这种授权法事实上和笼统上的合法化效果之所以如此广泛,是因为一部由议会颁布的修改宪法的制定法认可了希特勒及其追随者对权力的有实效的占有。现在每一种废止夺取政权的合法的道路都被堵塞了。现在仍仅存的是这一脆弱的希望,即民国总统①兴登堡(Hindenburg)或许还可以将希特勒免职,并任命另外一位民国总理。但是如果对内战的恐惧对听命于希勒特是如此强的推动力,以至于通过兴登堡对希特勒进行免职这一希望并没有很多重要性,那么每个人都知道,清除希特勒的尝试将激起一场危险得多的内战。

纽伦堡国际军事法庭在 1947 年 11 月 1 日的判决中写道:"在 1934 年,整个权力掌握在希特勒手中。"这句话对我们的问题具有重大影响。对此,因为希特勒的权力对于每个实证主义的合法性观念来说不仅自身是合法的,而且也是所有实证法的合法性(positiv-rechtlich Legalität)的来源。

1937 年 1 月 26 日的《德国公务员法》,与德国公职人员阶层传统原则相一致,对德国公务员法律地位进行了详细规范和保障,在这种规范和保障下,隐藏了它的政党极权上有害的东西,特别是第 71 条对一般政党政治的保留。自 1939 年 8 月底以来,由于战争,德国公职人员阶层道德抵抗力的最后残余因此也取消了。首先由于不言而喻地诉诸于总体(totalen)战争的必然性,其次因为

---

① 本处及本文涉及对德国名 das Deutsches Reich 以及相关以"Reich-"作为前缀的一系列与德国有关的词汇的含义。本文采取刘小枫的译法,把指称魏玛共和国时期的 Reich 这个词译为"民国"。而把指称 1871 年至 1918 年之间德国的 Reich 这个词译为"帝国"。由于自 1933 年起,希特勒及纳粹党上台,虽然沿用 Reich 称谓,但德国国家性质发生变化,因此把这时的 Reich 这个词译为"民国"显然不合适,但由施米特本文及纳粹德国史,我们知道,魏玛共和国的形式合法性的框架在希特勒上台及统治时没有被破坏,为了显示这种连续性,本文依然把纳粹德国时期 Reich 这个词字面上译为"民国",但是行文中加上引号,即译成"'民国'"。刘小枫对这个词的翻译,参见刘小枫:《宪法学说》中译本前言,载[德]卡尔·施米特:《宪法学说》,刘锋译,上海人民出版社 2005 年版,第 1-8 页。——译者注。

所有国家权力在希特勒手里的集中现在已经达到了最大程度。立法机关、行政机关及司法机关借助于新的简化和加速化越来越不受约束地作为命令机关发挥作用。在最后的战争年月里，在给养经济领域产生了一个新概念，即"命令"(Anordnung)，它的本质特征在于，如果一部机动的制定法描述了一条命令，那么这个命令就是机动命令。一般的机动化是这种机构的纯粹功能主义的特征。

奇怪的是，1942年希特勒本人在政治上又感到需要一种正当化(Legitimierung)，确切地说，不仅在他自己的、实证主义的——绝对的合法性意义上，而且也在一种民主正当性意义上。这体现在那时两个独特的声明中。"民国"议会1942年4月26日发布的声明(RGBI. I S.247)明确承认，希特勒在战时有权干涉充分获得的公职人员权利(似乎在那样一种总体战争和那样一种体制中，除了公职人员权利外，没有别的法深为关切的事)。希特勒本人于1943年5月10日发布的声明延长了1933年3月24日《授权法》的期限。两份声明处于自相矛盾的混乱中，简直令人难以置信。但正因此而更清楚地表明，与依据实证法概念运转的机构相比，希特勒本人最终对一定程度的正当化仍然有更大的兴趣。他是国家权力的拥有者，也是所有合法性的唯一渊源，依据实证法运转的机构服从他。

二

我们的思考总是遇到合法性概念，这一概念是问题的核心。这里存在着对希特勒政权认识的关键，至少就涉及到其权力的特定国家方面而言。除此之外，也涉及到一般意义上现代发展的一个重要问题。我们在此并不论及无数单个命令的与法相一致性(Rechtmäßigkeit)或与法不一致性(Widerrechtlichkeit)，而探讨整体上政权的运转问题。这是非常富有现实意义的社会学问题，我看值得以完全客观的态度加以探讨。

在此,我们必须意识到一个十分特别的困难。这一困难的原因在于,在现代的彻底组织起来的国家活动中,"合法性"这个语词获得了一种特殊的、完全特别的意义。自 1918 年以来德国公职人员阶层的历史只有放在这一角度下才是可理解的。这里所谈及的合法性并不意味着仅仅外在的、纯粹形式的、纯粹法律上的伴随现象。它也不涉及内容意义上的正当(Recht)与正义(Gerechtigkeit)问题。它也要与保守或革命意义上的正当性区分开。"合法的"与"合法性"这两个词本身现在意味着 lex 这个词无论如何所对应的一切,并且 lex 这个词在不同的时代、不同的国度、不同的宪法与不同的法制定(Rechtsetzung)与审判组织形式中有完全不同的内容。我们因而必须尝试着在相当程度上去克服在这点上普遍存在的已经几乎巴比伦式的语言混乱。

在现代化的,亦即工业化的、彻底组织起来的、分工的与高度专业化的体系中,合法性意指当局的某种工作和运转方法。完成事务的行为,职务上的惯例和习惯,相当程度上可计算的履行职责,对保持这种存在方式的关心以及对要求承担责任的当局的需要:所有这些属于一个以科层——功能式方式加以理解的合法性复合体。如果像韦伯那样的社会学家说:"科层制是我们的命运",那么我们必须加上:合法性是科层制的运作模式。

在那些国家科层制没有或者还没有垄断对公共事务的处理的国家,人们几乎不能把握这种法(Recht)向当局运作模式的转变,可能根本也不理解"合法的"(legal)一词的意义转变。难以向没有受过社会学教育的英国人或美国人讲明我们的思路。在盎格鲁撒克逊的语言用法中,"合法的"这个词同"法的"(rechtlich)或"与法相关的"(juristisch)意思一样。在此,虽然法的东西(rechtlich)与道德的东西(moralisch)、法的东西与政治上的东西(politisch)对立是可想到的且常见的,但是奠定我们理解之基础的法的东西和合法的东西这一清晰的对立在英语中几乎不可以表达。而在法国这一国家制定法以及伟大国家法典的故乡,国家的行政机构(Behördenapparat)自1799年以来经受住了多次政权更迭。在那里因而形成了对纯粹形式的功能的合法性的最清晰论述,这种合法性是与实质的法和历史合法性相对的对立物。拉梅内(Lamennais)在1829年已经非常精确地表达出合法性与正当性这一对立。在1848年革命前,合法性将死(la légalité tue)这一著名的格言已经形成。这句话在法国以及法国人中立即变成广泛传播的名言。在英语中,人们几乎不能够翻译这个词,但是这由此仅仅表示,19世纪的英国人比法国人更远离欧洲内战的火线。紧接着1848年后,那时的总统路易·拿破仑(Louis Napoleon)发布了声明,在其中他要求:"抛弃合法性,以再次获得法(Recht)"(de sortir de la légalité, pour rentrer dans le droit)。自大约1900年起,法国的反对派谈论 pays légal,与此相对,他们主张 pays réel。

法国是法条主义者(Legisten)的国家。法国有强大的中央集权传统,但是也有可观的律师和法学家。法学家阶层认为自己不仅是国家司法管理部门(Justizverwaltung)的一部分。这表明法与合法性的分离首先且最清楚地在法国被感受到,并且也得到最简洁地论述。本文开头所论及的拉贝托尼埃神甫的那些话,可能仅仅在法国才那样清晰地出现。与此相对在德国,在这一对立发挥最大影响之后,人们晚了许多才批判性地意识到它。

德国几个世纪以来一直是公职人员国家。但是直到德意志帝国1918年11月崩溃前,尽管有盛行的制定法实证主义,纯粹的国家功能主义还是被君主—王朝的正当性与联邦制的去中央集权化这双重传统的稠密面纱所遮盖。在1918年11月,王朝正当性取消了。经济—工业化的发展导致了日益增强的中央集权化。最终仅仅是国家的合法性作为国家运转的唯一正当基础。就像韦伯所说的那样,合法性变成正当性的唯一表现形式。

三

人们议论德国人,说这是一个"感到需要合法性的民族"。人们也常常批评德国人说,他们对当局不能进行正当的抵抗。他们在我看来显示出一种特别的把对时下当局的服从同内在的自由感联系起来的能力。我们在此无需讨论,应要求路德还是康德还是无论谁对此负责。此外人们不能怀疑,德国人在特别高的程度上是公职人员民族(Beamtenvolk),具有广泛传播的国家公职人员意识。对此,产生了一种对技术化纪律、专业化与管辖权划界以及顺利运转这一理想强烈的情感。

这一切或许是这样。但是法转变成作为国家当局活动的纯粹运转模式的合法性,及与此相适应的依赖国家当局的人际关系,早就不再是特别的德国问题。法学实证主义到处盛行,这意味着对这一原理的承认,即法经由那种恰恰事实上确立的东西所制定。法学实证主义仅意味着法变成制定的法条。这同时是对"事实的规范力量"的承认,这是一种令人感兴趣的力量,它不仅在德国也不仅自 1933 年以来才为人们所发现。甚至在 1949 年 12 月初的那些日子里,英国在联合国(UNO)的代表针对新共产主义中国的承认声明,国际法上的承认仅以事实上的效果为依据。国家产生的合法律性(Rechtmäßigkeit)并非国家权力的特征。在 1918 年德意志帝国崩溃后,德意志民国法院(Das Deutsche Reichsgericht)对当时的劳工和士兵代表会议(Arbeiter- und Soldatenräte)已经表达了这点。但这是套话,是法学教科书和法学评注的惯用语。有效运转的国家机关恰恰由此成为国家权力的拥有者和所有实证法的来源。

法向合法性转变是实证主义的一个后果。一旦政治共同体离开教会,这种转换就不可避免。从社会学上看,这种转变是工业—

技术时代发展的一部分。从哲学史上看,这种转换属于实质思想(Substanz — Denkens)向功能思想的转换,它直至不久前仍被当作是出色的学术与文化进步加以称颂。这种经由人性的彻底功能化而产生的极其糟糕的景象,最近在蒂宾根杂志《普遍性》(*Universitas*)中由其编者泽格·迈瓦尔德(Serge Maiwald)以令人印象深刻的方式展现出来。但是在30多年前一位伟大的德国社会学家马克斯·韦伯已经正确地提出了这种诊断,以及连同这一诊断的预测。我们刚才引用了他说的科层制是命运的那句话。作为他出色预测的进一步例子,我们从他的遗著《经济与社会》(*Wirtschaft und Gesellschaft*, 1921, S.511/512)中仍然引用一段:

> 受这些影响,无论法和法实践可能具有何种形式,作为技术和经济发展的后果,人们越来越把当时的现行法评价为合理的、因而可随时以目的合理性的方式加以改造的、没有任何内容上神圣性的技术装置,无论如何是法不可避免的命运。一般意义上人们对日益增长的对既存法的顺从虽然能掩盖这一命运,但并没有真地能够阻止它。

马克斯·韦伯的这些话虽然不容易理解,但尽管如此不是神秘的预示,而是社会学上的预言。

直接紧随法向合法性的转变的是,合法性变成内战的武器。这也不是德国人的发明。列宁完全有意识且完全清楚地宣布了这一点。他1920年的文章《激进主义——共产主义的早期缺陷》("Der Radikalismus, die Kinderkrankheit des Kommunismus")在这一点上是一篇决定性的文献,以至于不了解这篇论文的话,对合法性问题的每一种探讨都将年代错误地进行。列宁说:"不懂得把不合法的斗争形式同所有(由列宁本人所强调)合法的斗争形式相联系的革命者,是最坏的革命者。"

情况是这样。列宁主义和斯大林主义的著名哲学家和作家已经把列宁的这一命题变成他们注释的对象,随之产生这样一种后果,即所有合法性变成了策略上的工具,而对于它们而言仅存在一种唯一的历史正当性,即共产主义革命的正当性。这一正当性对于他们来说论证了每一种措施以及每一种合法的与不合法的恐怖。

带着这一结论我们返回到我们的开头,回到拉贝托尼埃神甫的话,即"制定法是制定法"这一准则从根本上说同样意味着"战争是战争"。这变得更清楚,如果我们说:"内战是内战。"拉贝托尼埃神甫更让我们忧伤地回想起一长串革命法庭、例外法庭、特别法庭、人民法庭、法庭及其主管机关。这些法庭在历史进程中采取行动,并且在它们手里,制定法是迫害和报复的工具。而我们感触最深的是,听到他奇怪的格言:我并不比较牺牲者,我仅仅比较法官。

注释:

本文发表在 der Zeitschrift "*Die neue Ordnung*" (Herausgeber: Alberttus-Magnus-Akademie in Walberberg), 4. Jahrgang Heft 3, 1950, S.270 bis 275 上。除了开头和结尾关于拉贝托尼埃神甫的地方外,本文基本上是我 1947 年 5 月 13 日在纽伦堡的证人庭上递交给罗伯特·肯普纳博士先生(Herr Dr. Robert W. Kempner)的书面答复的逐字重述。他向我所提的问题是:为什么国务秘书(Staatssekretäre)服从希特勒? 我把这个问题不同单个的个案相联,而同一定的人群相联,即同从较高级别公职人员行列中产生的德国部级官僚相联。他们是总统制的根本承担者,也是德国公职人员中的决定性阶层的典型代表,在 1933 年没有进行重要的抵抗就服务于希特勒。对于总统制的部级官僚而言,合法性并非正当性的单纯对立物,而是正当性的表现形式。关于德国立宪君主制中的制定法概念,参见 Ernst Wolfgang Böckenförde, *Gesetz und gesetzgebende Gewalt von den Anfängen der deutschen Staatsrechtslehre bis zur Höhe des staatsrechtlichen Positivismus; Schriften zum öffentlichen Recht*, Heft 1, Duncker & Humblot, Berlin, 1957。

合法性与正当性关系史梗概：

1. 在罗马教会这一领域，不存在合法性与正当性的区分。在《天主教教会法典》(Codex Juris Canonici) 中，legitimus 这个词很频繁出现，相反 legalis 这个词仅在四个地方出现：c.33, 1059, 1080, 1543, 确切地说总是与世俗(民事)权利有关。我不能评价说，这里是否可以发现某种贬值。在教会领域本身，没有区分合法性与正当性的余地。就像汉斯·巴里翁(Hans Barion)教授写信告诉我的那样，这一问题对于教会思想来说是陌生的。由于上帝的引导，合法的僧侣统治制度一直是正当的。

在欧陆宪法发展史中，合法性与正当性对立的分裂成为国家的命运。这种分裂始于所谓 1814/15 年间君主复辟的正当性原则。王朝—君主的正当性直到二十世纪一直被不折不扣地当作正当性。在二十世纪期间，特别是自美国总统 W. 威尔逊(W. Wilson) 的学说提出以来，民主的正当性原则也发展起来，这一点如今常常不为人们所知。在 E. 费雷罗(E. Ferrero) 论述正当性与权威的著作中，这一原则仅仅被认为是古老的历史上的正当性原则。韦伯关于三种正当性类型的学说——卡里斯玛的、传统的与合理性的仅仅缓慢流传开。甚至在维利巴尔德·波赫尔(Willibald Pöchl)的论文 Das Legitimitätsproblem und das Kanonische Recht, Zeitschrift für öffentliches Recht, XVIII, 1938 中，仍然表现出一无所知。

2. 合法性与正当性的分离起源于 1815 年后复辟时代的君主制法国。在此引人注意的是复辟王朝的历史正当性与继续有效的拿破仑法典(Codes)的合法性间的对立。我把拉梅内称作意识到这对反题的第一个作者，我发现他从 1829 年到 1831 年间做了更多的表述(S.445)。然而，语词的历史仍需要进一步研究。尼古劳斯·松巴特(Nicolaus Sombart)使我注意到，在法布雷·多利韦(Fabre d'Olivet) 的 der Histoire philosophique du genre humain (1. Auflage 1822, 2. Auflage 1824, Bd. Ⅱ S.394 ff.) 中，"distinction entre ce qui est légitime et ce qui est légal" 作为标题出现。自由主义者想把立宪君主制作为一种合法的统治形式，保皇主义者想把它作为一种正当的统治形式。路易·菲利普(Louis Philippe, 1830 年至 1848 年在位)的君主制自觉地是合法的。

3. 就革命性的进步而言，合法性是合理性的表达，也是作为正当性的历史上更高的形式。朱尔·米什来(Jules Michelet)在赞扬的论著中把制定法当作与(俄国人的)野蛮相对的文明的表达，当作对父权(der paternité)统治时代的克服加以赞美；特别是在 Pologne et Russie, Paris 1852 这篇论文中，多诺(Donau) 和魏克塞尔(Weichsel)把制定法描绘成文明的界限。制定法，这是人通过自身而进行的统治; la loi, le gouvernement de l'homme par lui-même Plus de pères! 然而这种热情已经变得成问题，正如在本文中所引用的拿破仑三世(Napoleon Ⅲ.)发表的意见表明的那样。就黑格尔与萨维尼关系的历史评价而言,合法性的第一次危机是非常重要的;vgl. Oben S.429。

4. 自1847/48 年间《共产党宣言》发表以来,共产主义运动带着全部冲击力和完整的历史哲学意识进入这场危机中。在《共产党宣言》后,资产阶级阶级国家的制定法是无产阶级的敌人。列宁与托洛茨基(Trotzki)在1917 年进行了合乎逻辑也同样富有效果的运用。合法性或不合法性问题变成了共产主义内战战略和策略措施中的一个单纯环节。在我们 Die Lage der europäischen Rechtswissenschaft oben S.425/6 的论文中,已经提到格奥尔格·卢卡奇(Georg Lukács)在 Geschichte und Klassenbewußtsein 中的"Legalität und Illegalität"那一章。我在 Die Diktatur, 1.Auflage 1921d 的前言中,指出了精神史上的关联。合法性变成已经毒化的武器,人们把它刺向政治敌人的背部。在贝尔特·布莱希特(Bert Brecht)的 Roman 中,匪徒首领最终向他的仆从命令道:活动必须是合法的。在此,合法性作为匪徒口号终止了。它开始作为理性女神的一个信息。

5. 希特勒曾利用合法性作为他最强大的武器。1933 年 3 月 24 日《授权法》在 1937 年与 1939 年的两次延长,并且尤其是在 1943 年 5 月的非常特别的、按规定期限的自我延长仅仅表示,他总是有意识保持合法性对他来说决定命运的作用。如果人们联系起希特勒来谈论合法性,那么人们大多数情况下仅仅想到他的民国总理任命以及所谓的 1933 年 3 月 24 日《授权法》。更有趣也或许仍然更起决定作用的是他在 1933 年 1 月 3 日前的那周,那时对他而言决定性的是,尽管民国总统兴登堡非常反感甚至厌恶任命他当民国总理,但依然完成这件事。那时中央党领袖高级教士教授博士卡斯(Prälat Prof. Dr. Kaas)在一封公开信中向民国政府警告"不合法性",并且根本不把这理解为任命希特勒为民国总理,而毋宁是相反;vgl. Bem.5 oben S.350.那时,希特勒影响兴登堡最强有力的手段在于,用在最高法院提起的新诉讼进行威胁。民国政府在 1932 年 11 月虽然依据 Abs. 2 des Art.48(临时免去普鲁士部长的职务并任命在普鲁士的民国全权代表,作为专政措施)赢得了普鲁士在民国法院提起的针对民国的诉讼,但是依据 Abs.1(民国行政[Reichsexekution]以及普鲁士在民国议会的代表)又输掉了。这种分裂的判决打开了在民国法院提起越来越新的、越来越不可预测的诉讼的可能。对兴登堡那样的人来说,让自己被牵扯进出于策略和宣传被提起的诉讼所引发的流言蜚语和刁难这一想法,是无法忍受的。这件事本质上同正当或不正当这一问题几乎不相关。借助于政治诉讼的威胁可以一直是个有效的压力手段,特别是当那种诉讼领域对受威胁者来说不符合其性格时。

6. 如今人们再也不喜欢论及合法性的,但是在这方面越来越频繁地谈论正当的(*legitim*).在近些年的宪法理论和社会学讨论中,人们热烈地讨论正当性问题,尤其是在约翰内斯·温克尔曼(Johannes Winckelmann)(Legitimität

und Legalität in Max Webers Herrschaftssoziologie, 1952, *ferner Zeitschrift für die gesamte Staatswissenchaft* 112. Bd. 1956, S.164 ff. "Die verfassungsrechtliche Unterscheidung von Legitimität und Legalität")与阿诺尔德·格伦(Arnold Gehlen)间的争论中。温克尔曼坚持韦伯关于正当性三种表现形式——卡里斯的、传统的与合理性的——的学说,并认为这种学说在工业化的社会国(Sozialstaat)中也保持它的有效性,尽管有"大众民主的结构上受制约的风险"。当然,他不得不非常清楚地分开价值合理性与目的合理性并坚持价值合理性,以把合法性当做正当性的合理性的表现形式加以拯救。

相反,阿诺尔德·格伦(他在 *Deutsches Verwaltungsblatt* vom September 1955, 70. Jahrgang Heft 17 S.577 对温克尔曼的书的评论中)认为,马克斯·韦伯的正当性学说在工业化大众—生存保障措施的社会国里过时了,而我的著作 *Legitimität und Legalität*(oben S.263f.)仅仅适用于 1932 年的情形。格伦指出,对生活标准的不断提高在大众的信念中变成法律主张。并且他说:"似乎毋宁是,好像一个凭借对它社会支配效果不确定地规定期限的期待的统治,能够被看做是正当的,条件是这一统治本身在如下方面最小化,即留出自由的空间并考虑到对太坚实的国家在场的一般敏感性。"格伦非常清楚地看到了正义与安全之间的相互关系。对于贝特兰·德·茹弗内尔(Betrand de Jouvenel)所称的 société, hédonienne, 格伦引用了他的表述,即对霍布斯所称战争状态的恐惧变得越来越强烈,且"那么对安全的需要胜过热爱自由而增长"(*Archiv für Rechts- und Sozialphilosophie*, 1957, S. 155)。

温克尔曼在他的一篇答复(*Archiv für Rechts- und Sozialphilosophie*, 1956, S. 383ff.)中再次强调了价值合理性与目的合理性间的对立。这在是思想上无疑是正确的。但是由于现代制定法概念的分裂以及对经济上"措施制定法"(Maßnahmegesetzs)的认可,也由于马克斯·韦伯自己的悲观论,分开价值与目的变成一个绝望的前提。这种悲观论认为,向纯粹目的合理性的转变是像命运一样的,也是不可避免的。

施米特 1930-1934 年日记(选译)

[德]施米特 著

温玉伟* 译

[译按]迄今出版的施米特日记凡四种:《1912 年 10 月至 1915 年二月日记》(*Tagebücher Oktober 1912 bis Februar 1915*, Akademie 出版社, 2003 年初版, 2005 年修订版)、《1915 至 1919 年服役期: 1915 年 2 月至 12 月日记,文章与资料》(*Die Militärzeit 1915 bis 1919*, Akademie 出版社, 2005 年版)、《语汇: 1947 至 1951 年札记》(*Glossarium. Aufzeichnungen der Jahre 1947-1951*, Duncker & Humblot 出版社,1991 年版)②,以及《施米特日记: 1930 至 1934 年》(*Carl Schmitt Tagebücher 1930-1934*, Akademie 出版社, 2010 年版)。

本部分日记译自舒勒尔(Wolfgang Schuller)和吉斯勒尔(Gerd Giesler)编辑整理的《施米特日记:1930 至 1934 年》③,选译的是 1931 至 1932 年关涉"二施"——施米特与施特劳斯——往来的,

---

* 温玉伟,德国比勒菲尔德大学博士候选人。
② 关于《语汇》可参迈尔《隐匿的对话》(朱雁冰等译,2008 年华夏版)中"以哲学家为敌:评施米特的《语汇》"一文(页 1-8),以及迈尔所附按语的"附录二:施特劳斯致施米特的三封信"(页 210-215)。
③ 该"日记"分为三部分:第一部分为施米特 1930 至 1934 年间主要的日记;第二部分辑自施米特 1934 年 1 至 9 月在袖珍日历上所记的内容;第三部分辑自施米特散见于各种笔记中的文字(起于 1930 年前后,晚至 1948 年 5 月 25 日),编者按其来源依次编排,以供对勘。

以及1934年整年的日记、笔记。

"施米特日记"字里行间的信息,可以为我们还原包括1932年"普鲁士政变"前后施米特笔下的历史和他所扮演的历史角色、"二施"初次交往时的细节,以及他对于凯尔森的看法。尽管从整体上看,日记显得零乱,有的地方如同记流水账,但透过这些极其私密的记录,我们还是可以瞥见这位二十世纪国家法学家的私人交往和情感状态,瞥见一个极其敏感甚至多情的灵魂,日记中四处可见的"疲惫"、"沮丧"、"毫无兴致和希望"、"困乏"、"绝望"等词汇似乎透露出了施米特在那个特殊年代中的心结,从而展示给我们一个更生动和鲜活的国家法学家和政治思想家的形象。无疑,这是一份珍贵的历史文献。此外,有必要注意的是,这里摘编的日记中,已经出现了本辑中所编选的其他文章的作者,比如基希海默尔、黑勒和凯尔森。

此译习缘起于译者参加沪上青年学者黄涛、吴彦二位博士所组织的"六点双周读书会",有幸倾听细读施米特的《政治的概念》等经典,在此感谢二位博士的信任。

1930 年

礼拜六,30 年 11 月 22 日

5点钟便清醒了,很能自持,不过又躺下了。反复思量,重又入睡,做梦(梦到自己看到一具骷髅,先是一惊,后勇猛地上前击打之)。8点钟起床,在美景宫公园轻快的散步。收到一些没意义的信件,吃力地用功,写了信。不能很好地取得进展。中午等邮件,等来了马尔科(Valeriu Marcu)的书。① 杜诗卡恢复了健

---

① 可能是《当代的人与势力》(Männer und Mächte der Gegenwart),可参30年4月9日日记。[译按]马尔科(1899—1942)为罗马尼亚裔德语犹太作家,17岁左右便结识列宁,并为其做助手。早年信奉共产主义,后脱离。与施米特友人恽格尔亦有交往。

康,并且心情见好。饭后,把信送到邮箱(寄给格鲁姆[Glum]和哈尔姆斯[Harms]),①随后休息,睡到4点,布劳威勒(Brauweiler)来访,我们谈到将来的内战。他极为讨人喜欢,是个和善的家伙。不过我感觉他不再对我抱有极大的崇敬。陪他走到动物园火车站,大约7时。考舍夫尼科夫女士也在那里,一起吃晚饭,没有喝酒,虽然我有极大兴趣,杜诗卡扫了我的兴致。作了些笔记,读凯尔森作品,②对其勇气感到欣喜,继而对德意志犹太人的权力感到惊怕。很开心在家,同时也很高兴,明日晚间有人来访。

……

礼拜六,30年12月27日

10时,女速记员来后口授了两个钟头;她生病了。午饭过后散了步,休息了一会儿,然后飞快地工作,一直工作到凌晨3点,喝了咖啡,好好地修改文章,疲惫不堪。

礼拜天,30年12月28日

9点钟又起来,非常清爽并且愉悦(尽管只睡了几个小时)。很开心没有喝酒。又接着好好工作。没有什么特别的邮件。草拟了明天口授的稿子,非常难(多元主义、联邦制、多主制[Polykratie])。午饭过后,同杜诗卡在美景宫公园散步,接着午休至2点,随后喝了咖啡,又精神许多。晚上,一个人喝了一杯"林务官盖尔茨"产的雷飞纳酒③。不可思议,肃然起敬,in vino veritas es[真理

---

① 对"李斯特协会"(Friedrich-List Gesellschaft)邀请的回绝信。
② 凯尔森(Hans Kelsen),《作为整合的国家》(Der Staat als Integration. Eine prinzipielle Auseinandersetzung, Wien 1930),亦参1930年7月12日日记。
③ [译按]此处"雷飞纳"(Riefener)疑为"奥克芬"(Ockfen)。另,"林务官盖尔茨"(Forstmeister Goltz)为一酒厂专名,此处 Goltz 应为 Geltz。

啊,你寓于佳酿中!]。不喝酒的人真是犯傻。厌恶那个杂种犹太人凯尔森,对他不再惧怕。

1931 年

礼拜五,31 年 11 月 27 日

9 点半起床,疲惫至极。忧虑,绝望,无法工作,就想要这种状态(möchte es gern)。这间房子,简直让人抓狂。11 点至 1 点上大课,一切还过得去。对弗里森哈恩(Friesenhahn)的占卜很满意。回到家相当累,和杜诗卡①闲聊了几句。2 点 45 分在动物园火车站给海菈②打了电话,伤心地回家,绝望。一直在思考格林(J. Green)的那本《利维坦》③。3 点半去了索林格大街的文泽尔牙医诊所④,还算整洁和井然有序。如释重负地回家,喝了咖啡,在写字台上工作了一个小时。施特劳斯博士⑤之前预约过,5 点钟过来。是个犹太人,很有修养,研究霍布斯。对他的论点很感兴趣,估计是特意地为我准备了这个论点。他想获得推荐去拿洛克菲勒或者其他的基金。无论如何,是个令我很惬意的谈话。他 7 点离开。继续工作了一会。9 点薛尔茨(Georg Schoelz)〈?〉。送给他

---

① 杜诗卡(Duschka Schmitt,娘家姓 Todorovic,1903-1950),施米特第二任妻子。
② 海菈(Hella Ehrik,生卒年未详),祖上为波兰中西部城市波兹南人,早在 1924 年曾一度是施米特的情妇。
③ 格林(Julien Green,1900-1998),其著作《利维坦》出版于 1929 年。
④ 文泽尔(Reinhold Wenzel),索林格大街 12 号。
⑤ 施特劳斯(Leo Strauss,1899-1973),社会学哲学家。1932 年获得奖学金先后在巴黎,剑桥,1938 年前往美国,1949 年任芝加哥大学政治哲学教授。对美国新保守主义有深远影响。施特劳斯 1936 年发表了英文版的《霍布斯的政治学》一书。参该书,其论点请参《施特劳斯,霍布斯政治学及相关作品、信件》,Heinrich Meier、Wiebke Meier 编,Stuttgart,2008,2 版,尤见页 193-200。

一本书,这本书题献给 August Schaetz①。他曾是一位心脏病理学家。给薛尔茨讲了这些。11 点半我们和他一起走到动物园火车站。

礼拜一,31 年 12 月 21 日

稍稍好些了。基希海默尔(Kirchheimer),施特劳斯等人打了电话。对海菈的离开很难过。无法进行任何工作,随便躺了躺,相当苦恼。下午施特劳斯来访,相谈甚欢,他带来了关于霍布斯的手稿,6 点半离开。随即阅读了一些,又有些活力了。8 点半,去了政治社团,看到亚当斯(Adams),布劳威勒尔(Brauweiler)等人。伤心欲绝,极度沮丧,心如死灰。

1932 年

礼拜五,32 年 1 月 1 日

很早便起身。不被允许喝酒。同施密茨夫人 10 点半开车去了昂斯伽尔教堂(Ansgarkirche)②。很愿意经常性地做这样的事,但是此事何为。怀念西蒙(Simon)。中午,同施密茨夫人③在动物园散步,之后疲惫地回家。没有信件,没有邮包,什么都没有。无人写信给我,无望,精疲力竭。饭后极为困乏,休息。5 点左右洗了热水澡。扎实地工作了一个钟头。晚上,同施密茨夫人去了电

---

① August Schaetz 是施氏慕尼黑行伍期间的同事和友人。可参《政治的概念》一书,题辞如下:"纪念我的慕尼黑友人 August Schaetz,他于 1917 年 8 月 28 日在 Moncelul 一役阵亡。"
② 天主教堂圣昂斯伽尔,位于阿尔通纳大街 22 号。
③ 施密茨夫人(Annemarie Schmitz,生卒年未详),其夫施密茨(Arnold Schmitz, 1893-1980)为音乐学家,尤其精通贝多芬,自 1921 年起为波恩大学编外讲师,亦自该时期同施米特交好。自 1929 年为布雷斯劳大学教授,1946 至 1961 年为美因茨大学教授。

影院(愚蠢的雅利安犹太剧①)。步行穿过动物园回家。再喝了些红酒。杜诗卡纵情忘我,很是开心。晚上回看了高中时期的日记,感觉好些,在道德上更能有所专注。

礼拜一,32 年 1 月 25 日

夜里又起来了,不错的自我暗示。自我控制,很好的决心。随后又接着睡着。9 点起床(很久都没有这么早起来过),感觉稍好些。等海菈(Hella)的电话,但一直没有打过来。趔趔趄趄,摇摇晃晃,时不时充满爱意并难以自控。随后又被黑勒(Heller)的言论所激怒。11 点科隆的职业教育学院赫尔舍尔(Herschel)教授②来访,很温和的人,与布吕宁有些像。有政治意识,非常聪明并且客观实际。感觉有些心意相通。聊〈……〉聊得很起劲。普匹茨③打来电话,说他 2 点过来一起午餐,并且下周请了德穆特(Demuth)④。太棒了。觉得自己突然在社会上提高了地位,而且海菈的问题立马就消除了。和普匹茨共进午餐。杜诗卡回来,说海菈在动物园等她并和她一起去散了步。有些难过(实际上她想〈……〉)。杜诗卡给我讲了许多他们的谈话(帝国总统,[孩子]不是新教的云云)。普匹茨人很好,但是有些闷。我们谈了⑤关于利翁(Lion)⑥作为名誉教授的事。4 点,和他一起走到大星广场(Großer Stern)。他懂得把一些程序交给我来做。尝试着在火车

---

① 未详。
② 赫尔舍尔(Wilhelm Herschel,1895-1986),曾在多所机构任劳动法教授,1931 年在哈勒,1950 年在科隆,曾任联邦劳动部部长。
③ 普匹茨(Johannes Popitz,1884-1945),1945 年被处以绞刑。曾为民国政府和第三帝国政府多个部门高官,1944 年之前最后的职位为经济部长。
④ 德穆特(Fritz Demuth,1876-1965),柏林工商联合会法律顾问,柏林商学院董事会主席,1933 年移民英国。
⑤ 此处疑是之后写到该处的:"参 32 年 3 月 2 日(波恩)/也知道考夫曼的事情。"
⑥ 利翁(Max Lion,1883-1951),商业法学家,律师以及公证人。1935 年移民阿姆斯特丹。1937 移民美国。

站给海菈打电话,但是她已经离开。求之不得。施特劳斯已在家里等着,我们谈了很多霍布斯相关的东西①。他想得到推荐去拿洛克菲勒基金。7点半换了衣服(和杜诗卡谈了海菈)。然后坐车去动物园。德累斯顿的〈……〉言谈不凡,和施威德勒(Schwedler)交谈(他的儿子对《宪法学说》很入迷),聊到后面就成了浮泛之语。喝了杯啤酒,一个人在一间屋子吃了些东西。10点半回家。相当可以自制。在家感觉很惬意并且可以安睡。

礼拜一,32年2月29日

10点,施特劳斯打来电话。给了海菈精美的保护天使。11点柏林商学院会议,艾克哈特继任。感觉良好,但伤心、沮丧地回家。下午买了一本普菲斯特尔(Pfister bei Wertheim)的书,四处逛,很沮丧,什么都没做。给海菈寄了一份样书。在布劳威勒尔和娄曼那里见到施朗格(Schlange-Schöningen)②,很随和,但不怎么有名望。伤心,漠然。之后还和舒伯尔特聊天,很愉快,直到1点。

礼拜二,32年6月7日

上课,心情不错。之后和威廉一起上国际法的课,他提到了斯门德的讨论课(他说,吾为经院派的即意味着政治[ich bin „scholastisch = politisch"]),和我一起走到腓特烈大街火车站。晚上见了施特劳斯。

〈直到19日,仅仅是一些简短的关键词,并非每天都记。〉

---

① 霍布斯(Thomas Hobbes,1588-1679)。
② 施朗格(Hans Schlange-Schöningen,1886-1960),东部援助计划(Osthilfe)的帝国部长、委员,二战后曾任西德驻伦敦大使。

7月4日

施特劳斯;施特劳斯打电话;取消了原定和利普曼一起吃早餐的约。

7月5日

5点施特劳斯;8点德穆特。

7月6日

3点半博士生考试[①];19点至21点,47号大教室,普鲁士国家法;校长选举会议。

7月7日

〈……〉科伦摩尔勋爵[②];默勒太太(Frau Möller v. d. Bruck);

7月8日

斯门德太太;给毕特纳女士口授。

7月9日

晚上和杜诗卡喝了红酒(在艾格布莱希特处)。

7月11日

生辰。11点寄送了手稿[③];晚上和托卡耶尔(Michael Tokajer)饮酒。

---

① 许特(Rudolf Schütte)"及格"(欠佳);科宁斯基(Josef Koninski)"良好"。
② 科伦摩尔(Lord Clonmore)拜访施米特,是由于在伦敦 Sheed and Ward 出版社出版的未经授权的《罗马天主教主义和政治形式》一书的英译本一事。参福伊希特万格书信往来,页390。
③ 《合法性与正当性》一书的第二部分手稿。与此相关以及与7月20日普鲁士政变(Preußenschlag)前几天的状况请参 Seiberth 2001,页92-96。

7月12日

娄曼打电话。

7月13日

5点半博士生考试①；47号大教室，普鲁士国家法；⟨……⟩；关于维姆普夫海默尔的会议。

7月14日

11点半德穆特；讨论课，穆勒很糟糕的报告②。

7月15日

5点，习林。

7月16日

5点，娄曼和米歇尔；晚上，维尔兴③，米歇尔；极为愉快。

7月17日

晚间，韦伯（Werner Weber）（礼拜日）。

7月18日

阅览并寄送了校样。下午亚历山大大街上一片混乱。④ 晚上

---

① 施特拉瑟尔特（Heinrich Straßert）（重考）"及格"；普赫曼（Karoline Puchmann）（重考）"及格"。
② 32年7月14日晚上，施米特被邀请至诺斯替茨之家。凯斯勒尔（Graf Kessler）在其日记里详细地记述了，施米特在对话中对巴本政府的陈辞（参 Kessler 2010，页463）。
③ 维尔兴（Giselher Wirsing, 1907-1975），记者，属《行动》杂志一派，1933-1941《慕尼黑新消息》主编。1943年《信号》主编，1954-1970《基督与世界》主编。
④ 似乎因前一天的"阿尔通纳流血事件"（Altonaer Blutsonntag）引起的骚　　（转下页）

和杜诗卡在动物园。

7月19日

〈……〉的信;寄送了校样;取消了大课;晚上在希欣(Siechen)处,喝了很多啤酒。①

1933 年

[略]

1934 年

礼拜一,34 年 1 月 1 日

困乏,如同瘫痪一般,毫无兴致和希望。法学家协会里错误的人选,杂志未能成功,太丢脸。② 极为伤心。下午 5 时左右去找普匹茨,整整一下午都在闲聊,〈?〉查勒(Zahle)③上校来访〈……〉,他非常会讲话(再见,部长先生,再见,将军;〈……〉身体怎么能够忍受得了那个?);他想帮帮多恩(Dorn)。真令人讨厌,不停地过来犹太人。留在那里进了晚餐,杜诗卡也来了,我们充满乐趣地谈了关于规范,生活环境等概念。聪明的普匹茨让人心仪,喝了很多啤酒,夜里 12 点回到家,疲惫。

(接上页注④)乱,一队冲锋队员游行穿过主要是共产党势力的阿尔通纳居民区,在此次事件中双方共 18 人丧生。

① 该日,即 7 月 20 日普鲁士政变的前一天晚上,在"每日评论"上发表了《合法性与正当性》中节选出来的"合法性的滥用"。
② 弗朗克(Frank)拒绝了施米特创办一份本国国家法杂志的要求。参 Lokatis 1992,页 53。
③ 未详。

礼拜二,34 年 1 月 2 日

又睡了很久,收拾了一些东西,准备出行,晚上邀请了荷贝尔(Heuber),交谈甚欢,但末了却害怕其人并且有种〈……〉感觉。他夜里 12 点左右离开。熬了会儿夜,同杜诗卡聊天,睡觉时极度困倦。

礼拜三,34 年 1 月 3 日

稍稍起晚了,未赶上长途快车(但事实说明,不失为一件幸事!)。搭乘一般的特快列车前往杜伊斯堡,半路上发觉自己提早一天出门了,因为明天有个报告,令人不安的矛盾心情,并且没有主意。最后决定在斯滕达尔(Stendal)下车,坐车前往马格德堡,去看了大教堂和奥托大帝纪念碑,之后乘普通列车前往哈尔贝施塔特(Halberstadt),草草参观了圣母大教堂(Frauenkirche)和大教堂,随后前往哥斯拉(Goslar)。异乡的美妙时刻。给恽格尔送赠了山茶花,约 5 时到恽格尔处,相谈甚欢,谈了哈曼①,教父,《圣安东尼的诱惑》②,留至晚餐,恽格尔夫人拿来了葡萄酒(〈……〉)。恽格尔带我去宾馆。二人在哥斯拉镇子上转悠了一阵,因为我们都迷路了,太可怕。饮酒至夜里 2 时许,谈了尼基施(Niekisch)③,极度困倦,入睡。

礼拜四,34 年 1 月 4 日

睡到 9 点半,起来时十分清爽,很高兴拜访哥斯拉以及善良细心的恽格尔。他 10 点过来用早餐,二人聊到 11 时,随后一起去散

---

① Johann Georg Hamann(1730-1788)。
② 福楼拜(Falubert,1821-1880)的《圣安东尼的诱惑》(La tentation de Saint-Antoine,初版 1874)。
③ 参恽格尔 34 年 1 月 13 日书信:《恽格尔书信集》页 22 及以下。[译注]中译可参《卡尔·施米特/恩斯特·云格尔书信集(1930 年—1983 年)》,上海人民出版社,2014 年。

步,他带我一直上火车,说到了我的直爽。他人极为友好并且细心。两人作揖分别,我继续旅途,很顺利,一路上从希尔德斯海姆(Hildesheim)经过汉诺威直到杜伊斯堡。在杜伊斯堡饭店,精彩地演讲了(关于宪法重建)①的报告。区参谋部长费舍尔(Fischer)②也在场,看起来很满意,我们在包厢喝了点酒,福斯特霍夫(Forsthoff)从穆尔海姆赶过来,与他聊至12点半;他表了忠心,想要给予帮助并会面。

礼拜五,34年1月5日

睡了很久,晚至11点,打过电话,中午时分在市里逛了一个钟头,买了舒尔特(Aloy Schulte)的《宪法史》(Verfassungsgeschichte)③。之后去吃了饭,吃的燕麦糊,疲乏至极倒头就睡,3时许克劳斯(Guenther Krauss)来访,聊至4点半,迅速起身,福斯特霍夫带我们去穆尔海姆,在其父母④那里喝了咖啡,谈了荷尔德林,巴特⑤等人。从穆尔海姆坐火车至波鸿,在这里的管理学院(Verwaltungsschule)⑥[讲了]关于极权国家,即就是公务员国家(Beamtenstaat)。非常之成功。之后同艾勒灵曼(Elleringmann),杜姆(Dumm),阿伦斯(Arens)前往公园酒店富丽堂皇的住处;感

---

① 具体不详。
② 埃森区参谋部长。[译注]"区"(Gau),为纳粹政权的行政区划单位;埃森为大区之一。
③ Aloys Schulte,《德意志国家,宪法,权力,边界919-1914》(*Der deutsche Staat. Verfassung, Macht, und Grenzen 919-1914*),斯图加特,1933(Aalen1968重印)。
④ 其父海因里希·福斯特霍夫(1871-1942)为穆尔海姆/鲁尔的新教牧师,1934-1936间为区牧师以及科隆/亚琛主教管区教长。
⑤ 巴特(Karl Barth,1886-1942),瑞士新教神学家,其时为波恩的教授,并反对国家民族主义,之后创建了"认信教会"。
⑥ 管理学校,或称管理学院(Verwaltungsakademie),作为地区公务员继续教育之场所;波鸿管理学院建于1925年。

觉很舒适,叫人拿来一本《失败者乔布》(Jobsiade)①图册,喝了稍涩口的夜圣乔治,夜里12点40同克劳斯坐卧铺前往柏林,边喝啤酒边聊,一直到2点半。

礼拜六,34年1月6日

7点54到站,和他一起到他住的莫扎特大街,随后径自回家,看了邮件,没有什么特别的事,之后便上床睡觉,一整天躺在床上。快6点时候起床,慢慢着手工作,关于军事和国家结构。夜里12点左右和杜诗卡散步,回去睡觉时很低落;熬了几个小时夜,没有喝酒,肠胃仍旧很差,很糟糕。

礼拜天,34年1月7日

九点钟起床,有一些想法,但是仍然极为低落;给恽格尔寄去了波什画的腾达鲁斯幻象(Visio Tondali)②以及托姆(Fritz Thom)关于哈曼改宗③的信件,拿到信箱,散了会儿步。今天晚上普匹茨不过来,很难过。写了日记,几乎一年来第一次写。不过这个几乎不能解决我的低落和内心的绝望。看到可怜娇小的阿尼玛(Anima)④,感动落泪。对法学家的喧哗,弗朗克的把戏⑤,克尔罗伊特尔的卑劣感到作呕。对恽格尔颇有好感。

礼拜一,34年1月8日

庆幸不用上课,晚上未去听艾什维勒(Eschweiler)的报告,杜

---

① 科尔图姆(Karl Arnold Kortum,1745-1824)的讽刺作品,布施(Wilhelm Busch)配图。
② 一幅彼岸幻象,1149年由一位苏格兰僧侣用拉丁文创作的作品;参恽格尔34年1月13日的致谢回信,页22与页486以及以下。
③ 该书为托姆(Fritz Thom)的《哈曼的改宗》(*Hamanns Bekehrung*, Gütersloh 1933)。
④ 译注:阿尼玛(1931-1983)为施米特与杜诗卡之独女。
⑤ 似乎指的是创办一份属于自己的国家法杂志的挫败一事(参34年1月1日)。

诗卡去过之后回来给我讲了关于报告的情况。

礼拜二,34 年 1 月 9 日

9 点钟去拜访普匹茨,同他去了市区,顺便拜访了罗舍尔德尔(Loschelder)①,我未见这个人,心里很愉悦,菩提树下大街美妙的一个下午。

礼拜三,34 年 1 月 10 日

去了市里,但未碰见熟人。

礼拜四,34 年 1 月 11 日

下午上课。和布伦斯(Bruns)在施洛斯克洛泽酒吧(Schlossklause)②吃过饭,喝了些酒。他对考夫曼(Kaufmann)深恶痛绝;在学院里到处坐了坐,休息了一下,〈……,〉随后开始上课,下课后与布恩(Hubertus Bung)③先去了哈贝尔(Habel)那里之后又来到家里。

礼拜五,34 年 1 月 12 日

9 点钟去拜访普匹茨,喝了杯茶,一起去了市里,令人神往的菩提树下大街。拜访了罗舍尔德尔,叙朗(Surén)④,珰科威尔特(Dankwerth)⑤(此人极为平和,因为李特尔布施兄弟的缘故)。给

---

① 罗舍尔德尔(Wilhelm Loschelder,1900-1989),行政官员,自 1928 年任职普鲁士内政部,之后任职第三帝国内政部,1952 年起任职北威州内政部;地方法官。
② 施洛斯克洛泽酒吧,位于布赖特大街 22 号(Breite Strasse 22)。
③ 布恩(Hubertus Bung,1908-1981),
④ 叙朗(Friedrich-Karl Surén,1888-1969),法学家,1920 年其任职普鲁士内政部,内政部长,地方部门负责人。
⑤ 当科威尔特(Walter Dankwerth),帝国铁路顾问。

戈林发去了生日电报,之后同雷翁托维克①和克劳斯回到家里,一起用过午饭。困乏至极地休息。

礼拜六,34 年 1 月 13 日
写关于军事学的报告。

礼拜天,34 年 1 月 14 日
休息的很充足,工作的不多。上午写了几个小时关于军事学的报告和国家总体结构的文章;在书桌旁很快乐,但好景不长。下午 6 时许,维尔兴来访,留至晚上用晚餐,喝了杯红酒,一起散步。他讲了一些希特勒的事,说他仍在戈培尔那里。关于法国和东部的状况一些错误认识。真是个可爱的、细心的、话不多的人。带他一起去坐计程车,他要立刻前往慕尼黑。与杜诗卡回家。

礼拜一,34 年 1 月 15 日
中午习林(Schilling)②的大课后,修改文章。去剪了头发,回来后很疲惫,休息。

礼拜二,34 年 1 月 16 日
大课。晚上,当要休息的时候,欧贝尔海德来访。我们喝了杯莱茵葡萄酒。他载我前往我受邀的哈尔纳克之家(Harnack-haus)③;他很期待明早对元首的拜访;觉得他不错。之后到了哈

---

① 列翁托维克(Viktor W. Leontovic,1902-1959),法学家、史学家。生于圣彼得堡,沙俄变色之后举家移往国外。先后在基辅、布拉格、巴黎接受教育,获得柏林贸易学院教授俄语的长期合同,"在处理国家法问题的施米特教授处从事关于新教对俄罗斯教会的影响"(柏林贸易学院校长 34 年 3 月 22 日的申请建议书)。
② 习林(Karl Schilling),施米特的助手。
③ 译注:哈尔纳克之家,以新教神学家哈尔纳克(Karl Gustav Adolf von Harnack,1851-1930)命名的建筑,如今被用作马克斯·普朗克学会的会议场所。

尔纳克之家,普朗克①,布伦斯,莱兴瑙(Reichenau)上校,斯门德,施普朗阁等人在场。不错的一伙人,我很有优势并且很愉悦,不过脸变得通红。经济部长施米特②在我对面,他不是很随和。再同莱兴瑙上校谈了很长时间国防军和冲锋队;同斯门德谈了哈曼(他有点让人难以忍受)。凌晨1时许起身,坐的士回家。

礼拜三,34年1月17日

睡了很长时间。四处坐了坐。下午躺在床上。打电话给奥特,非常之激动,并且很开心又能听到他的音讯。约定礼拜五相见。

礼拜四,34年1月18日

又睡了很久,任何事都未做。穿着法衣,去参加了帝国成立庆典,紧挨着斯门德而坐。鲍伊姆勒主持讲话,说了一些公民的好话。整个讲话喋喋不休,介于大课和节日讲话之间。人们无法对"行动"(Tat)置一词。一身轻松回家。还见了平斯克③这位大学生心灵抚慰牧师(Studentenseelsorger),他对埃施韦勒颇有微词。之后四处走了走,去了王宫,在弗朗克处用过早餐,非常之沮丧(他说,他应该把穆勒④那家伙赶走。我说,这样做不太合适;那么,他就应该把他留下来)。

礼拜五,34年1月19日

课后,罗伊纳工厂(Leuna-Werk)的冯·德恩(v. Dehn)来访,

---

① 普朗克(Max Planck,1858-1947),1918年诺贝尔物理学奖获得者。
② 施米特(Kurt Schmitt,1886-1950),保险经理人,1933-1934任帝国经济部长。
③ 平斯克(Johannes Pinsk,1891-19570),1928-1939任大学生心灵抚慰牧师,之后出任柏林—朗克维茨社区牧师,1954年任柏林自由大学荣誉教授。
④ 穆勒(Ludwig Müller),参33年7月23日日记。

他人很随和。和我一起散步至波茨坦广场,谈了很多关于经济上的叛国行为。在哥伦布之家碰到了奥特,我们一起乘的士到我的住所,吃了鱼。奥特讲了关于日本的事情。一直聊到4点。很喜欢他。下午普匹茨夫人,施密茨夫人,斯门德夫人来访。喝了儿童咖啡,之后十分困乏,养精蓄锐。晚上去了施特格利茨(Steglitz)党组织地方小组聚会,都是些很随和的人,冯·威德尔(v. Wedel)①的报告极为精彩,杜诗卡深受鼓舞。在这之后我们碰到了施密茨夫人和斯门德夫人,她们刚去过电影院,还一起去了施特格利茨的特尔绥糕点店,花了6马克。回到家很累,很沮丧。(尽管我对她很随和)但是再没法儿看到施密茨夫人了。对这位半犹太人和混血儿的念想,着实令人烦扰。

礼拜六,34年1月20日

哈默尔斯坦女士② 10点钟来访。给她口授了一整天关于军事方面的报告。她这个人并不那么让人舒服。中午小憩。觉得她很让人讨厌而且很冷酷无情。她时常使我感到很受伤。万幸她并不是我的秘书。晚间,赫克尔(Heckel)来访,哈默尔斯坦女士的男友帕舍③随后亦赶到。两人10点左右离开。克劳斯(Günther Krauß)当时亦在场,他同赫克尔喝了很长时间红酒。赫克尔很迷恋欧贝尔海德那一套,并献身于纳粹。希望他能对之更严肃些。欧贝尔海德中午时候等了元首一些时间。

---

① 冯·威德尔(Karl von Wedel-Parlow,1873-1936),1925年加入德意志国家社会主义工人党(译注:即纳粹党)。帝国发言人,大柏林区区监察、德意志国家社会主义法学家协会(BNSDJ)代表区长,德意志法律阵线荣誉法庭顾问,1932-1933普鲁士州议会议员,1933帝国议会议员。
② 哈默尔斯坦女士(Maria Therese von Hammerstein,1909-2000),1934年同帕舍(Joachim Paasche)结为连理,1935年一起移民日本,1948年移民美国。
③ 帕舍(Joachim Paasche,1911-1994)。

礼拜天,34 年 1 月 21 日

睡了很久。修改了关于军事的演讲报告,中午好好休息了一下。欧贝尔海德今晚不能过来,所以有些难过。奥特下午 7 点过来,滔滔不绝地讲了关于日本的好些事情,直到凌晨,展示了好些图片。非常喜欢并钦佩他。同他谈了我要作的演讲,关于帝国军队相对于冲锋队的中立诉求。他非常理性,并且不抱有错误的理想主义。

礼拜一,34 年 1 月 22 日

疲惫不堪。上了大课。下午 5 点哈默尔斯坦女士来访。还未完成报告,突然阿谢利斯(Achelis)①打过来电话,演讲要被推迟,原因是要举行"功勋勋章"(Orden Pour le mérite)②典礼,他说,都是些外交的辞令。很可能一切都是在扯谎。虽然如此,但是可以舒缓一下了,和哈默尔斯坦女士喝了波尔图葡萄酒。9 点半恽格尔携其弟汉斯一道来访。和他们一起喝酒,很开心地聊了迈锡尼(Mykene),斯潘(Spahn)③,象形文字等等,唯独未谈及政治。恽格尔想在周四拜访。他 1 点半左右离开。疲惫不堪,休息。

礼拜二,34 年 1 月 23 日

9 点去找普匹茨,感觉精力充沛(刚开始很困乏,几乎爬不起来,心脏不适)。同他一起去了市里。很诡异的气氛,格里泽

---

① 阿谢利斯(Johann Daniel Achelis,1889-1963),生理学家,1933 至 1934 年任普鲁士文化部部长一职,1934 年至 1935 年为海德堡大学生理学教授,1950 年先后任教于伯苓格尔和英格尔海姆。
② 译注:"功勋勋章"系为腓特烈二世将其曾祖父所设"慷慨勋章"更改后的名称,为奖掖对军事与政务有杰出贡献者。
③ 斯潘(Martin Spahn,1875-1945),1901 年任斯特拉斯堡历史学教授(悖毛姆森之意图,由威廉二世执行),1920 年任科隆大学教授。中央党的政客,之后为德意志民族大众党(DNVP)、1933 年为纳粹党政客,1924-1945 年为帝国议会议员。

(Griese)①去见了元首。去见了阿谢利斯,他告知说,我的演讲被禁止了,我也将信将疑地同意这么做。在菩提树下大街碰到阿尔曼(Ahlmann),同他谈了关于哈恩(Hahn)和福莱尔(Freyer)。上完大课后,格里泽上校来访,他对演讲被禁还一无所知。立马致电相关部门。我们一道去见了阿谢利斯,对他的印象极差,感觉此人极不老实。今天下午必须作出决定。随后立刻前往藤道夫(Tondorf),与习林一起将我本为演讲缩写的报告改为了一篇文章,最后终于大功告成,谢天谢地! 在藤道夫碰到欧贝尔海德和他的夫人,赫克尔也在,这并不令我欢喜。载着欧贝尔海德夫人一起来我的住所。休息。躺在床上跟格里泽通了电话,演讲又可以进行了。之后阿谢利斯的秘书打电话讲了同样的事。对阿谢利斯的搅和极为愤慨。给哈默尔斯坦女士打了电话。晚上再草草地改过一遍报告。和杜诗卡在策伊纳林荫道(Zeunepromenade)放松地散了步。休息前没有喝酒。

礼拜三,34 年 1 月 24 日

睡起来相当清爽,一上午奋力地工作。11 点半匆忙赶到市里,去参加在新礼堂举行的"功勋勋章"典礼,高朋满座,尤其是军方的。菲舍尔校长先致辞,接下来是我关于军事和政治总体架构的报告②,一切顺利。龚奈拉(Gonnella)和杜·普赖勒(Du Prel)都在,欧贝尔海德与其夫人也到场。大获成功。结束后在艾维尔特(Ewert)那里用过早餐,紧挨着校长和奥特而坐,很喜欢这家伙,相谈甚欢,很放松。之后与保伊姆勒穿过胜利大道前往波茨坦广场。在特尔

---

① 格里泽(1887–1935)中尉系普鲁士第五骑兵团司令。
② 演讲于腓特烈纪念日(腓特烈大帝生于 1712 年 1 月 24 日)在柏林大学"军队精神工作小组"(保伊姆勒为其负责人)举行。刊发于 1934 年,题为"国家结构和第二帝国的覆亡:公民战胜士兵"。

绥喝了杯咖啡,与他谈了哥特赫尔夫(Jeremias Gotthelf)①,伯尔纳诺斯(Bernanos);不过,无法与其交心。5点半匆匆忙忙赶到〈……〉附近招待所的克里克(Krieck)那里,这细心的家伙非常随和;讲了法兰克福,他想去海德堡,并说波姆(Böhm)②是位阳谋者,霍恩(Höhn)才是真正的元首;他人很用功且可以推心置腹。想进入"法律阵线"(Rechtsfront)③。和克里克很聊得来,陪他步行去见文化部长。到处走动到8点,然后坐车到波茨坦火车站。尽管仍有些热情,但是没在做什么。与杜诗卡闲聊,她参加了我的演讲,对它赞不绝口。随后安静地入睡。

礼拜四,34年1月25日

9点半等待哈勒市长威德曼(Weidemann)④,但是他走错了路,直到10点才来。一起用早餐。他讲了关于行政学院管理委员会的情况。答应2月13日在哈勒办一次演讲。带他前往施特格利茨市政厅,谈话很融洽。接着坐的士去往大学,在波茨坦桥上撞了车,一辆新车。晚到了大课,讲了马基雅维里⑤。课后携克劳斯和习林一道,匆忙赶到波茨坦火车站。在家里稍作休息,5点钟又来到市里,跟普匹茨通过电话。6点至8点讨论课,普拉尼茨(Planitz)做了关于在国家社会主义国家中法律和法官的报告,非

---

① 哥特赫尔夫(Jeremias Gotthelf,1797-1854)。[译注]为瑞士牧师、作家比丘斯(Albert Bitzius)笔名,其代表作为《黑蜘蛛》(*Die schwarze Spinne*,1843)。
② 有可能是Max Hildebert Boehm (1891-1968),国外德国人政治家,德意志汉诺威党讲师,1933-1945为耶纳大学民族志教授。
③ [译按]1933年12月13日日记脚注:德意志法律前线是松散的"一切与法律紧密相关的职业和公务人员的综合"(参《德意志元首辞典》[*Das deutsche Führerlexikon*],Berlin 1934,页76)。
④ 威德曼(Johannes Weidemann,1897-1954),法学家,纳粹党人。1933-1945任哈勒(萨勒)市长。
⑤ 马基雅维里(Niccolò Machiavelli,1469-1527)。

常之糟糕,颇得年轻人喜好。格兰佐(Granzow)[1]讲得很不错。急忙打的回家。客人已然到了,普匹茨与他的夫人,布伦斯夫人,欧贝尔海德夫人,恽格尔。欧贝尔海德正赶上吃饭,奥特后脚也赶到了。整个环境有些无聊,都是些性格不同的人。布伦斯夫人容易感动,机敏并且聪颖,恽格尔比较内敛而且有点孩子气,对书本极有兴趣,但明显深藏不露且有心机。奥特讲起日本动人心弦,把恽格尔也邀请进来,他是在座中最佳者。欧贝尔海德很疲倦,只跟恽格尔作了短暂的交谈(恽格尔说:"我追求的不是那些决定,而是好的才能。")。入睡时未尽兴,疲惫不堪。

礼拜五,34年1月26日

起床时和困乏,心脏不适,对我的身体颇为绝望。乘的士前往高等法院,院长帕兰特(Palandt)[2],海曼(Heymann)[3],高院顾问格陵(Gehring)[4]都在。无聊的考试,一位令人称奇的名叫柯尼施科(Knischke)的人,深谙罗马法,答得很不错,令人高兴。3点半回到家里,养精蓄锐,感觉甚好。晚上,森格(Eugen Senge)和他的朋友尼尔曼(Niermann)[5]来访,喝了好酒(奥本海默[Oppenheimer]和〈…〉罗曼尼 23[Romanée 23]),大谈民族及其潜力,谈了吉勒斯(Gilles)的画作。很开心今天有这两个人在。很尽兴,同昨晚大家的无法尽兴完全两样。1点左右我们陪两位走到施特格利茨市政厅。哈默尔斯坦女士因为一份证明的事打来电话。因此有些

---

[1] 格兰佐(Walter Granzow,1887-1952),纳粹党政治家。1932-1933任梅克伦堡—施威林州总理,1933-1945任德意志地产抵押银行主席。
[2] 帕兰特(Otto Palandt,1877-1951),法官。1934年任国家法律考试中心主席,是广为流传的、初版于1938年的公民法评注的编者。
[3] 海曼(Emst Heymann,1870-1946),柯尼斯堡、马堡,以及1914年柏林的公民法和贸易法教授。
[4] 未详。
[5] 尼尔曼(Konrad Niermann),政府顾问,玻尔肯财政部负责人;参 Peifer 1990,页229。

搅扰。

礼拜六,34年1月27日

10点半(迟到了很多),哈默尔斯坦女士因为证明的事来访,但很快就感到很满意,她还算井井有条并且令人愉快。给她口述了很多封信,可怜的姑娘。她1点左右离开。胡贝尔从基尔来访。和他在策伊纳林荫道散了步,他留下来吃过饭,讲了基尔的情况,看起来他对那里很满意。不过总体有些百无聊赖。饭后,带他去了施特格利茨市政厅,就此告别。回到家很累,休息。5点,菲克尔(Fickel)①从汉堡来访,此人很和善、有活力,他想出一本小册子。7点,李特尔布施(Ritterbusch)来访,和气但有些沉默寡言。大家一起吃了晚餐,喝的是莱茵葡萄酒。饭后边喝啤酒,边聊我们的专业。他说,克尔罗伊特(Koellreutter)在信中说到,施米特写上了一个斯拉夫式的名字②;很不妥帖,用约尔逊(Jolson)来称呼③一个人云云。讨厌的无耻行为,这些蹩脚的半吊子。心怀郁闷地入睡。李特尔布施住在我们这里。

礼拜日,34年1月28日

起来昏昏沉沉。和李特尔布施用过早餐后一起坐车去市里。区专业顾问研讨会11点至1点半在普鲁士州议会举行,讲得很不错,有基施,Kl〈……〉等人。觉得瓦尔兹(Walz)尤为出色。在王宫用的午餐,依着基施和瓦尔兹而坐,和其他人一一寒暄,比如同

---

① 菲克尔(Georg Fickel),汉堡汉萨出版社编辑。
② 《政治的浪漫派》(1919)和《论专政》(1921)的初版施米特用了"施米特—多萝蒂克"(Schmitt-Dorotic)[据其第一任妻子]的名字。
③ 施米特把施塔尔(Friedrich Julius Stahl)称作"施塔尔—约尔逊"(Stahl-Jolson),因为施塔尔受洗前名叫约尔逊。

格莱福斯瓦尔德的霍夫曼(Hofmann〈?〉),莱比锡的朗阁(Lange)①,赫克尔,施托尔(Stoll)②,薛勒(Schöller)等等。之后乘万湖列车(Wannseebahn)回家,疲惫。晚上7点克劳斯带来了一份稿子。随后去市里见了哈贝尔(Habel),在他那里与荣(Erich Jung)以及其他人聊了很长时间。基施真是个大滑头。之后与埃姆格和布伦斯一道去了狮王酒吧(Löwenbräu)。疲惫不堪,乘坐列车回家。

礼拜一,34年1月29日

很早便起身。心脏不适,惊惧不安。同李特尔布施共进早餐,然后乘坐万湖列车去了市里,从菩提树下大街经过。两人在大学门前分开,他要去科学院,有个意大利女人发表了一些关于法西斯主义的言论!③ 对于德意志法律科学院来说简直不可思议。匆忙去上课,讲得十分放松而且很好(关于霍布斯),下课后同列翁托维克,巩德(Conde)④,克劳斯经过菩提树下大街,在柯兰茨勒(Kranzler)咖啡馆等候格林伍德(Greenwood),但他一直未来。1点过后,纽伦堡的邵伊尔(Scheurl)⑤过来了,聊得很开心。他和我一直走到波茨坦广场。未去科学院,而是径直回家,养精蓄锐。安静地聚精会神一个钟头。7点,卡尔克(Calker)来访,他很激动地讲了克尔罗伊特的事,以及弗朗克的前后不一。之后欧贝尔海德

---

① 朗阁(Heinrich Lange,1900-1977),任布莱斯劳公民法教授,后任慕尼黑公民法教授。
② 施托尔(Heinrich Stoll,1891-1937),图宾根公民法和罗马法教授。
③ 卡利亚尼(Lea Meriggi von Kalliany),费拉拉/博洛尼亚一位教授。"法西斯主义与法"一文发表在德意志法律科学院年鉴第一期(1933/1934),页74-92,并作为单行本出版于1934年(柏林/莱比锡)。
④ 巩德(Francisco Javier Conde Garcia,1908-1975),公法讲师,马德里政治学研究院负责人,施米特和黑勒的译者。
⑤ 邵伊尔(Eberhard Freiherr von Scheurl-Defersdorf,1878-1952),纽伦堡经济社会学学院管理法教授。

夫妇做客,10点半施罗尔(Schroer)也突然来访。大家一起闲聊到12点多,相当累。11点左右陪卡尔克走到格鲁讷瓦尔德大街(Grunewald)。

礼拜二,34年1月30日

起来疲惫不堪。和普匹茨走到动物园大街。① 10点钟来到法学家协会的新办公室,有关于元首的研讨。弗朗克直到11点才来,不过倒也让人愉快。赶紧坐车去了学校上课,课后又回来研讨会。作了我的报告,弗朗克很友好,帮我力排众议。这使我觉得很称心。② 但内心对这种状态充满忧虑,这种保护的状态,至少只有缺乏保护的人才需要保护。同弗朗克及其夫人,还有施耐德—埃登科本(Richard Schneider-Edenkoben)③ 在胡特(Huth)处一起共进午餐;和施耐德一起聊罗斯科普夫(Roßkopf)聊得很起劲,他拍了一部名为"骑士盖尔"(Florian Geyer)的电影。饭后匆忙赶回家,在床上休息了一个小时之后又再赶回来。帝国部长会议仍在继续,但是弗朗克没再过来。很沮丧,很忧伤,最后慢慢地开朗了一些。去了阿德隆酒店,弗朗克在这里向外交使团和国外记者作关于法治国家的演讲,对此,我又很是伤心。和施耐德—多尔勒本(Schneider-Dorleben)聊得很开心。见到了哈姆区的区长罗姆(Römer)④。意犹未尽,不过12点左右还是匆匆回家。

---

① 德意志法律前线的办公地址,动物园大街20号。
② 罗森贝格(Alfred Rosenberg)于1934年1月9日在"民族观察者"以社论形式批评了施米特的"极权国家"概念。
③ 施耐德—埃登科本(Richard Schneider-Edenkoben,1899-1986),作家、电影导演。弗朗克的内表。
④ 罗姆(Wilhelm Römer,1900-?),律师和公证人。

礼拜三,34 年 1 月 31 日

10 点半哈默尔斯坦女士来访。给她口授了有关制度主义(Institutionalismus)的演讲报告,不过我们不得不中断,因为,"民族观察者"的主编魏斯(Weiss)①要我今天给他一篇关于新法律②的文章。给普匹茨打了电话,他人很好,给我提了一些建议。然后开始口授这篇文章。中午养精蓄锐,冲了澡,非常惬意。哈默尔斯坦 5 点过来,给她口授文章,她写得甚是迅速。7 点,荣因其博士论文(刑法的概论部分)来访。仍然完成了那篇文章,9 点,哈默尔斯坦女士把文章送到位于齐默尔大街的"民族观察者"。期间,森格来访,聊得很开心,但是极为疲惫。尽管如此,仍然喝了瓶勃根第,并聊至 12 点。依依道别,跟他一起走到施特格利茨市政厅,两人再喝了杯啤酒。闷闷不乐地回家。1 点上床休息。学生要求我明天下午做个报告。

礼拜四,34 年 2 月 1 日

没有睡懒觉,8 点钟起床。看到我的文章登在《民族观察者》上③。与普匹茨去了市里,谈论了新法律④。我从威廉大街下车,径直去诺依曼处。诺氏带来了他的朋友克拉姆普斯(Kramps)。

---

① 魏斯(Wilhelm Weiß, 1892-1950),1933 年任"民族观察者"报代理总编,1938 年任总主编。处于纳粹出版政策领导层。
② 34 年 1 月 30 日的"帝国新造之法"(Gesetz über den Neubau des Reichs)(RGBl. I,页 75)决定:第 1 条,取消各州全民代表;第 2 条(1)各州主权移交帝国,(2)各州政府隶属于帝国政府;第 3 条,帝国行政长官隶属于帝国内政部长[即纳粹时期帝国总理]职责监督之下;第 4 条,帝国政府可以使用新的宪法权利(Verfassungsrecht);第 5 条,帝国总理颁布使法律生效的必要法律法规和管理规章制度;第 6 条,该法律自宣布之日起生效。
③ "新宪法律"(Das neue Verfassungsgesetz),载于"民族观察者"34 年[译按:原文 33 年,疑有误]2 月 1 日,页 1-2;原文见本书附录部分,页 476-479。
④ 原文见 34 年 1 月 31 日日记脚注。

都对新法律和帝国机构的新计划①忧心忡忡。非常有意思。坐车匆忙赶到学校,讲霍布斯。课后,见了许多人:普莱滕贝格来的魏玛校长及其公子,一位名叫皓璞(Haub)〈……〉的女士,一位名叫门采尔(Menzel)〈……〉的。同巩德和克劳斯去了王宫咖啡馆,穿过伯丁街(他给我指了格保尔[Gebauer]②),然后又返回学校。洗了把脸,考虑了一下报告。2点半在最大的教室(Audimax)(人满为患)讲了一个小时的新法律。一开始气氛不错,后来渐渐放缓了速度,流于寡淡,收尾时倒还凑合。庆幸讲完了。和布伦斯去了研究院,和 A 女士〈……〉聊了很久英伦的判例法。6 点回到学校,上了讨论课,拉德尔(Radel)做了关于〈……〉的报告,无足轻重,讨论很热烈。7 点半,福斯特霍夫过来,我们一起去了菩提树饭店。他讲了在法兰克福(和克劳兴在一起的晚上)和海德堡的事,边聊边喝酒。非常困,但很乐意听他讲。载他去了波茨坦火车站,然后疲惫地坐万湖列车回家。再和杜诗卡聊了聊,谈到盘算家用,我们经济拮据,债台高筑。奥特打了电话。忧伤,绝望地休息。

礼拜五,34 年 2 月 2 日

夜里 3 点醒了,再没有踏实地睡着。很累,心脏不适。起床。勋贝格的律师德累斯顿人〈?〉打来电话,要求进行一次"不受约束的聊天",简直可恶。之后去找了普匹茨,他非常难过,于是和他一起去市里。随后他又非常开心地讨论了[新]法律,他觉得我的文章极为出色。我们又谈了帝国的新组织。虽然他是个很聪明的人,但是出人意料的无能为力。穿过菩提树下大街,享受美妙的午

---

① 关于帝国内部由各帝国总督/区长官的权利引起的小邦分立问题,"民族观察者"上的文章亦是针对此问题,参 Koenen 1995,页 524-527。
② 可能是格保尔(Curt Gebauer),《18 世纪思想流派和德性:德意志道德史论》(Berlin,1931)一书作者。

后时光,读报(罗森堡的一篇关于国家法及政治研究的文章①)。上了大课(辅导时间),课后同克劳斯聊了一会儿,同施普朗阁(Spranger)的学生伽斯特(Gast)聊了一会儿,此人大吐苦水(有人将其著作贬得一文不值)。去找了阿谢利斯,为人和善(给他说了我们的去专家顾问研讨会的事)。随后去买了报纸,去了藤道夫,和贝克尔以及克劳斯。(叹息未将列翁托维克一起带过来,虽然我已经在王宫咖啡馆看到了他。)贝克尔载我到施特格利茨,一起在我这里喝了咖啡,和小阿尼玛戏耍了一会儿。极为困倦,睡到8点,习林打来电话。起床,等奥特的电话。吃了晚饭,写日记。累,但是在书桌边坐一会儿很开心。极度绝望,无安全感,捉摸不透,无法抵抗,可怖的状态。早早地睡觉。11点欧贝尔海德又打来电话,说他在元首那里只和帝国主教穆勒一起,并对此次会面十分激动。安静地就寝。

礼拜六,34年2月3日

睡得稍微充足些,但内心仍不安且不满。10点,哈默尔斯坦女士过来,给她口授了几封信,仅此而已。物价奇高(给她付了40马克),信寄给哈勒的威德曼(34年2月13日的演讲)以及其他人。没有去我关于法学思维的三种类型的演讲。同龚奈拉等人交谈。1点,福尔韦尔克(Vorwerk)打来电话说,记者会上宣布了从"民族观察者"流出的我的文章被认为是不受欢迎的②,另外,[东普鲁士]区长科赫(Koch)③在"德意志学生"④上对我做出进一步

---

① 罗森堡(Alfred Rosenberg)对施米特演讲文章的回应。罗森堡是"民族观察者"的总编。
② 关于对文章的封禁,请参 Koenen 1995,页 525 及以下。
③ 科赫(Erich Koch, 1896—1986),1928—1945 任东普鲁士区长,1933 年亦出任州长,1941—1944 任帝国乌克兰事务全权代表,被波兰判死刑,改判无期监禁后死于牢狱。
④ "东普鲁士,普鲁士,东方",载于"德意志学生"1934 年 1 月刊,页 1-   (转下页)

攻击。伤感,在书桌边安静了一会儿。等欧贝尔海德。他2点半过来,我们一起用午餐。他说了和元首的商谈,我的文章的被禁云云。很不错,他刚从普匹茨和鲁斯特(Rust)那里过来。① 我们喝了咖啡,之后在策伊纳林荫道舒缓地散步。买了"时代"(Temps)(上面的确报道了我文章的事)。随后,我疲惫不堪地回家,冲了澡。6点半霍恩(Höhn)来访,和他尽情地聊了一个小时,他讲了科尔罗伊特以及耶纳那边的一些事。习林,克劳斯,莫拉斯(Moras),最后巩德相继来访。大家喝了我今天刚定的摩泽尔葡萄酒(Moselwein)(尽管我不知道要怎么去埋单)。聊得很畅快,霍恩读了博丹(共和国,财产,主权)。大家之后一起去了施特格利茨市政厅喝啤酒,霍恩绘声绘色地讲了耶纳,埃姆格,科尔罗伊特等等(这可是一个"政治决断");巩德也有妙语——在博丹那里的顺序应该是:宽容,正义,主权。疲惫不堪地回家。

礼拜天,34年2月4日

极为困乏,睡到10点。哈默尔斯坦女士带她的狗一起过来,糟糕透顶。给她口授了一些东西,并强颜欢笑,关于制度性的一些想法。凄凄惨惨。然后带着"时代"去普匹茨那里,谈了关于对国家主权和领导主权的区分,他并不愿意离开国家[而谈主权]。他言及戈林又受到威胁。聊得很欢畅,不过很累。于是回家,正好枢

(接上页注③)11。页2处谈及施米特:"因此,我们断然拒绝诸如斯彭格勒(Spengler)的或者施塔培尔(Wilhelm Stapel)及其《政治神学》或者国家法学家施米特等人无创见的思想汇编,后者在32年还在反对'整体国家'(totaler Staat),今天却将其在国家法层面'正当化'。"作者署名"区长科赫,东普鲁士国务委员及州长",或许通过这位普鲁士国务委员对诸种无创见的思想汇编的拒斥显明该事,当他写到:"希特勒常常引用尼采。尼采是瑞士人,但从瑞士出发造就普鲁士及其诸特性的反"(页11)。

① 鲁斯特(Bernhard Rust, 1883-1945),1925-1933年任汉诺威—布伦施威克区长,1934-1945人帝国科学—教育部长。后自杀。

密顾问海曼(Heymann)来访,很和蔼的人。施罗尔(Schrör)女士来拿讲关于先前国家双轨制结构的稿子①。饭后极为疲惫,休息了会儿,心脏不适。7点左右起床,在书桌旁伤感地坐了一个小时。7点半奥特中尉携其夫人一道来访。对他的来访顿感愉快,对奥特有强烈的好感和情感上的亲近。他的夫人也很宜人。大家一起喝了很多酒,诸如摩泽尔,普法尔茨和勃根第。聊得很起劲,兴致勃勃。10点,施耐德—埃登科本博士,他是弗朗克和罗斯科普夫的友人。很遗憾欧贝尔海德没有在。12点大家离开。随即疲惫地瘫倒床上。睡后不久呕吐。

礼拜一,34年2月5日

几乎无法爬起来,一直想作呕。喝了一杯巧克力咖啡。艰难地挪移到车站。昏昏欲睡地讲了课,之后列翁托维克,克劳斯,以及一位年轻学生过来,忘了后者的名字。去剪了头发。去万湖列车站,和那位年轻学生一起,他要去驾校。回到家很累,看了科赫的文章,极为糟糕。构想了回应文章,但又缄默。在床上躺到6点,准备妥帖后,去龚奈拉那里参加法学家集会。不过他打了电话过来。幸亏,还未走开。因此,在书桌旁又待了一个小时,写了日记,改了稿子。审视了自己多么可笑地过了这些年。对那些魔鬼深感恐惧,充满无助。对奥特有强烈的好感和情感上的亲近。龚奈拉过来接我,我们一起坐车去了网球大厅。威德曼作了报告,很无聊,但并非不近人情。没有去城堡酒家②,坐公车疲惫并且绝望地回家。如此一个大城市里完完全全的虚假。悲戚地入睡。胃一直作痛。

---

① "精神征服的逻辑",载《德意志民族》(34年3月1日),页177-182;节选自1月24所作演讲。
② 城堡酒家是一家位于选帝侯大街12号的酒馆。

礼拜二,34 年 2 月 6 日

睡得很好,不过仍是病快快且昏昏欲睡。挣扎许久最终起身,很快穿好衣服去找普匹茨。一起喝了杯茶,然后去了市里。聊了攻击我的科赫区长。对这样的野蛮深感无能为力。在威廉大街下车,去萨瓦德(Sawade)那里买了巧克力。被女店员的双眸深深吸引,感觉似曾相识。几乎又堕入情关。然后去了教研室,修改报告的稿子。和布伦斯愉快地聊天。凄惨地讲了大课,来听的学生很少,被学生鄙视和背弃,真是厚颜无耻。课后与柏林商学院的霍普教授①聊天。考夫曼就坐在隔壁房间,在玩牌。一个人伤心地赶回家,又去了萨瓦德,无助且绝望。坐公车回家,躲在书堆里。在家休息之后起床(杜诗卡不太舒服,躺在床上)。经济拮据,在书桌边又不得安宁,转而迅速地修改文章。晚上又叫来了习林,和他喝了杯勃根第,没有喝完,在思考我新的关于 1918 [国家]垮台的小册子的部分内容②。一直改到 2 点。难以入睡。

礼拜三,34 年 2 月 7 日

10 点钟还在床上,睡得很差,尽管如此仍精力充沛。哈默尔斯坦女士来写了一些东西,为霍恩的海德堡大学教职写专家鉴定意见。③ 给施(Sch.)打了电话。等齐格勒(Ziegler)和朗阁。口授了写给科赫区长的信件,满篇悲戚令人作呕。和斯坦波墨(Steinbömer)通了电话,他说晚上很遗憾不能过来。他称赞我的《政治的神学》,其被奉为圭臬 10 多年之久。很振奋,感觉得到了

---

① 霍普教授(Willy Hoppe,1884-1960),史学家,1937-1942 年任柏林大学校长。施米特此处似为讹误。
② 参 34 年 1 月 24 日日记。
③ 霍恩于 34 年在耶纳大学做了一些徒劳的尝试后,在施米特支持下去海德堡的克里克那里取得大学授课资格(Koenen 1995,页 662)。另参 34 年 2 月 27 日袖珍日历。

增援。下午养精蓄锐。晚上坎迪莫里(Cantimori)①,巩德,卡皮唐(Capitant)和布伦斯来访。聊得很开心,喝了勃根第(卡皮唐说,给女人喝勃根第就相当于给山羊吃燕麦)②。大家谈的非常愉快,最后还去施特格利茨市政厅那里喝了啤酒。累但是心满意足地回家。很中意坎迪莫里,布伦斯有些闷,但人很和善。

礼拜三,34年2月8日

睡眼惺忪地起床。上了大课。课后与娄曼路过〈……〉广场散步。闷闷不乐,因为海菈讲,鲍伊姆勒将在今夏对我大加挞伐。然后去了藤道夫,在这里和娄曼,埃施韦勒还有克劳斯一起吃饭,畅谈各大学,但对我来说令我犯困,眼睛几乎在"打架"。5点,[拜访]拉施。然后讨论课,普莱斯(Preiss)③作了报告,极为精彩,关于天主教会;对此很引以为豪。后来,他作出被打败的样子躺在地上,所有人——巩德,列翁托维克,布恩,克劳斯都冲上去趴在他身上。之后,还与布恩及其夫人在符腾堡酒家饮酒,拉施也作了短暂停留然后又开车离开。与布恩以及他和气的太太相谈甚欢。11点,坐万湖列车疲惫地回家。

礼拜五,34年2月9日

又是疲惫不堪。大课后与几位学生[谈话]。1点05分〈……〉国民经济学考试。同混血犹太人波恩哈特(Bernhard)聊得很开心。随后去拜访希勒(Hiller),在他那里遇到了比尔芬格尔(Bilfinger),哈勒人波摩尔(Böhmer)以及龚德拉。让人好笑的一

---

① 坎迪莫里(Delio Cantimori,1904-1966),史学家,墨西拿和匹萨的日耳曼语言文学家和政治学家,让蒂尔(Gentile)的学生。
② 参平行日记1,第78则。
③ 普莱斯(Martin Preiss,1905-1987),曾跟随施米特学习,1936年退出耶稣兄弟会。神父。

伙人,龚德拉很让人开心。龚氏跟我一起去了王宫①。给他介绍了研究所。接着休息了一会儿。5点,卡拉副主席(Hildebrand v. d. Cara)〈?〉过来,畅谈了一个小时。之后,同布伦斯还有比尔芬格尔到我那里一起喝酒。要安慰可怜的比尔芬格尔,真是很愚蠢。他们11点离开。伤心地睡觉。绝望。

礼拜六,34年2月10日

哈默尔斯坦女士10点半来访,写了些东西。她礼拜四去了巴黎。对巴黎的散乱②感到很紧张。吃力地口授了关于法学思维的三种类型的演讲词③。中午散了会儿步。克劳斯来访。

礼拜天,34年2月11日

认真努力地改了文章。晚上未曾饮酒。很早就上床,却很自制。不过极度悲痛并且心生绝望。这就是所谓的"世界观"(Weltanschauung)。

礼拜一,34年2月12日

上了大课。坐车回家。晚上未饮酒。早早休息。非常之累。

礼拜二,34年2月13日

起来精力充沛。上完大课后,立即赶回家里。在床上躺了一个钟头,养精蓄锐。5点18去了哈勒,在威腾堡的火车上碰到了

---

① 威廉大帝外国公法与国际法研究所所在地。
② 自34年2月6日起,[巴黎]右翼和极右战斗联盟(法兰西行动[Action Française]、星火十字架[Croix-de-feu]、前线斗士[Frontkämpfer]等)与社会主义和共产主义组织之间出现了暴力街头游行。
③ 于2月21日在柏林威廉大帝协会(KWG)上、3月10日在柏林帝国见习律师(青年法学家)理事座谈会上的演讲,作为《论法学思维的三种类型》发表(1934,汉堡)。

李特尔布施的兄弟,相谈甚欢。发现此人很随和。然后在哈勒作了报告①,一切顺利。诺阿克(Noack)②在场,比尔芬格等人亦在。大获成功,关于精神征服。之后同诺阿克及其夫人,还有其他几个人,在饭店喝酒至2点。构思了一篇关于诺阿克德意志法的新导论,几乎被众人否定了,因此感觉极为丢脸。相当疲惫地入睡。

礼拜三,34年2月14日

6点,起床,尽管很累但意志坚定且相当自制。用过早餐径直去车站。读了"高地"(Hochland)。疲倦,在家随便躺了躺,等克劳斯过来,他未帮到我,反倒给我传染上了他的腮腺炎。自叹太愚蠢,依赖于他人。养精蓄锐,关于法学思维的三种类型的文章毫无进展。晚上奥特一家,欧贝尔海德一家,施耐德夫人(Eta Schneider)以及阿尔曼(Ahlmann)来访,相互畅谈。对奥特颇有好感。

礼拜四,34年2月15日

疲惫至极。上了大课,随后1点半之前去了动物园大街,参加了法学家联盟短暂的会议。极为疲倦,和普赖勒在出版社用餐。听到有人将我在"民族观察者"上的文章描述为自由主义的,因为会产生使用法学技俩危害发展[的情况]③。去安哈尔特车站接了到访的朗阁,很惬意的聊天,可以毫无掩饰地信任,他很聪明且机灵。我们在特尔绥喝了咖啡,徒然地去了动物园大街,未碰见任何[熟]人。之后他跟我一起到学校。上讨论课,海因泽(Heintze)④讲了关于新教教会和三权分立国家,很精彩,有些虔信。课后与列

---

① 在管理学院做的报告:《精神征服的逻辑》。
② 诺阿克(Erwin Noack,1899-?),哈勒的律师和公证人;在纳粹法律组织任职;哈勒的名誉教授。
③ 参34年2月1日日记。
④ 海因泽男爵(Traugott Freiherr von Heintze,1877-1948),石荷州州福音教—路德教教会会长。

翁托维克在波茨坦广场的符腾堡酒家喝酒。他请了我,让我觉得颇感动。此外就是疲惫不堪,11点回家。他懂得许多神学上有意思的东西,不过我无法摆脱那种神叨叨的感觉。

礼拜五,34年2月16日

早晨9点携普匹茨去了市里。他讲了关于戈林,关于他自己对弗里克(Frick)的反击。有个约定的辅导,对此很满意。结束后,齐尔(Zill)同我去剪发,谈论了雷尔斯(Leers)①。之后去了克兰茨勒尔咖啡馆,在这里遇到了斯塔培尔,与之交谈了几句。福尔韦尔克亦在。随后匆匆赶回家,4点18分坐长途快车前往科隆,一个人在一等车厢,可以学习,思考。11点半到站。见到了尤普(Jup),同他在山梨灯酒吧喝了〈?〉酒。他对各区长,对欧贝尔海德等人出言不逊。很沮丧并且很难过,他作为一家之主变得极吝啬,让我买单。伤感地回到旅馆。

礼拜六,34年2月17日

休息地相当差。10点普赖勒上来我住的地方。给他解释了我的言论,但无济于事。疲倦地四处躺了躺。去市里短暂停留,3点去了古尔泽尼西(Gürzenich)礼堂,在弗朗克演讲过之后,作了关于法治国家的长篇演讲②,极为成功。结束后,弗朗克一直重复:精妙绝伦。很明显他深受鼓舞。对此成功深感荣幸。疲惫不堪,休息过但还是精疲力竭。晚上在怡东酒店(Hotel Excelsior)与施罗尔女士以及其他人一起用餐。格鲁埃(Grohé)很拘谨。我还

---

① 雷尔斯(Johann von Leers,1902-1965),反犹主义主要出版家;在耶拿教授"基于种族主义"的历史(参Stolleis 1999,页279);1945年先后去了阿根廷和埃及。后皈依伊斯兰教。
② "国家社会主义与法治国家",刊于"德意志行政"11卷,1-2,34年2月20日,页25-42。

喝了些酒,燥热,脸通红。结束后,与诺阿克和施罗尔交谈。之后,1点半疲惫不堪地休息。

礼拜日,34年2月18日

〈标明上了日期,但未写日记。〉

〈2月里剩下的日子,整个3月和4月完全未作标记。此外,也不存在这些标记,从以下可以得到说明:紧接着34年2月18日,被手工分为四栏的剩余页面写满了5、6月份的关键词。如下。〉

〈左栏〉

5月3日

10点,海因泽打电话。魏玛,4点,尼采档案馆。

5月4日

克罗尔剧院(Krolloper)?尼柯莱(Nicolai)?

5月5日

司法部长。前陪审推事。

5月6日

菲克尔,海因泽〈,……〉

礼拜一,5月7日

法学家联盟

5月9日

[来自]统帅部和国家宪法[部门]的哈尔纳克(Harnackh)(回绝了?)

5月10日

升天节

5月12日

杜塞尔多夫①

〈第二栏〉

5月15日

艾沃拉②。莱辛学院③,7点-8点半。

5月18日

9点50:经济学考试。国家科学讨论课。舒尔茨(Schultz)。

5月19日

哥斯拉

5月20日

亚历山大(Carl Alexander)④受洗。

---

① 区法学家联盟研讨会;"国家社会主义法律思维的基本特点"一文。
② 艾沃拉男爵(Baron Julius [Giulio] Evola,1898-1974),神话化支持法西斯主义的哲学家。
③ 建于1901年的私人学校。
④ 亚历山大(Carl Alexander Jünger,1934-1993),施米特的教子。

5月21日

哈尔贝施塔特。

5月23日

5点-6点,利普斯(Lipps)。

5月25日

6点。

5月26日

10点,学院①。

5月28日

10点-11点,军事法,窦绿黛大街,晚上6点:法学家联盟。

〈第三栏〉

6月2日

1点,欧贝尔海德与前见习律师。

6月3日

晚上,卡皮唐。

6月4日

阿谢利斯。旧大教室,桑社(Cl.Sanchez)。5点,判决委员会。布吕宁。8点,布伦斯。

---

① 柏林的德意志法律学院的工作会议。

6月5日

克里格尔(Krieger)(课后)。

6月6日

弗莱斯勒(Freisler)①,国际法。

6月7日

下午,布恩,克劳斯。

6月8日②

儿童协会。晚上,普匹茨夫人,韦伯(Werner Weber)。

6月11日

晚上,在弗朗克处用餐。

6月17日

晚8点,斯门德,大教室140。

6月18日

政治学院演讲,国家社会主义和国际法。

〈右栏〉

6月19日

风雨如晦。

---

① 弗莱斯勒(Roland Freisler,1893-1945),1933年任普鲁士司法部国务秘书,1934年出任帝国司法部,1942年出任人民法庭主席。1945年死于炸弹袭击。
② 译按:原文为6月2日,疑误。

6月20日

晚上,查勒(Zahler)〈……〉欧贝尔海德,施罗尔。

6月21日

晚上,施图茨(Stutz)①。

6月22日

晚上早早睡觉。

6月23日

10点,查勒。早早睡觉。

6月24日

[学生]用功测试(Fleißprüfungen)。2点,查勒。晚上,在洪堡特之家的法国客人处。

6月25日

11点,欧贝尔海德。晚上,韦伯(Werner Weber),之后,鲁道夫及其夫人。

6月26日

晚上,讨论课(10人)。2点,查勒。

6月27日

前陪审推事。晚上,H〈……〉女士。同〈……〉相谈甚欢。

---

① 施图茨(Ulrich Stutz,1868-1938),1917年任柏林大学德意志法和教会法教授。

6月28日

卢塞勒(Gueydan de Rousselle)①。晚上,风雨如晦。

〈下一页无序地写满了晚些时候的很多日期。左下角却分别开写了几个登入的内容,其在时间和风格上紧接着34年,如下〉

6月29日

〈……〉恽格尔。晚上,洛特(Lotte)。

6月30日

早晨,施茂勒(Schmoller)②。11点,卡什尼茨(Kaschnitz)上校,普匹茨。晚上,克劳斯与布恩。

6月31日〈原文如此!〉

1点半,巴兰顿(Barandon)③。晚上,普匹茨。7点半,列翁托维克。

---

① 卢塞勒(William Gueydan de Rousselle, 1908-1997),法语区瑞士法学家,30年代在德国活动,二战期间从事法国的通敌活动。战后从瑞士移民到阿根廷。
② 施茂勒(Gustav von Schmoller, 1907-1991),法学家和外交家。1934-1935年为施米特助手,之后先后在波希米亚和麦伦帝国经济部和庇护国委员会任职。战后在符腾堡—霍恩佐勒恩州总理办公室任职。宪法起草工作顾问。1952年任职外交部,1964-1968出任瑞典大使。
③ 巴兰顿(Paul Barandon, 1881-1971),外交官。1927年之前为日内瓦国际联盟秘书会法律部成员,1933年任外交部法律司代表。

评 论

评施米特的《合法性与正当性》

[德]基希海默尔（Otto Kirchheimer） 著
黄 涛* 译

[译按]基希海默尔曾经是施米特最喜欢的学生之一，深受施米特的影响，后来加盟到法兰克福学派，是学派中的第一代人物，不过显得有些边缘(中文的基希海默尔传记材料极其少见，稍微详尽的材料见于复旦大学王凤才教授撰写的《"法兰克福学派"四代群体剖析》一文[载《南国学术》，2015年第1期，页174-175])。1932年，基希海默尔在德国社会民主党主办的《社会杂志》上发表了著名的《合法性与正当性》(1932年)一文，这篇文章从韦伯有关正当性的观点出发，认为魏玛宪法为行政权力和司法权力开放了一种破坏民主宪法的可能性，尤其是第48条赋予了行政权超越法律的可能性，此外，魏玛宪法的第二个部分中那些缺乏具体规定实质性法律标准也为行政权和司法权超出民主议会的法律权威开放了可能性。这个观察意在提醒人们注意极权主义国家的危险。施米特在稍后出版的《合法性与正当性》(1932)的同名论文的"引言"中评论了他的这位出色学生的观点，并且也在很大程度上接受了基希海默尔的观察，但不同的是，施米特不认为无法走出潜在的危险，而认为在魏玛宪法中存在三种类型的立法者，并给予了第48条完全不同的评价。

---

* 黄涛：管理学博士(法律科学与管理方向)，华东政法大学科学研究院助理研究员。

次年,基希海默尔发表了这篇评论《合法性与正当性》的文章,一上来就表达了他与老师施米特的根本分歧,他明显对施米特的同质性的民主观不以为然,而主张一种自由的民主观,这种自由的民主观适合一个异质性的社会,也就是说,民主的前提不是同质性,而是异质性,这篇文字满是学究味。基希海默尔极少引用同时代作者,凯尔森是他引用最显著的一位同时代作者,这似乎意味着,基希海默尔开始同施米特决裂,而向施米特的对手靠拢。

施米特的《合法性与正当性》一书分析了魏玛宪法的核心原则,也分析了德国宪政趋势的当前和未来状态。① 其论证的实体部分试图阐明,在魏玛宪法中包含的或者说在其运用中产生的特定因素和支撑民主的论证理由之间存在矛盾。施米特没有充分地在为特定规范性理想的体系提供证成和针对经验的政治实在进行分析之间做区分。他将两个不同的任务搞混了,也就是将对规范性政治理想(Sollensideen)的分析和对这些规范性理想想要实现的人类行为的特定政治形式进行的考察混同起来,前者集中于分析规范性理想的逻辑结构,而后者关切的是,一个规范性理想的体系在付诸实施时,是否能够恰当地"运转"。施米特的言下之意是,一个建立在规范性理想的特定系统之上的政治观念系统的内在矛盾这一特征本身就构成了一项证据,表明特定的政治系统无法恰当"运转",这也是施米特理论中有关概念现实主义(conceptual realism)存在的迹象。② 既然几乎他的所有主张都预设了对民主制的特定证成,那么对他的理论的这一部分进行讨论似乎是必

---

① 施米特:《合法性与正当性》(*Legalität und Legitimität*),Munich:Duncker&Humblot,1932。中译本参见李秋零译,《合法性与正当性》,世纪出版集团,上海人民出版社,2015。

② 参见 Erich Voegelin,《公法杂志》(*Zeitschrift für Öffentliches Recht*)11(1931):108-109。

要的。施米特将民主定义为在简单多数基础上做决断的根本原理。他进而认为,民主只能在同质性社会(homogeneous society)中才能得到证成。因此,他评论说,"通过简单多数的决定形成意志的方法,只有在如下条件下才有意义,也才能得到容忍,这就是能预设人民的实质上的同质性。"① 但是,既然看起来同质性涉及的是一种经验性条件,并因此,它本身就不能构成一个最终的证成,那么,有关民主制只有在一个同质性社会中才能得到实现的假设似乎就是施米特理论中的一个多少更为根本的论证的产物。他的《宪法学说》更详尽地解释了对同质性的需要对于民主制来说的重要意义。② 在那里,施米特通过诉诸平等原则为自己的观点奠定基础,在他看来,平等原则构成了每一个民主体系的前提预设。但与施米特不同,我们必须牢记,平等原则本身不足以作为对民主制的证成,从平等地对待社会的所有成员中并不必然能够得出应该由多数人决断的结论。③ 既然施米特明确要这样去做,那么,多数人规则对他来说就必然毫无意义。④ 相反,只有在平等要求被整合到实现自由的要求中时,也就是在此被界定为公民之间的不可阻挡的意志形成过程和统治的意志达成一致时,多数人规则才变得可以理解。对于自由的要求因此就采取了如下形式,即尽可能地为更多的人的争取实现自由。⑤

---

① 施米特:《合法性与正当性》,页31(以下页码为1932年版德文版页码)。
② 施米特:《宪法学说》(*Die Verfassungslehre*),Munich,1928,页169,页235(以下页码均为德文版页码)。
③ 凯尔森:《民主的本质和价值》(*Vom Wesen und Wert der Demokratie*),Tübingen,1929,页9。
④ 施米特:《宪法学说》,页278。
⑤ 对于自由和平等构成了民主的基本原则这一观点的讨论,参见 W. Starosolsky,《多数决原则》(*Das Majoritätsprinzip*),Vienna,1916,页84开始部分。最新的文献参见 Dietrich Schindler,《宪法和社会结构》(*Verfassungsrecht und soziale Struktur*),Zurich,1932,页133;G. Salomon,《第五次德国社会学日论文集》(*Verhandlungen des 5. deutschen Soziologentages*),Tübingen,1926,页106-109。

自由的概念有许多种不同的含义。在宪法理论中,它被用来描述两个从历史上看长期并排出现的领域。但这两个领域是不同的,首先,自由的概念可以指创制规范的过程,但其次,它也指特定规范的内容和个体行动的领域之间的关系。迄今为止,我们的评论仅涉及前者。在第一种意义上,自由涉及的是政治自由(也就是国家之内的自由),在第二种意义上,自由指的是个体自由(免受国家干预的自由)。个体自由传统以来一直不仅与确保个体自由的权利相联系,而且与允许可以走到一起来结社的自由相联系,这种自由有两个关键特征,首先,个体自由确保了,政治意志的形成过程可以采取一种不受阻碍的方式,这一功能可以根据公民权利(rights of citizenship)来描述。新闻自由、舆论自由、集会与结社的自由都属于这个主题。[1] 它们构成了对于所谓的政治权利(political rights)比如选举权和平等地获取一切政府职位的权利的必要补充。政治权利自然而然地是国家之内的自由的构成要素,并且对民主的意志形成过程来说是根本性的。[2] 与此同时,对个体来说,个体自由是自由的私人领域的前提条件,在此,我们可以谈论私人权利(private rights)。首先也是最重要的,财产权和宗教自由就属于这个范畴,此外还包括其他自由,就它们并不服务于政治目标而言。[3] 不是说所有这三类自由——政治权利,公民权利和

---

[1] 当我们接受唯有真正"人道的"社会秩序才能为政治自律提供最大的可能性这一论点时,公民权的范围才会大幅度增加。参见 Luiz Jimenez de Azua,《外国法和公法杂志》(Zeitschrift für ausländisches und öffentliches Recht) 3(1932/1933):页3,页377。

[2] 对于它们同"自律"概念和"个体责任"概念之间的关系的讨论,参见 Pribram,《第五次德国社会学日论文集》,页100。

[3] 关于民主制度中这种类型的自由具有的必要的组织结构,参见 Heinz Ziegler,《现代民族国家》(Die modern Nation, Tübingen, 1931),页237。当然, Ziegler 有关民主用集体自由取代了个体自由的论点只有在特定程度上才是正确的,因为准确来说,自由的必要组织确保了个体同大多数人决裂,站在多数人的对立面的机会。

私人权利——在历史上总是同时共存的。① "政治自由"在根本的参与权的狭窄意义上,甚至在某种程度上存在于非民主制国家,比如说意大利。② 民主制的特有内容就是充分地实现政治权利,以及同时充分地实现公民权利:唯有两者的结合才能确保一个不受阻碍的意志形成过程。相反,私人的自由不是民主制的必要特征。私人权利的存在,甚至在某种意义上公民权利的存在,可以被证明独立于在特定历史时刻实现的政治自由的总量。③ 施米特的自由定义十分强调个体自由,此外,他还区分了单独的个体享有的自由和与其他个体相互作用的个体享有的自由。既然施米特根据超出国家范围的个体行动领域来构想自由,并且未能思考个体自由是否与民主的意志形成过程存在某种关系,④他就无法认识到公民权利和私人权利之间的区分。而在我们的定义中,私人权利仅仅在与个体行为背后的意图的相关性中得到描述,因此它就与是否这个目标为单独的个体追求,还是为相互作用的个体追求的问题无关。施米特根据政治自由的范围来界定政治自由,但对他来说,政治自由的意义仅仅在与平等这一假设的关系中才得以呈现,自

---

① 关于自由的不同概念以及这些概念之间可能无法共存的可能性的分析,参见 James Bryce,《现代民主政体》(*Modern Democracies*),London,1921,卷一,页 60 开始部分。Harold Laski 在《现代国家中的自由》(*Liberty in the Modern State*,London,1930)中认识到了自由发挥的不同作用,但他的多元主义背景使他无法清晰地表述出概念方面的各种区分。亦参见他的《政治的语法》(*A Grammar of Politics*),London,1925,页 146 开始部分。
② 参见施米特在《宪法学说》页 168-169 中对权利的分类,以及《德国国家法手册》(*Handbuch des deutschen Staatsrechts*),卷二,Tübingen,1932,页 594;Franz L. Neumann,《结社自由与民国宪法》(*Koalitionsfreiheit und Reichsverfassung*),Berlin,1932 页 16。
③ 关于绝对主义和个体自由之间的共存,参见 Ferdinand Tönnies,"民主制与议会制"(Demokratie und Parlamentarismus),载《施穆勒年刊》(*Schmollers Jahrbuch*)51(1927),页 7。
④ 施米特,《民国宪法的自由权和制度性保障》(*Freiheitsrecht und institutionelle Garantien der Reichsverfassung*),Berlin,1931,页 27 开始部分。

由在他这里成为了平等的相关项。结果,施米特就模糊了构成自由概念的一个相当异质性的复杂观念体系具有的双重特征:它不仅构成了对民主制来说是必要的公民权利的基础,也构成了私人权利的基础。这些都表明,正如凯尔森揭示给我们的,①多数人规则较之其他决策制定程序来说,构成了实现更大程度的自由的制度保障。根据卢梭的《社会契约论》,我们必须认定在每一个社会中特定利益出现的不可避免性。可以肯定的是,随着这些特殊利益范围的缩小——在此我们只能按照定量转移(quantitative shifts)来思考——异质性的范围也在缩小。毕竟,在此类条件下,舆论中出现差异的可能性以及与此同时出现的多数人以投票取胜的机会都在减小。尽管如此,在舆论中完全地超出一切差异,必须被认为是一种乌托邦式的观点,因为这可能意味着个体性本身的摧毁。如果我们从一个相对而言不那么有争议的主张开始,也就是对特定价值的优点的承认会迫使我们尽可能充分地实现这种价值,即便它最终与相互竞争的其他价值冲突,并且,即便现实的世界有可能对我们的这项事业提出挑战,我们也可以达成如下结论:即便在一个社会中有相对较高程度的异质性,对平等和自由原则的单纯承认,也会要求我们竭尽所能地彻底实现它们。限于篇幅,我在本文中不可能表明,沿此路线对民主制进行的证成是在历史上占据主导地位的证成,或者明确地表明这一观点就是魏玛宪法及其作为世界上最自由的宪法的自我正当化(self-legitimization)的基础。为了证明这一解释的准确性,在此仅需提及时常被引用的出于内务部长戴维(Interior David)一位前秘书之口谈论有关戴维的话,说他是一个宽和的政治家,是宪法设计者的同时代人,同样也需提及宪法的序言,序言呼吁德国人要为复兴和维护一个符

---

① 凯尔森,《民主的本质和价值》,页 9-10。

合自由和正义的政治体系而努力。①

在此涉及的有关民主制的证成仅仅是许多可能性中的一个。我们可以在两种截然不同的证成之间做区分,其一是诉诸自由和平等的"形式方面的"价值而为政治组织的民主原则奠定基础,在此不考虑出自民主的决策制定过程的具体决策的客观内容。另一个则仅仅因为民主地产生出来的决策的客观性和基本正确性,从而为这一组织原则提供证成。由卢梭所提出的——并且,很显然,凯尔森也如此提出——的民主概念依赖于这两种论证。②

施米特之所以拒绝民主制,理由之一是在他看来,"掌握了多数人地位的人(亦即,他们拥有选票总额的51%)不会再做不义的事,但这仅是因为他的全部行动有了法律和合法性的地位。由于有了这样的暗示,人们就会荒谬地追求一个缺乏实质内容的功能性合法性原则的概念"。③ 但在我们使用不义(injustice)这个词的时候,有一个四项谬误(quaternio terminorum),的确,在议会民主制国家,51%的多数通过了某些实质性的法律规范,只要这是根据既存的宪法体系的起支撑作用的组织性规范做出来的,就完全合法。但从某些公民的角度看,这一点并不能影响什么,因为他们可能会认为,这些通过的法律并不正当。这似乎就是施米特在刚才引用的那段话中所考虑到的情况,只是那些觉得特定法律规范是不正当的人只会是少数。但在那些非民主的国家,当一个人数不

---

① 这里是指戴维在 1919 年 7 月 31 日发表的演讲。在许多解释魏玛宪法的不同尝试中,都提到了这个序言,这方面的例子参见 Hans Liermann,《作为法律概念的德意志人民》(*Das deuschen Volk als Rechtsbegriff*), Berlin, 1927, 页 166 开始部分。Rudolf Smend,《宪法与宪法性法律》(*Verfassung und Vefassungsrecht*), Munich, 1928, 页 8-9。对于这里所谓的自由和平等理想在民主社会的重要性的一个解释,参见托马(Richard Thoma)在《德国国家法手册》(*Handbuch des deutschen Staatsrecht*)中的观点,该书为 Gerhard Anschutz 和 Richard Thoma 编辑,Tübingen,1930-1932,第二卷,页 190。
② Smend:《宪法与宪法性法律》,页 114。
③ 施米特,《合法性与正当性》,页 33。

确定的发表反对声音的群体,在眼下这个例子中,潜在地相当于超过了选民的49%,主观地认为在掌权者看来是正当的一系列规范是不正当的时候,也会出现同样情形。① 在最高权力并不认为这些规范是不正当的时候,只有一种方式才能导致民主国家和非民主国家之间的差异,这就是看一看在非民主国家将权威性决策制定机构制度化的时候,反对者是否可以向这些机构提出如下诉愿,即在他们身上遭受到了不正义。但即便那时,一个有关监管之人,谁来监管(quis custodiet ipse custodes)的不可避免的问题可能仍然像之前一样无法解决。甚至绝对主义者也无法将这种类型的宪法设置制度化。② 顺便说一句,要想确立这样一种制度设置,可能不仅要将现有的民主机构转变为一系列"司法型国家"(Jurisdiktionsstaat)的中间权力,就像最近被施米特所批判的事情一样,同样也要类似地扭曲他提议的那种全新类型的全民表决制的威权主义制度。③

至此,我们还仅仅是考察了为民主制提供证成的那些可能性,这种民主制集中在对那些出于自身就是必需的价值的直接接受上

---

① 当统治权威看到一个特定的法律规范系列是不正义时将会产生哪些问题,参见拉德布鲁赫:《法哲学》(Rechesphilosophie),Leipzig,1932,页82。对一种建立在社会学基础上,但仍然受制于一种成问题的价值相对主义的认识论分析,参见 Thoma 在《德国国家法手册》,卷二,页142中的评论。

② 有关法国的情况以及在绝对王权时代御前会议(lit de justice)作为一种无可争辩的法律工具之角色的分析,参见 Robert Holtzmann,《法国宪法史》(Französische Verfassungsreschichte),Munich,1910,页350。英国宪政史似乎并不熟悉这个问题。参见 A.V.Dicey,《宪法研究导论》(Introduction to the study of the law of the constitution),London,1915,页224开始部分。Frederic William Maitland,《英格兰宪政史》(Constitutional History of England),Cambridge,1908,页266开始部分。Julius Hatschek,《英格兰宪法史》(Englische Verfassungsgeschichte),Munich,1913,页499开始部分。在这些文献有关科克和国王之争的讨论中,重点都放在了与司法行动相关的国王权力方面(而不是放在与国王相关的法官权力方面)和有关行政权威发放逮捕令的问题上面。

③ 施米特:《宪法的守护者》(Der Hüter der Verfassung),Tübingen,Mohr,1931,第一章。

面。但是,民主制和特定的价值序列的关系同样可以通过一种间接的方式而成为"工具性的"(instrumental)。在任何特定的历史时期,一个民主体系可能不会直接地实现特定的价值序列。但即便如此,人们还是认为,在未来的某个时期,民主制将会对于这些价值的实现起到积极作用。一旦特定的价值得到实现,这种立场就既可以用来强调对于民主制的维持,也可以用来坚持对于民主制的废除。在这两种情形下,民主制都因为它乃是实现某种其他东西的手段而得到证成。在前面提到的第一种证成的范畴中,民主制本身就是目标,马克思主义的政治理论乃是这种民主观的一个例子,而国家社会主义乃是工具性民主观的例子,它所追求的是民主制的废除。

然而,施米特决非简单地主张,民主制在一个异质的社会中无法得到证成。他同样也认为,在异质性的社会中,民主制无法运转,因为在这个社会中,不会允许所有人以一种普遍的法律方式来行动。[①] 但是我们可以指出一个完整系列的现象,这些现象很难同上述论题一致。我们不能说,法国在巴拿马运河争议和1910年铁路罢工期间是一个异质性的社会。无产阶级已经被整合到了法国政治的主流中,并且,有关"纯粹的意识形态政治"的问题在政治意识中仍然占据着重要地位。1789年以来,法国大革命在意识形态方面的遗产将法国人民分裂开来。如今这些观点已占据支配地位,它们用来将各个社会团体整合到一个稳定的社会之中。但在世纪之交,在第三共和国历史的关键时期,这一意识形态的遗产仍然发挥着实实在在的影响力。它有能力使法国人出现分化,尽管民主的意识形成过程还没有得到干扰。[②] 在大不列颠,与日俱

---

① 施米特:《合法性与正当性》,页43,页90。
② 顺便提及,非常明显的是,正如许多不同类型的政治意识形态表明的,对民主制问题的迷恋模糊了如下事实,即除了美国的民主情形之外,从历史上讲,民主是一种相对新兴的现象。法国自1852年开始,意大利自1911年开始,英国 (转下页)

增的异质性变得越来越明显,劳工党的巩固推动了整个过程的运转,在这个过程中,一直以来宣称的社会分裂如今采取了政治党派之间分裂的形式。事实上,这里已经出现了一个实质性的民族异质性概念被有意识地作为政治整合的工具加以使用的情况,这一点很容易地被解释为如下症状,即民族的同质性不证自明的程度已经遭到了总体性的削弱。面对如下事实,这一点具有非常重要的意义,这就是,它与主要的英国党派前所未有的 hors de la nation 的宣称相互联系,要言之,也就是与如下尝试相联系,即将民族同质性的意识形态限定在单纯的那部分选民身上。比利时的具有重要意义的国家和社会的异质性导致了政治党派转型为一种典型性的整合性党派(intergrative parties),但迄今为止,在比利时还没有发生明显的对民主制运作的严重威胁。① 走向异质性的持久倾向乃是如下事实的来源,这就是有关同质性的观念对于当下与政治现实越来越脱节的政治意识来说具有着重要的意义,同质性因此在很大程度上是建立在卡尔·曼海姆所说的那种意义上的意识形态的基础上的。② 这种类型的"错误意识"(false consciousness)是通过如下过程产生出来的,在这个过程中,"上层结构"(super-structure)落后于社会基础机构(substructure)的转型。特定的意识形式具有的内容,就它们与特定系列的现实条件相符合而言,曾一度可能是"正确的",但一旦这些条件发生了实质性改变,它们就

(接上页注②)自 1918 年,比利时自 1921 年开始才有平等选举。当下历史的加速的灵魂动力学(psychical dynamics)体现在如下事实中,即一套新的制度在获得证明自身的机会之前就已经过时了。参见 Moriz Jaffe 在《社会科学档案》(*Archive für Sozialwissenschaft*),1931,页 106—108 中有关政治党派和民主的分析。

① 有关整合性党派的概念参见 Sigmund Neumann,《德国政党》(*Die deutschen Parteien*),Berlin,1932,有关比利时走向异质性倾向的分析,参见 Bourquin 在《公法年刊》(*Jahrbuch des öffentlichen Recht*)18,1930,页 187 中提供的分析。他谈到了用 minsteres mixtes 替代 ministeres homogenes。

② 曼海姆:《意识形态与乌托邦》(*Ideologie und Utopia*),Berlin,1929。

变成"错误的"了。比如,直到最近,对于某种形式的以自我为中心的算计(egotistical calculation)具有的优点的绝对信赖,也就是说,以利益为基础的团结,在美国社会中是作为一种强有力的整合工具发挥作用的。其效果可以简单地通过将民族异质性的群体被吸纳到美国社会的方式和欧洲类似的被吸纳的尝试进行比较来予以说明。但如果能够证实,经济萧条意味着北美资本主义已经进入到一个全新的历史阶段,那么就似乎表明,这一准宗教式的精于计算的世界观,在遭遇到一系列与之相冲突的现实条件的时候,即将面临着一场艰难的考验。特别是,考虑到它的实用结构,这一世界观是否能被证明能度过眼下的考验,就大成问题了。对于"新繁荣"的梦想,带着它那鲜明的社会学意义上的连贯性,如今被美国用来作为一种社会整合的工具。社会的凝聚力曾一度建立在社会流动性提示给个体的那种期待的基础上。如今,这一现实具有的意识形态方面的变形形式被认为有助于巩固社会联合。① 但民主意识形态不会简单因为它落后于现实社会条件的转型而沦为"错误的"意识形态。此外,一种意识形态可能会因为它在一种先前构想的乌托邦的背景下来解释民主的现实而具有误导性,这种乌托邦被错误地视为已经在既有的民主制度中得到实现了。这一趋势在欧洲劳工阶级的广泛部分的意识形态的发展过程中显而易见,欧洲劳工阶级对于社会民主制的最初忠诚似乎已经被转移到现有的政治民主制上面。与主观性的同质性的持久衰落同时,当代民主制正面临着其特定基础的转变,并因此发生了一场"基础性危机"。很难否认,当这些转型成为必要时,民主制通常就发现自身处在关键的时刻。但不仅是面对着论证的一个并不充分的归纳基础,也面对着相反方面的那些重要的经验证据,施米特给出的

---

① 有关边缘精神(spirit of the frontier)向一个有意识的大众控制(mass manipulation)转型的讨论,请参见 Charlotte Lütkens,《美国的国家和社会》(*Staat und Gesellschaft in Amerika*),Tübingen,1929,页 176 开始部分。

在一个异质性的社会中民主制情形是不可能的前途暗淡的评判,并没有充分根据。毕竟,针对这个问题给出的全新的潜在解决方案是越来越明确了,这就是他们采取了一种越来越前后一贯的"工具化"的民主观(Mitteleinstellung)的形式。只要宪法必须代表相对统一的社会阶层的利益,就会很少关注不同的社会阶层和民主制之间的工具性关系的重要意义。即便查尔斯·彼尔德(Charles Beard)最近主张,美国宪法最初是基于"货币、证券、制造业、贸易和船运"之联合的基础上,这一点也仍然正确。① 这一工具性概念最近最清晰地体现在成文的宪法规范中,这些规范具有一种实质性的法律特征,就像在魏玛宪法(这部宪法是建立在来基恩—斯廷内斯协定的"社会契约"基础上的)中和在最近的西班牙宪法中找到的那些条款一样。② 它反映了那些支持民主宪法的党派经验,在这些党派看来,民主宪法不过是一种最佳的政治装置,能够用来在一个异质性的社会中实现必要程度的政治统一。在这类党派看来,民主的基本价值在于,它可以为这些党派中的各党派提供非民主制体系无法提供的行使自身权力的最佳机会。不可否认,这种工具性的民主观的日益流行——它在风格上与一直存在的"世界的去魅化"倾向的许多其他面向一致③——增强了民主的不稳定性,以至于政治方面的重点转移可能会给关键党派和权力集团以如下暗示,即民主制不再能作为一种实现它们特定目

---

① Charles Beard,《美国宪法的经济解释》(*A Economic Interpretation of the Constitution of the United States*), New York, 1923,页 324。
② 不妨回想一下 Hugo Preuss 对国民大会宪法委员会的评论:"在这里缺乏统一的方向,相反,我们看到的是不同方向的集合,否则,这里就会存在不同的目标。总的来说,它们可能会产生一个集合,允许这些目标彼此联接起来。"
③ 当然,对于认为即便具体的目标系列已经实现,民主也能得到维护的人来说,他们的民主观的工具性品质就会必然减弱。重要的是认识到,为民主提供证成的问题——正如在本文的前面所做的——对于将民主仅仅视为一种工具的许多人来说是一项本质性的任务。

标的充分工具发挥作用。这一点在德国看来是这样。对理解德国近来的发展来说,它的重要性或许要比施米特描述的东西更重要。① 很显然,不可能针对在不同社会群体之间肯定的或者否定的工具性民主观的相对频繁性做出普遍有效的论证。但最近的经验的确向我们表明,一种肯定性的工具性民主观能产生政治上的稳定性。(1925年到1929年之间的德国,比利时、捷克斯洛伐克、澳大利亚,也许还包括西班牙。)

至此,我们有关异质性社会中民主运作的讨论忽视了如下问题,这些问题涉及到了超出传统的组织性规范和保障自由的实质合法性的(material-legal)宪法标准给现代宪法带来的紧张。② 但是,施米特不仅主张配置了传统的一些基本权利的议会制民主不能妥当地发挥作用,而且主张实质合法性的宪政标准(在此不考虑是否它们可以免于修订,或者享有特殊保障,因为它们只能通过有限的多数才能修订)构成了现代民主制的不可避免的不稳定性的一个额外来源。③ 在我们对这个论题进行阐述之前,对在魏玛宪法中寻找到的那些实质性法律标准的相关主要类型进行分类是恰当的,这也是施米特的研究兴趣所在。④ 我们的标准包含如下条款,它要求行政和司法直接地实现它们的具体化(换句话说,固定性规范[Fixierungsnormen],例如第143条第3款,第144条和第149条),⑤以及那些不包含任何此类义务的条款。在后面的一组条款中,我们发现了一些构成了对立法者提要求的标准,即要求他

---

① 参见 Albert Jovishoff,"资本主义和民主制"(Kapitalismus und Demokratie),《公法杂志》(Zeischrift für öffentliches Recht) 12(1932),页625开始部分。
② 参见 Karl Löwenstein,《宪法修改的表现形式》(Erscheinungsformen der Verfassungsänderung),Tübingen,1931,页3。
③ 施米特:《合法性与正当性》,页47。
④ 参见施米特在《德国国家法手册》,第二卷第101段中的类型学。
⑤ "固定性规范"(norm of fixation)一词在这里是在比施米特所使用的更宽泛的意义上使用的,《德国国家法手册》,第二卷,页604。

们根据特定方式行动,但在公民们认为自身并未从中得到满足时,不允许他们提起诉讼(计划性的规范,参见第151,161和第162条),以及仅仅授权立法者以特定方式行动的条款(授权性规范,比如说,第155条第2款,第156条,第1款和第2款,第165条第5款)。当他们的目标在没有得到授权时是可容许的这一点至少受到质疑时,确立授权性规范就是唯一有效的做法。然而,计划性标准在它们的可容许性在之前并未得到质疑的时候,也是有效的,因为它们对立法者施加了一种"道德压力"。在确定性规范通过政府权威采取的以规范为基础的法律行动得到实现的时候,它们就拥有了实实在在的内容。当它们不能得到满足时,计划性和授权性的标准就缺乏这些实质性内容。

　　这些规范的存在是如何影响民主制度在不同背景下的运作的?在以相对来说比较稳定的权力分立为特征的情形中,起固定作用的规范扮演了如下角色,通过将特定目标从对于简单多数的直接获得中移除出去,它们就使这些目标成为日常政治斗争的目标变得更为困难。它们减少张力,并因此倾向于改善民主制的运作状况。① 当它们正确地做出选择时,也就是说,当它们与特定的政治事务一致时,就可以预见到特定的政治结果,否则,就必须首先通过政治斗争获得这些结果。这些起固定作用的规范因此看起来就相当于将计划的原则引入到了一个竞争性民主的体系中。与此同时,起固定作用的规范也拒绝将同受规范保护的制度处于敌对关系之中的简单多数作为实现其愿望的安全阀。这些标准可能会导致如下情形,在其中,不满的群众运动因为法律秩序的特别的

---

① 这类张力的消除可以被揭示为试图在政治意识中揭示一个潜在的同质性领域(在此不妨回想一下前面引用的 Hugo Preuss 的评论)。但如果我们接受如下论点,即唯有同质性才能允许民主制得以运转,这种类型的同质性似乎就并不充分。因此,Ernst Fraenkel 的主张(载于《社会》[*Die Gesellschaft*],第10期[1932年],页38),即联邦宪法的第二部分就其设涉及到这里这些利益的特定作用而言,乃是一个必要条件,就和施米特的与之对立的观点一样可疑。

限制性的基础,无法实现他们的目标,并最终倾向于一种反民主制的选择。这一点尤其是在社会关系中某种变化发生的时候,成为一种现实的可能性。但这里仍然有一种值得注意的可以对抗这种可能性的补偿性因素。隶属于受特定的固定性规范保障的那些制度群体,倾向于同一般意义上的民主制有一种积极的关系,这两种趋势的一个非常好的例子——也就是,对民主制的稳定性的潜在增强或减弱——是由公务员享有的特殊宪法保障提供的。魏玛宪法第 129 条(以及新西班牙宪法的第 41 条)规定的公务员享有的宪法保障,限制了政治上战利品(spoils)的范围。这就减少了党派斗争的强度,因为在这里政治赞助的机会减少了。与此同时,党派对于合法性原则的尊重也面临一个严峻考验,如果他们认为自身政治目标的实现是与国家官僚集团中的人员的迅速替换联系在一起的话。

在计划性规范和授权性规划的领域中,只要它们不是在一个以永久的权利分配作为特征的情形下实现的,同样的效果也很明显。在这里,这些规范可能带来的好处被带到一种同民主体系的积极关系之中(第 156 条,第 165 条第 2 款),这是因为宪法支持它们的那些理想性价值,并且还有这些规范提供的政治机遇。当存在一种可变的权力分配和一个特定的政治多数想要实现在一项授权性规范中所给出的目标的时候,这些规范对于民主制的运作会带来何种结果呢?它们似乎会对于民主制的运作起到积极作用,以至于特定群体权力的增长被允许采取一种合法的形式——换句话说,可以达到这种程度,即特定群体权力地位的扩张会通过法律的手段得到保障。就这样,不仅魏玛宪法,而且新的西班牙宪法,都可能会允许通过一项简单的立法行动(魏玛宪法第 155 条,西班牙宪法第 44 条)从一个由大的土地财产支配的农业秩序向一个更为平等的秩序过渡。总结如下:就有关民主的运转问题而言,魏玛宪法第二部分中的实质性规定非常不确定。是整合性的功能占据支配地位,还是由非整合性的功能占据支配地位,受制于它们的特定内容以及社会环境。在此我们所做的只限于将它们的可能结果具体地展示出来。

施米特提出了进一步的论点,即在宪法的第二部分引入的实质性标准改变了议会民主制的关键结构,这是通过如下方式实现的,即取消议会主权,而支持一种建立在以司法要素为主导基础上的体系。① 施米特正确地识别出了朝向这个方向的倾向,但是——具有重要的意义的是——它们出现在施米特识别出来的原因并未出现的地方。根据施米特,这些组织结构方面发生的变革尤其出现在如下地方,在这里我们发现宪法有"特定的实质性的宪法条款,这些条款只能通过修订宪法才能改变"。② 但是,"司法国家"的最重要例子是美国。如果我们暂时忽视第十八修正案,美国宪法就很明显地代表了一种例子,它"限定在结构性和程序性规则和基本的自由方面"。③ 为了获得对联邦和各州立法的极大控制权,最高法院(以及受其领导的较低层级的法院)不得不依赖于美国宪法第五修正案和第十四修正案中的"正当程序条款",它们最初都具有纯粹程序性的特征。④ 对于美国政治体系中的这一司法要素的解释之一走到如此之远,以至于认为"联邦司法权在那些涉及到人身和财产方面的事情时享有最高权力",这样说

---

① 施米特:《合法性与正当性》,页 57-58,页 61。
② 同上,页 60。
③ 同上。
④ John Commons,《资本主义的法律基础》(*Legal Foundations of Capitalism*), New York,1924,页 333。更近的文献,参见 Louis B.Boudin 在《司法机构的统治》(*Government by Judiciary*, New York,1932)第 33 章和第 34 章中提供的有论争性的说明。以及 Heinrich Rommen 在《美国的基本法、法律和法官》(*Grundrecht, Gesetz und Richter in den USA*, Munster,1931)页 89 中针对德文文献给出的说明。

并非不公正。① 就事情涉及到私有财产权而言,在美国,立法权的至高无上性已经遭到了有力的破坏。尽管美国法院,如同施米特主张的,②不会"以一种在根本上不受质疑的社会和经济秩序的守护者的身份来面对各州",但却是一个保守的"上议院"的有意识的设计者(这个上议院想要捍卫财产性利益,而反对基于普选选出的立法机关),③而不会对一个已经转型的美国政治体系的运转产生任何威胁。任何反对最高法院"篡取"权力的人甚至都没有想过要提出这类主张。尽管在美国能清楚地看到司法主权的轮廓,但在德国的宪法体系中,在这个方向上还只是采取了相对谨慎的步伐,尽管在事实上,是德国人,而不是美国人揭示了施米特强调的这一发展的全部先决条件。朝向扩张宪法解释的唯一运动的发生,涉及在政治上不相干的宪法的第 131 条和第 153 条。有关财产的宪法保障的解释,的确提供了一些与美国最高法院的法理有特定相似性的证据,但两者之间仍然有着根本上的差异,因为在德国法学的基础上,财产的概念仍然狭隘得多。除非(这一点对我们眼下的讨论有着关键性的意义)财产权的保障并不属于那些人所共知的基本权利。法院也不得运用如下可能性,即依赖于宪法第 109 条,将其作为创建一个司法权至上体系的出

---

① Charls Beard,《美国政府与政治》(*American Government and Politics*, New York, 1931),页 49,亦参见 Ernst Freund 在信息量极大的"宪法性法律"(constitutional law)一文中对于这一系列措施所做的极谨慎的,但最终也是肯定性的评判,该文载于《社会科学百科全书》(*Encyclopedia of the Social Sciences*),卷四,New York,1930,页 254。

② 施米特:《宪法的守护者》,页 254。

③ 尽管在此对于这一倾向有着诸多不同的解释,但是对于这个问题的基本事实是毫无争议的。参见 Johan Brugess 的文章,载于《政治科学季刊》(*Political Science Quarterly*),10,1896,页 420。Charles Warren,《国会、宪法和最高法院》(*Congress, the Constitution and the Supreme Court*),Boston,1925,页 176-177。批判性的分析,参见 Boudin,《司法机构的统治》,第 2 章。

发点。① 面对"管理性国家"——施米特正确地认为,其特征是以紧急状态为基础的命令规则体系,在当下德国可以发现这个体系——司法权扩展的可能性在范围上获得了实质性的增加。如今,这里有一种现实的可能性,即有可能出现一个建立在特定管理型要素和司法型要素的混合基础上的新的政治体系。但有关这个过程的讨论超出了本文的范围。施米特本人认为,这个过程在很大程度上与积极性的宪法规范对立,这在很大程度上仅仅是因为法律上的习惯(Gewohnheitsrecht)。② 但这里不是考察施米特在"必要理由的特别立法者"(the exceptional legislator ratione necessitatis)的标题下讨论的全部问题的适当地方。

正如我们在前面注意到的,施米特有关民主的观点促使他假设了在民主制和宪法的核心要素背后的正当理由之间存在一系列的矛盾。通过论证在一个异质性社会的语境中,民主也能得到证成,我们同时也就潜在地表明,民主有很好的理由将属于一种实质性法律类型的特定的宪法保障制度化。因为异质性意味着需要一种特别的保障。在施米特看来,即便魏玛民主的异质性构成了如下情形,即在此对特定的宪法保障可能有一种合法的动机,即便对这些特定的宪法保障的需要是实质性的,③这些条款的设置也会产生矛盾。这个矛盾产生于宪法的第一部分(第76条是例外)及其构造原则和第二部分以及与之相应的构造原则之间。据说,对

---

① 对于这一争论的概括,参见 Albert Hensel,《德国法律生活中的民国司法实践》(*Die Reichsgerichtspraxis im deutschen Rechtsleben*),卷一,Berlin,1929。关于第109条的法理,参见 Gerhard Leibholz 的评论,载于《公法档案》(*Archiv für öffentlichen Recht* 9,1930),页428。上级法院对于第109条的典型处理,参见《有关私人事项的民国法院判决》(*Entscheidungen des Reichsgerichts in Zivilsachen*) 136,页221。
② 施米特:《合法性与正当性》,页71开始部分。在当下德国通过紧急状态法令的统治不再只是在一个根本意义上是民主的宪政体系的临时侧面。这一点可以使我们联想起比如说在1848年和1849年发现的那种"中止宪法"的情形,参见 Johannes Heckle 在《公法档案》22(1932)页309中的观点。
③ 施米特:《合法性与正当性》,页43。

宪法第一部分的证成要求一种不受限制的"功能主义"——换句话说,就是这样的一部宪法,它简单地包含着组织性标准,以及基本权利保障的例外。施米特称这类民主为议会制立法型国家(parlamentarische Gestezgebungsstaat),如果它具有一种立法型国家的典型特征,并且其重要的体现可以在议会所创制的规范中找到的话。① 与此同时,施米特认为,对于宪法第二部分的基本证成要求废除第 76 条。它应该或者完全免于修订,或者唯有以财产为基础的(standestaatlich)的国家的有资格的部门才能允许对它进行修订:

> 如果我们在逻辑上前后一致,就会认识到为特定利益或群体提供不受政治上多数影响的特别保护会在如下情形中达到极致,在这里,这些利益和群体完全被置于功能主义的议会制和民主制的决策制定程序的范围之外。如果认为他们完全不受各部分[itio in partes]修订的影响,或者是承认他们有退出和离开的权利,这一点就是前后一致的。②

因此,第 76 条就与宪法的第二部分,也与宪法的第一部分的构造原则相冲突。施米特简单地排除了如下可能性,即在"功能主义的"要求和对特定的宪法保障的需要之间存在着一种妥协。他明确拒绝了在魏玛宪法中所发现的那种妥协,认为这种妥协不合理,他将这种妥协描述为在中立性原则和非中立性原则中间保持"中立"的一种尝试。但问题并不在于我们简单地需要在这两种选择方案中间识别出一种中间立场。相反,这里的问题是要区分一种受到阻碍的中立性和不受阻碍的中立性。在此之外,施米

---

① 施米特:《合法性与正当性》,页 7。
② 同上,页 44。

特的结论,即认为一种倾向于中立性的决断在实际上意味着一种非中立的决断,似乎就是错误的。施米特在这里犯了帕斯卡尔所说的那种错误:"et ne point parier que Dieu est, c'st partier qu'il n'est pas",但是伏尔泰在很久之前就指出,做出这样的论断并不正确,因为那些满腹疑惑和想要追求启蒙的人极有可能将他们的赌注既不是放在对上帝存在是有利的事情上,也不反对上帝的存在。关键点如下:在此并不清楚为何可以接受某些对象完全豁免于魏玛宪法第一部分的功能主义的运作(这在施米特看来必定是不加限制的)。也并不清楚,通过政治上的大多数(正如魏玛宪法试图做的那样)阻止对这些目标进行立法上的管制,为何不能得到容忍?在这两种情形下,涉及的是在民主的形式所具有的价值和特定的目标价值所具有的价值之间的妥协问题。魏玛宪法是以对前者的强调为特征的。它对于民主形式的潜在支持仅仅能够通过如下方式得到缓解,这就是出于一系列特定的目标,从而简单地改变选举程序。毫无疑问,特定保障的最高限度必须通过如下方式设置起来,即如果宪法侵犯了它,那么,剩下来的民主程序的全部效果就会是如此之微弱,以至于我们同样可以确立一种程序,证成废除民主制的可能性。① 然而,没有人能够主张,魏玛宪法的第二部分已经达到了这一限度。我们在此一直想要概述的有关民主的证成使得我们有可能主张,从原则上讲,在第 76 条的存在和魏玛宪法的第二部分的核心内容(也就是说,除了在那里规定的基本权利之外)之间并不存在任何冲突。就涉及到第 76 条针对于宪法的基本组织规范的可适用性而言,事情的真相是有所不同的。在施米

---

① 当凯尔森(在《民主的本质和价值》页 55 中)将一种有限多数描述为较简单多数更接近自由理念的时候,这一点只是因为他不仅想到的是私人性自由,而且想到是政治自由,才是可能的。对于为何区分这些不同类型的自由是必要的这个问题的讨论,参见本文开端处的评论。

特早期的《宪法学说》中,他基于宪法和宪法律之间的区分,①以阐明某些宪法规范是不能更改的。他通过判定宪法规范是否从属于宪法的根本的结构性决断,从而对这些规范加以区分。如果我们将民主的基础与一个支持自由和平等原则的最终决断等同起来,并且如果我们在总体上接受施米特在宪法和宪法律之间的区分,我们就将得出一个对于宪法的不可更改的核心部分的截然不同的重新评价。在前面提出的对于民主的证成基础上,我们可以从两个彼此竞争的视角出发考察豁免于修订的宪法程序的问题。第一个定理可以采取如下形式,即主张第 76 条应该只能用于在一个能满足如下条件的宪法性标准的体系中导致一些变化,这些条件是:在民主的形式和具体价值之间的妥协只能被允许出现在宪法的第二部分(它们可以通过宪法性的废止、补充和扩张来改变),基本的自由需要从这些妥协的角度获得接受。② 在宪法的组织性部分中发生的变化和与之相关的与宪法的基本自由的规定密切相关的部分中发生的变化,只有当政治共同体的结构性变化需要一种全新的组织形式的时候,在它们对于实现最大可能实现的自由和平等是必要的程度上才是可容许的。如果我们从这个角度出发来考虑问题,那么就会很清楚,某些宪法性标准或者这些标准的部分在通常情形下是必要条件(sine qua non),并因此在根本上是不能更改的。这就包含了那些保障 51% 的公民意愿同政府的意愿相互等同的条款。要言之,就是如下条款,它们确保了普遍性的、平等的、秘密的和以比例为基础的选举,也确保了一个代表体系,这个

---

① 施米特,《宪法学说》,页 26 开始部分。亦见 Carl Bilfinger 在《公法档案》11 (1926),页 118 中的讨论,以及他在《作为魏玛宪法之基础的国家民主制》(*Nationale Demokratie als Grundlage der Weimarer Verfassung*, Halle, 1929)中的观点。相关文献的概括,参见 Thoma 在《德国国家法手册》,卷二,页 154 以及 Walter Jellinek 的《宪法立法的界限》(*Grenzen der Verfassungsgesetzgebung*),1931。

② 这里使用的表述只有在 Löwenstein 在《宪法修改的表现形式》,页 114 赋予它们的意义上才能得到理解。

代表体系有着最少数量的选举性代表和最长的任期。这并不是否认,在政治共同体经历了结构性的变化之后,在某些情形下,可以允许在积极的和消极的选举权方面发生改变。比如说,在平时改变的证据就是步入成熟时期的个体可能会构成改变第22条的正当理由。在这里规定的选举年龄很明显仅仅是用来表达一个特定的年龄,在这个年龄上面,个体被认为已经达到了成熟。相反,取消"一人一票"的原则或者是在最低选举年龄方面的任何"不合理的"增加,可能会构成对于政治自由的一种不正当的损害。对一个不受限制的意志形成过程有利——换言之,公民权利——的宪法标准是不能被剥夺的。① 但是,所有的"私人性"权利都可以得到修正。霍布斯式的定理,即政治自由的取消可以从民主角度得到证成,是与我们在此提出的政治自由的概念相背离的。我们的论证理由强调了每个公民拥有的使国家行动与他们的意志协调一致的不可转让的制度性机会的存在,换句话说,确保自由和平等是所有公民的个体自由和平等。因此,沿着霍布斯式的路线取消自由就无法在民主的层面上得到证成。

替代这一不可转让的权利体系,这里可能有另一种解决问题的方法。根据另一种不同的解释,第76条是可信赖的,因此,在民主的形式和特定的具体目标之间的妥协就可以在宪法的任何部分中体现出来,并因此,甚至在其组织性的核心部分体现出来,和在宪法对于基本自由的保障中体现出来。但是,政治自由与平等的某些最低限度的原则在此仍然必须加以落实,否则,发生的就不是民主程序的"妥协",而是这一程序遭到"强暴"。从这一立场出

---

① 从这个角度出发,通过三分之二多数废除直接民主的决策过程就是不被允许的。参见 Jellinek 在《德国国家法手册》,卷二,页 185 中的观点。Thoma 的观点可以在该书页 114 中找到。Jachobi 的观点载于《德意志法律生活中的民国司法实践》,页 257-258。Thoma 和 Jachobi 都认为,修正可以通过这些程序作出,但对于这些条款进行修正的可能性要服从于全民公决。这一立场忽视了如下事实,即组织成政治系统的人民并不具有作为制宪权的人民具有的相同权利。

发,我们可以论证一下稍微延长立法机构的任期。① 但从法律上确立世袭君主制是不被允许的。并且,宪法方面的改革,比如说施米特在其研究的最后一节列出的那些改革,就不再能被证明可以完成确保所必须的最低程度的自由和平等之任务。如果我们必须要在朝向在此所描述的宪法修正问题的两种进路之间做出选择,那么,前者似乎就与民主的基本理念更为一致,这种解决方案强调,尽管民主制必须采取妥协措施,但每个人的平等参与原则却是绝对神圣的。这就意味着,宪法的组织性核心,以及恰当地讲属于这一核心内容的有关基本权利的条款,就构成了——正如施米特自身的立场清晰地表明的——"相对神圣的庇护所"(relativistic holy sanctuary)。它的瓦解就意味着民主制自身的死亡。②

施米特的评论表明,民主制不能仅仅在平等理念的基础上得到证成。此外,成为政治上多数之部分的"同等机会",对于"支持

---

① 在同样的背景下,但通过强调宪法设计者的意图的论证,参见 Walter Jellinek 在《德国国家法手册》,卷三,页 185 中做出的评论。亦见 Gmelin 在《公法档案》19(1930)页 270 开始的观点。

② 尽管 Thoma 和 Jellinek 都提到了施米特的《合法性与正当性》,但他们都没有提出一种原则性论证,论证为何某些组织性规范和基本权利不能被改变。Thoma 在《民国宪法的基本权利和基本义务》(*Die Grundrechte und Grundpflichten der Reichsverfassung*), Berlin, 1929,卷一,页 47 中对自由和正义原则的评论,只涉及到有关不被允许的个别措施的问题,尽管他明确提到了"剥夺公民权法案"(bills of attainder)的问题。因为出于原则的那些理由,他似乎不承认宪法中的某些部分是不能改变的,这一点在《德国国家法手册》,卷二,页 154 中变得非常清晰。有关修改宪法的问题,参见 Gerhard Anschutz 的《民国宪法评注》(*Kommentar zur Reichsverfassung*), Berlin, 1932,页 385 开始部分,在那里,他表达了对有关这个问题的"新"学说的不满,这种新的学说认为在魏玛宪法中必然存在某些核心内容是无法通过第 76 条更改的等等。因为在他看来,这就意味着宪法本身存在着一种强制性的全民公决。这一论证是无法接受的,这可能是一种有关宪定权的全民公决,但在此,一种为制宪权保留的力量受到了威胁。这整个一系列的问题是服务于支持对一系列普遍的宪法结构进行阐释的,但这些"针对立法的内在限制"不具有"法律的正当程序"公式对具体经济体系的相同的政治相关性。参见 Ernst Ernst,"宪法性法律"(constitutional law),载于《社会科学百科全书》,页 251。

这一(议会制民主制的)合法性体系的正义原则"来说具有本质性的意义。①

首先,我们需要澄清在这里可以归结给"同等机会"这一理念的各种不同含义,在此过程中,我们要考察是否这一理念对于民主制证成的提出来说具有本质性意义。最后,我们将要对施米特有关"同等机会"原则和民主体系的存在和有效的运作之间关系的观点进行评论。

"同等机会"这个概念,似乎主要是用来描述两种不同的基本事态的。

首先,它可以指在民主性法律的产生过程中的任何特定阶段,平等对待所有人、所有党派和所有立法建议。在选举的情形下,首先,当每个个体候选人,或者候选人名单——或者是在全民公决的情形下所提议的法律——被无差别地承认时,同等机会就得到了保障。这一原则的第二个运用涉及到代议制机构进行选举或者全民投票时的选票计算方式。在这种情形下,同等机会的原则一方面要求每张选票都同等地得到计算,另一方面,则要求党派所获得的代表数要与他们所得到的选票数成比例。要言之,在这里必须存在一种比例性的代表体系。最后,同等机会原则直接涉及到了议会的议程。它要求,在一方面,在通过任何类型的法律的时候,必须有同样类型的多数,在另一方面,每一党派都有同等的法律上的机会成为政治多数。每当任何一种形式的联盟是非法的时候,或者每当任何一种形式的联盟是可以允许的时候,这一条件都得到了满足。所提议的议会程序的改革减少了任何极端主义党派加入到多数联合之中的机会,这一改革的目的,仅仅是在允许各个党派在通过不信任票推翻政府的过程中联合起来,因为他们共同分享了这样做的一系列一致的理由。毕竟,这些改革只有当反对的

---

① 施米特:《合法性与正当性》,页36。

一方出现分裂的时候才有意义。这种类型的改革改善了相邻的、更为宽和的党派,就其能够选择任何一方加入到多数联合中的机会。

　　同等机会的原则同样有第二种含义。构成政治多数的同等机会只有在每一党派获得这一地位的权利没有受法律标准干涉时才能获得。在此相关的标准就是魏玛宪法的那些具有实质内容的规范(material norms)以及所谓的"政治规范"(political norms)。后者涉及到如下标准,而不考虑它们如何被制定成为法律,这就是对政治组织施加直接影响的标准,以及对于在公共舆论的形成过程中对公民活动形成直接影响的标准。通过考察施米特对这个问题的分析,我们需要判断这种类型的规范在何种程度上损害了占支配地位的政党及其对手据说借此可以有同等机会获得多数地位的程序。每当我们发现一些没有具体形态的(amorphous)法律标准的时候——它们在每一法律体系中都存在——,这些标准可以通过一种自由裁量的方式来限制对手的活动,占支配地位的政党就可能由此获得好处。这就是施米特在谈到"从权力的法律占有中获得的政治奖赏"时想到的内容。在他看来,如下标准就是那些可能以这种方式发挥作用的标准,它们就是所谓的"公共安全和秩序、危险、紧急状态、必需措施、宪法性的颠覆、重大利益"。[1] 占据统治地位的政党获得政治上的好处的另一个来源是由于具体规范的缺失,接下来我们将更仔细地描述这些规范。前面描述的宪法性条款,比如公民权条款就可以归到这个范畴之下,那些使统治地位的政党难以从"战利品"中得利的法律规范也可以归到这个范畴之下。在此的一个例子是,试图通过法律手段来规制选举资助。[2] 最后,在占支配地位的政党及其对手之间的"不同等机会",

---

[1] 施米特:《合法性与正当性》,页35。
[2] 对于选举资助方面的法律规制的可能性,参见 Edward Sait,《美国政党和选举》(*American Parties and Elections*),New York,1927。

在占支配地位的政党简单地以一种与法律相冲突的方式行动的时候才能发生。因为它从政府行动的合法性的假定中获利,从而达成一种甚至连司法审查也可能无法消除的既成事实(fait accompli)。①

接下来我们试图在同等机会理念的不同含义之间做区分,我们需要考察一下"同等机会"原则针对施米特所提出的民主制的证成提出的问题。

在施米特看来,同等机会构成了"民主制下实质性的正义原则",在接下来的部分中,我们试图——在同等机会理念被证明对民主制是必要的程度上——将这一必要性解释为是从自由和平等原则中"一元论地"(monistically)推导出来的。

宣称我们在前面所提到的那种民主观需要将"一人一票"制度化,以及将所有个体的候选人和参加选举的党派不加歧视的准入制度化,看起来毫无争议。同样的说法对于比例选举体系也适用。因为唯有这类选举体系,才不仅能提供制度化的保障,即特定数量的选民将会匹配相应数量的代表,而且规定51%的代表将由大约51%的选民选出来。这一点对作为"全民公决之载体"(plebisctary intermediary)来运转的议会来说有着根本性的意义。

就涉及同等机会原则的第二个基本定义而言,民主的舆论形成的一个"不受阻碍的"结构,这一在前面被描述为政治自由的根本性要素,意味着对立政党既不应该通过对不确定的法律规范进行自由裁量,也不应该通过前面所提到的那些具体的规范,受到歧视性对待。进一步来说,很显然预设了对合法性原则之尊重的体系不可能为不合法的政府行动提供可能的证成,这就是在占统治地位的政党及其对手之间存在的"不同等机会"的第三个潜在来源。

---

① 施米特:《合法性与正当性》,页36。

在前面所阐述的对于民主制的规范性证成单凭自身很难促使那些实质性的法律规范——不管是在宪法之内,还是在宪法之外——实现各政治党派之间的机会平等。出于同样的原因,这一点也不会排除如下可能性,即这些规范可能是"社会"平等和"社会"自由的假设所需要的。从历史角度看,自由和平等的政治形式和社会形式相一致通常有着最为重大的意义。不仅自由主义,还是社会主义,都需要这两种形式的自由和平等。[1] 这一点直接地导致了如下论点,即如今自由和平等只能是总体性的,它们必须不仅在政治领域中得到实现,也要在社会领域中得到实现,抑或我们就根本无法实现它们。

但是,政治党派之间的机会平等原则和政治领域中自由和平等的实现之间有着一种直接的因果关系。唯有"同等机会"理想的制度化才能意味着,公共舆论形成的"形式上"不受阻碍的程序(也就是说,对它施加一种法律上的限制的不可能性),在"实质上"也不受阻碍。出于争论的目的,社会主义思想的所有流派都把握到了这一事态,比如说,它在列宁的《国家与革命》中就起到了关键的作用。

因此,在施米特看来,"同等机会"的存在对于民主制的证成来说就具有本质性的意义。但他仍然认为,这一理想无法与现代民主制的日常运作相一致。民主制因此就面临着一项选择:它或者是无法实现的,或者是无法得到证成的。在接下来的部分,我们将要考察施米特的论题,讨论这些论题对他的分析中描述的各种不同类型的民主政体的意义。

在议会制民主中,基本自由的领域是不能被修正的,在这里事实上意味着什么呢?在这个体系中,我们没有看到任何对于实现前面一开始就界定的同等机会原则的可能性的任何有意义的限

---

[1] R.H.Tawney:《论平等》(*Equality*),London,1929,页125。

制。但这里有一个例外,就是我们需要在某些允许的和不被允许的法律规范之间做出区分,这些规范都是从一个拥有特定的保障性地位的自由领域的存在中产生出来的。

就涉及到影响占统治地位的政党及其对手之间关系的"政治规范"的存在而言,对于这种标准的滥用毫无疑问存在于这种类型的政治体系中。但是,相信存在完全消除这一危险的可能性,真正来说可以被描述为一种"规范性的幻象"(normativistic illusion),同样的说法针对法律规范内部的一定量的无具体形态属性(amorphousness)也适合,正如施米特所承认的那样。① 但是从历史上看,对这种类型的政治体系来说,具有典型的意义的是,它试图尽可能地消除法律方面的不确定性。

关于从特定具体规范的缺乏中产生出来的危险,有必要说的是,它正是此种类型的宪法体系的独特特征,这就是使它有别于其他类型的民主制的东西,这就至少使某些这类规范变得尽可能地无法攻破了(unassailable)。这个体系的宪法结构包含了历史上被描述为基本自由的那些条款,并且我们在这篇文章的前面部分中将其界定为属于公民权的那一类。通过这种方式,财产权就被作为一种有助于保障与之相对立的组织的财产权的工具而发挥作用,并因此确保它能有助于公共舆论的形成过程。

但是,财产权的例子准确地表明,以某种方式有助于在政府和对立政党之间维护"同等机会"原则的同一种权利如何也能够用于完全相反的,甚至是对立的意图。通过它对于经济结构的影响产生的结果,财产权以及个人自由权,就在社会群体之间产生了一种政治机会的不平等。如果民主的社会主义立场——即它的经济结构能产生一种"机会平等",与此同时,维护公民的权利——得到了证成(关于这一点我们在此不加以讨论),这就可能会表明,

---

① 施米特:《合法性与正当性》,页35。

带有一种特定的规范性内容的民主制是存在的,在这种民主中,已经达到了最大程度的接近"同等机会"的理想(就这个词的任何一种意义而言)。施米特正确地认为,议会制民主无法为所有党派确立一种充分的"同等机会",但他却错误地主张这种失败主要是源自议会制民主的基本的组织结构。相反,这种失败可以追溯到特定的私人性权利以及其他特定的实质性法律标准的具体内容。

我们需要考虑的民主体系的第二种类型可能是一种配备了基本自由和实质性法律规范的民主体系,就如同前面考察的那些民主体系一样,它们可以通过有限多数来暂停运转,并且它的那些特定内容仍需进一步地加以具体规定。对于前面的统治体系所说的东西对于如下这种统治体系来说也合适:除了与有限多数有关的规则,第一种基本定义的意义上的"同等机会"原则在这里是有可能实现的。

然而,这个体系可能会在占统治地位的政党及其对手之间产生一种较之我们在之前情形下所能识别出来的更大的不平等的可能性。这一点源自于如下事实,即这个体系不仅依赖于类似于我们刚刚讨论过的那些没有具体形态的规范,也依赖于在宪法的那些实质性法律的部分中额外的不确定性。比如说,宪法的第137条第5款就宣称,那些不属于市政组织(public corporation)的宗教团体只能获得这种身份,"如果,根据它们的章程及其成员数目,可以获得持久存在之保证",在此使用的词语的不确定性不可避免地为政府的自由裁量提供了实质性空间。这一点极有可能会产生上述结果中的某一些。但这种类型的实质性的法律规定可能也会确保在统治性的政党及其对手之间出现一种越来越多的平等,只要它们没有具体形态。这类条款的每一种的作用都是保障特定制度的核心不受干扰,在相应的制度与占据统治地位的政党相对立的时候,也就是说,当它们以某种方式同相对立的政党联系起来的时候,这些保障就成为有效的。由于与之相关的一系列制度和特定的政党之间的关系对于政党获得选举机会来说有现实重要的意义——这就是我们眼下关切的内容——这些选举机会就独立于是否特定政党从属于占统治地位的政党联盟,或者是独立于相对立的政党,只要与之相关的制度明显受到了宪法的支持。随着潜在的政治规范的被取消,朝向选举机会的同等化的倾向也就产生了。这一点,例如,在宪法第159条和第161条规定的劳动联盟的制度基础中是有效的。

起固定作用的规范不仅有利于党派之间的平等,也可能会对不平等推波助澜,这取决于它们在各个党派之间以及与之相应的制度性支持到底是"不同等地"还是"同等地"分配的。比如说,将宪法性地位分配给劳工的结社权,就增加了以劳工为基础的党派在同政府的关系中的独立性,但却也(直接地或间接地)改变了他们在与其他党派的关系中的地位,而这些地位或多或少得到了宪法的保障。

我们最终可以针对施米特的有关在民主制中无法实现"同等机会"的原则的论断说些什么呢?

在我们在此所做的概念性区分的过程中,可以看到,施米特的论题主要涉及"占支配地位的政党及其对立政党在政治规范的存在的情形下的机会平等"。在占支配地位的政党及其对手的不平等的两种可能原因的情形中——也就是说,在这里我们发现了一些无具体结构的法律标准,并且在这里政府的行动是同法律相冲突的——我们得到了如下结论,即它们可能在民主制下发生,但这只是因为,正如施米特本人所说,"没有"这类现象,"任何政治体系就无法发挥作用",① 更有甚者,在民主能够赋予基本权利以一

---

① 施米特:《合法性与正当性》,页35。亦见 Lester Ward 在《纯粹社会学》(Reine Soziologie),Innsbruck,1907,卷一,页305处的评论。Roffenstein 在《施穆勒年刊》45 [1921],页109 中对 Ward 的观点进行了如下概括:"在权力中的任何收获都在为获得更多权力的斗争中带来了额外的好处。"

种在法律上有拘束力的特征的程度上,民主能消除这些不平等的主要原因。并且,认为那些掌权者潜在地享有的任何额外的非法利益可以通过适当的立法手段来获取,这种看法也是合理的。

如果我们将一个对立的群体在一个非民主国家取得权力的机会同在民主制国家中获得51%的选票从而掌权的"同等机会"进行比较,我们就可以看到,民主制对于眼下的原则来说会做得更为公正。的确,完美地实现"平等机会"的理想这个乌托邦——正如施米特所承认的,在任何政治背景中都是不可能的,政府行动的合法性假设以及政府决断的直接可实施的性质在本质上都是公法的一种特征(differentia specifica)——是无法实现的。即便如此,民主制仍然是唯一可以提供制度性保障的政治体系,以至于甚至权力的重要变革都不需要对法律秩序的连续性构成威胁。此外,民主制也最能以一种我们在这里所描述的方式来接近"平等机会"这一目标。①

施米特主张,议会主义的论证理由是同第73条第三款概括的支持直接民主决断的形成过程的论证理由相冲突的。

> 存在于这两种立法形式之间的二元论乃是一种存在于两种不同的证成体系之间的二元论,一种是议会制的合法性体系,一种是全民公决的民主的正当性。在它们之间的可能的

---

① 当下以法律为基础的民主国家首先并且也是最重要的,取决于自由和平等的政治竞争,以及每一个群体受到在法律上得到保障的通过政治手段提出自己的理念和实现自身利益的平等机会。但因为在受教育和财产方面的不平等,这种法律上平等的机会是可疑的。极有可能会发生如下情形,这就是无产阶级专政似乎要比当下以法律为基础的国家更能有效地实现这一平等的理想。但是,这一政治理想与社会现实仍然相符合的深刻程度可以在战后的意大利看到,也就是在天主教民主党(Catholic Popular Party)的产生及其非常极端的社会要求中看到。

Hermann Heller,《欧洲和法西斯》(*Europa und der Fascismus*),Berlin,1931,页100。在当下德国很显然有一些与之相似的例子。

竞赛并不简单地是存在于两种决策制定情形中的竞争性斗争,而是两种有关法是什么的截然不同的概念之间的竞争性斗争。①

这个论点预设了一种议会观念,在这种观念看来,议会制不是通过劳动分工的社会和技术需要来得到论证的,相反,却对那些典型地由议会创制的规范的具体的实质性特征进行了特定的强调。② 在这种观点的基础上,施米特认为,在议会制定的规范和大众意志的无中介的表达以及——一旦议会制定的法律所享有的优先性得到了承认③——剥夺人民参加到直接的民主决策制定过程的资格的论证之间存在一种质的差异。与此同时,施米特并没有走得如此之远,以至于认为这里可能有一种纯粹建立在直接民主之上,并且以缺乏任何代表要素为特征的政治体系,因为任何国家都声称需要某种代表的特征。④ 当适用于魏玛宪法中时,从施米特有关直接民主的法律创制和议会制的法律创制的关系命题中可得出如下结论:在魏玛宪法的框架内,议会有权废除此前人们通过全民公决支持的那些法律。这是因为议会制和直接的决策制定程序在功能上是类似的,但在地位上是无法比较的。具有决定性重要性的是如下事实,即没有一项规范明确阻止议会撤销全民公决做出的决议。⑤ 这一点就表明,施米特有关议会制和直接的民主决策制定程序之间是相互矛盾的看法最终是取决于对于议会存在给出的特定的论证理由。如果我们依赖于传统观点,将议会视为

---

① 施米特:《合法性与正当性》,页69;亦见,页66。
② 有关为议会提供证成的问题,参见 Gerhard Leibholz,《代议制的本质》(*Wesen der Repräsentation*),Berlin,1929,尤其是页70。
③ 有助于证成立法机关的特定身份的那些品质在施米特看来,包含有"理性"和"节制",施米特:《合法性与正当性》,页68,亦见页13,页15。
④ Leibholz,《代议制的本质》,页170,注释3。
⑤ 施米特:《合法性与正当性》,页63,页69。

一种"全民公决的载体"(雅克比近来使用过这个说法)——在施米特看来,这种解释就驱使我们要在当前的社会中与议会的"堕落"形式做一妥协——这样一来,在同一宪法体系中,就有可能看到议会制的法律创制和直接民主的法律创制之间是相融的。此外,这种观点也允许我们针对由此产生的肯定性的法律问题给出一个答案。代表们不允许与人民的明确表达出来的意志相对立地行动,因为当人民发言的时候,代表们必须沉默。① 并且,重要的是我们不要将这个看法,正如施米特所做的那样,简单地运用到直接民主制中——换句话说,运用到行政机构中(在这里没有其他的代表性的例子),而是也要运用到议会之中。② 因此,"因为直接民主的制度乃是民主国家的必然结果,它们应该优先于间接的议会制民主的那些制度性机制"(正如施米特所说的那样,尽管他没有能够针对魏玛宪法做这样的假设),这种看法看起来就是正确的。施米特将"议会制的合法性体系解释为一种不仅从理智上来说而且从组织结构上来说独特的和独立的复杂系统,与民主或人民的意志没有任何内在的关系",他拒绝将上面所做的推导运用到魏玛宪法中,他的理由是,在魏玛共和国,"与那些例外的全民公决的决策制定的复杂体系一道,议会制体系的全部组织结构方面的特点也都出现了。"③但是,这个论证只有在如下条件下才是正确的,即魏玛宪法真正来说是一种议会制立法型

---

① 如果在全民公决发生的时刻和议会通过法律的时刻之间并没有发生任何重要的事,这一点才能得到运用。与此同时,如果发生了某些与特定的法律相关的事情,议会的代议制功能就会要求它,以曾经得到人民批准的全民公决的精神来重新考虑特定的立法议案。如果能证实大众舆论因为政治情况的改变而产生了变化,就会产生一项与全民公决的意见相矛盾的议会法律。参见 Jellinek 在《德国国家法手册》,卷二,页 181-182 中的观点。不幸的是,他的例子选择不好。并不清楚,为何在其他国家使用死刑这个问题上发生的改变要对日耳曼民族的大多数人的政治视角产生一种直接影响。

② 施米特:《合法性与正当性》,页 64。
③ 同上,页 63。

国家的宪法（就施米特对这个词进行使用的那种意义上讲）。换句话说，如果魏玛共和国的设计者想要追求一种议会民主制的体系，其中"立法者"的核心地位是通过施米特式的议会主义理论得到证成的，唯有在那时，我们才能将议会构想为完全独立于任何类型的民主基础。就时下想要为议会提供论证的那些尝试而言，这里有许多迹象表明，施米特在《议会民主制的危机》中提出的那种类型的古典论证正在衰落，这是与现时代思想中那些特定的早期自由主义立场的更为普遍的衰退相一致的。人们越来越多地将议会作为"全民公决的载体"来加以证成。[1] 议会的逐步减弱的重要性构成了这一趋势的意识形态背景。[2] 但是，这一点并未谈及议会作为一个民主机构的潜在角色。到处发起的针对"权势集团"导致的混乱的指控实际上涉及到一系列现实的问题：议会不再是自发的舆论形成的场所，但却是一个务实的舆论（performed opinions）得到纪录的机构。这就意味着眼下处于我们问题中心的制度，可能不再是议会的技术性装置，相反，政治党派如今是作为大众民主政治的一种无中介的机构（unmediated or-

---

[1] 那些有着自由—民主导向的文献根据"对议会的不信任"（distrust to parliament）来描述这个过程，这个表达想要把握议会的自主性中丧失的东西，但它对议会的技术方面的作用并没有说出任何东西。就民主国家中议会的作用而言，这一"不信任"显然是民主的优点，参见 Laski,《政治的语法》(*A Grammar of Politics*), New Haven, 1925, 页 321; Agnes Headlam Morley:《欧洲的新的民主宪法》(*The New Constitutions of Europe*), Oxford, 1926, 页 32。

[2] 参见 Karl Lowenstein 在他的"大改革后的国会代议制社会学"（Soziologie der parlamentarischen Repräsentation nach der grossen Reform）, 载于《社会科学档案》(*Archiv fur Sozialwissenschaft*) 51 (1924) 中所做的详尽分析。亦见《民国年鉴》(*Annalen des Deutschen Reichs*) 1923–1925, 页 4：

自从大众民主产生之后，内阁就只能从形式上服从于下议院，统治权掌握在全体选民手中。下议院不再是国家的主人，而是选民的传送带和控制机器。

在民主国家取代议会的可能性在 Graham Wallas 的《伟大社会》(*The Great Society*, Lincoln, Neb., 1967 年重印) 中得到了讨论。Tönnies, "议会主义与民主制", 载于《施穆勒年刊》51 (1927)。尽管 James Bryce 在《现代民主政体》（转下页）

gan)发挥作用的。普遍的意识形态趋势已经被战后立宪政府的众多解释者捕捉到了。① 的确,在魏玛宪法中,其创建者在许多场合都明确地支持一种议会制的解释,这种解释强调议会的直接民主的功能。雅克比在他有关优先对待宪法要素,尤其是对于联邦宪法第1条第二款的特别强调中对这个问题进行了大篇幅的讨论。②

这种有关议会的证成可能并不需要——但也并不违背——如下要求,即如果一项规范是通过议会被赋予了法律上有约束力的身份,那么,较之在直接民主机制中所必需的那些选票,要批准它就需要有更多的选票。如果是这样的话,施米特在宪法之内看到的另一个有意的矛盾,也就是有关两个所谓的相互竞争的立法体系所需要的参与,就可以得到解决。③ 甚至,那些所谓的事实基础看起来也无法得到证明。在这里可以想到三个例子。

为了修订宪法,第76条规定,在全民公决中,有资格选民的简单多数(至少是51%)就足够了。在议会进行的宪法修订中,第76条要求有三分之二多数。并且,至少有议会的三分之二成员参加投票。与施米特所谓的"在议会中,三分之二多数对修订宪法来说是必要的,而直接民主的机制仅要求简单多数"不同,在此重要的是注意到,在特定情形下,修订宪法所需要的议会中的选票数额,可能会低于在直接民主的决策制定过程中所需要的选票数额。首先,这一点发生在如下时刻,即参加选举的代表的比例低于特定

(接上页注②)(Modern Democracies, New York, 1924,卷二,页377)对此有所批判,但是他也承认议会在技术方面的必要性。

① 这一从议会的实体性的证成向强调其社会技术功能的证成的转变,参见Ziegler在《现代民族》(*Die modern Nation*),页285 开始部分的描述。但他没有认识到这一发展对于为当代会议提供证成方面的重要意义。

② 参见Jacobi,《德意志法律生活中的民国司法实践》,页244-245;Thoma在《德国国家法手册》,卷二,页114 中的观点。

③ 施米特:《合法性与正当性》,页67。

的水平,如果议会机构中的缺席人数达到了法律上可以接受的最大数额,那么,要想修订宪法,就只需要代表的44%即可。这种情形就预设了那些出席议会的议员的100%的参与,并且在此也并没有包含没收选票(forfeiture of vote)的可能性。其次,如果100%的议员出席议会,但是有一些议员放弃选票或者其选票被没收,那么,不足51%的有资格的代表也就是充分的了。①

当议会制和直接民主制的设置导致了一种有关特定的立法规定的冲突时,要想通过一项议会提出的解决方案,就需要被选举出来的代表的至少50%的多数。② 与这种解决方式不同,全民公决则需要所有投票人的大多数的一致同意。此外,有资格的选举者的大多数必须参与到直接民主的投票中(第75条)。因此,对于通过议会的解决方案所必要的最低限度的可接受的选票数,通常情形下不少于通过一项不同于议会法律的全民公决的投票所需要的选票数,只要参加选举的议员不是100%,并且有某些选票丢失了(亦即,它们被投给了那些没有得到授权的候选人。)施米特反对这一点,他主张,参加选举者的多数需要参加到全民公决的投票中,这一点并不具有事实上的重要性。因为根据第75条参与到一次成功的直接民主竞选中的人,都会从一开始就支持特定的选举提案。③ 因此,当通过直接民主的手段来做决定的时候,在法律和宪法性法律的制定之间据说就没有任何有意义的区分。但是我们可以通过指出可以针对在全民公决中占据少数地位的人释放"恐惧"的可能性——和现实性——来反驳这一解释,这一点可以导致他们将实质性的"反对"(通过简单地拒绝参加到全民公决中来最有效地表达)转变为形式性的"反对"。这些"受到威胁"者的数量要少于"威胁者"的数量,

---

① 对于缺席议会(parliamentary absenteeism)问题的集中关注得到了证成,因为议员不能出于政治理由而现身投票。
② 在此无需讨论这类冲突何时发生。参见施米特:《合法性与正当性》,页67,页69。
③ 施米特:《合法性与正当性》,页67。

并且"威胁者"的绝对数中包含着超过 25%的有资格的选民,在此程度上,这里的"反对"可能会产生与原初意图直接对立的结果。如果这些前提条件得不到满足,"恐惧"就极有可能是毫无意义的,也肯定是无害的。①

在议会制设置和直接民主设置不存在冲突的地方,议会想要通过立法性法律,就必须有 60000 张选票,而通过直接民主方式,则至少需要一张选票。如果我们暂时忽视这一事实上无关紧要的区分,那么,在直接民主所需要的选票比例和议会制的相关机制之间就似乎不存在任何质的区分。在此,在特定范围内保持投票率(the turnout rate of the vote)的不确定性就与在全民公决中保持那些数目的不确定性相对应,因为——与第二种情形不同——在此,选举的秘密得到了有效的维护。

这一替代性的论证表明,施米特在合法性(legality)和正当性(legitimacy)做出的关键区分再也无法得到辩护。尽管他没有明确界定这些术语,但看起来,"合法性"对他来说指的是对于议会立法过程的潜在证成——这一证成是与议会制法律(lex)的所谓的固有性质相联系的。而"正当性"则是指直接的全民公决的法律制定过程的证成。但在德国宪法体系中,议会的地位不再是基于议会活动的内在理由(ratio)。相反,它取决于为直接民主的决策制定过程提供证成的那些相同的特征。因此,它们是相同类型的合法性的不同组织形式。在我们前面提出的宪法的暂时中止部分的问题之外,在通过宪法规定的直接民主机制而行动的人民和议会之间不存在结构性差异,它们都是"宪定权"的表达。②

---

① 在直接民主决策制定过程中发生的"恐惧"问题,参见 Karl Tannert,《人民公决的错误形式》(*Die Fehlgestalt des Volksentscheids*),Breslau,1929。
② [译按]"宪定权"(pouvoir constitute)最早由法国学者西耶斯提出,与这个概念相对的是更有影响力的"制宪权"(pouvoir constituant)概念。制宪权为创设宪法的权力,只由主权者享有,而"宪定权"则为宪法所创设的权力,由宪法所授予。施米特在《宪法学说》中对于制宪权有进一步的发挥。

但当我们不再解释魏玛宪法(以及其他具有类似结构的民主宪法),而将精力集中在根据施米特的价值和证成空间来塑造的理想型宪法的要求以及与之相应的政治体系之上时,事情就不再是如此。在施米特的智识世界中,合法性和正当性的确是能够分离的。事实上,合法性能被正当性完全地驱逐。消除议会制合法性的需要对施米特来说仅仅是从如下证明中产生出来的,即它的潜在论证理由不再显现在经验现实中。一元论的全民公决的正当性取代了议会。但即便国家的最高机构可以通过民主方式选出,我们也不再用"民主的"一词来描述它。在此的要点是,根据通常用法,民主如果不依赖于中央议会团体的存在,也至少取决于众多代表的活动。理由在于,自由和平等实现的程度与代表集中的程度呈相反关系。选举我喜欢的议会成员预设了,我会和同样支持他的其他 59999 名公民一道投票。参与总统选举预设了——考虑到候选人的人数最终倾向于减少(并且假定所有投票的人都支持他们真正支持的候选人,并因此忽视那些仅仅是反对候选人的可能性),对我来说,和更大数量的同胞公民一道进行投票是必要的。不同于议会制选举,总统选举要求在我的意志和他人意志之间的统一有一种更为广泛的形式。但随着这一统一性范围的增加,在个体意志和候选人的意志之间的平均距离也在相应减少。换句话说,我的自由之所以减少,是因为需要有更多妥协。朝向可以实现的政治自由的总量的减少的同一种趋势——这是因为意志统一的过度增长带来的效果——体现在施米特有关全民公决的决策制定模型中,在其中人民被允许针对政府机构对于他们提出的问题表达"赞成"或"反对",①但在这里,其他选择也愈加减少了。在总统选举中,我们倾向于两种选择,而在全民公决中,我们不可避免地仅有两种选择。即便有人想要通过人类学论证,为有法律

---

① 施米特:《合法性与正当性》,页 93。

依据的大众政治活动的减少提供证成,①我们刚才描述的政治自由的那些结果也可能在任何情形下发生。但这种民主的概念是否能为从魏玛代表的民主制向一种沿着我们刚才概括的民主制类型的过渡提供证成,之所以这样部分是因为这样一来可以确保更大程度的政治稳定性? 这个问题涉及到施米特的一般理论主张相对于当下德国宪政发展的独特特征的适用性。他的主要论点可以很容易地看出来:就如同许多时下政治讨论的其他参与者一样,施米特认为,魏玛宪法正处在崩溃阶段。在他有关这一论证的看法中,这种发展的来源被置于魏玛宪法的内在矛盾中。在这里,我们试图提出对于这一立场的一种批判性考察。

施米特的诊断式论点之后是一个预兆式论点:根据他的计划提出的宪法改革也许提供了更多的政治稳定性。不仅议会制民主,还有它的专制政治的修订就构成了如下这种宪法体系,它允许法律方面的规制体现出许多可以设想的内容,只要它们符合实质的——法律的宪法标准,因此,在某种程度上,它们都是价值中立的。两种宪法体系的立法机制在它们都试图将这一现代民主的伟大发明整合到自己之内的程度上而言,很明显有别于传统的立法机制。但这里并没有针对它们的事实上的稳定性说出什么,也没有对如下问题,也就是历史发展是否被证明能很好地利用它能利用的相对无限的(open-ended)宪法形式。在我们看来,对于这个问题的回答——并且这一点就指出了本研究的范围,而并没有试图主张,我们通过任何手段可以完全回答所有由它提出的问题——主要取决于那些规定如今的政治行动的结构的许多不同因素。政治行为对如此众多

---

① 就涉及到一个具有多种可能的理论方面的论证理由的同一的规范体系而言,令人印象深刻的是如下观点,即人们在一个宪政体系之内是具有一种卓越性(正如 Jacobi 的理论论证的那样),以及认为他们在宪政体系之外也具有一种卓越性(施米特的观点),这些观点可以与对于人民的基本品质的相反评价联系起来。参 Jacobi 的《德意志法律生活中的民国司法实践》,页 243,页 247,注释 30。

的相互关联的因素的依赖导致了如下情形,在这里在一个因素中出现的变型能够导致在政治平衡中发生不成比例的干扰。这一点就使我们很难应对那些可靠的预测,即便我们忽视了在这些预测背后存在的自相矛盾,这些预测作为秘密(arcanum)的性质就成为了它的准确性的前提条件。如果查理十世的继承者在第二次复辟中不支持百合花旗帜,[1]如果博兰格尔(Boulanger)没有成为 dictateur manque 的原型,[2]如果在德雷福斯时期法国军队的领导权中完整的、反民主的要素意识到了这一法律案件的现实重要性,[3]我们是否能做出今日听到的有关法国民主制的稳定性和连续性的典型评论呢？如果二月政体预料到了布尔什维克的战斗阶段,今天我们兴许就不会谈起俄国民主在相对同质化的农民大众中有希望的持久性来源？提出这些问题并不意味着我们可以针对它们给出肯定性答案,而仅仅意味着,如果我们想要对宪法发展的可利用的诸多可能性提供一个准确评估,我们就需要将每一个可以设想的外在于宪法的要素(extraconstitutional factors)纳入到考虑之列。看起来,唯有当宪法理论通过与涉及社会经验[4]的所有学科一道紧密结合以应对这一任务时,它才能逐渐地对这些问题提供一般性的解决方案。

(Anke Grosskopf 和 William E.Scheuerman 英译)

---

[1] 参见 Georges Bernanos,*La grande peur des bien-pensants*,Paris,1931,页 104。
[2] 参见 Charles Seignobos,《当代法国史》(*Histoire de la France contemporaine*),Paris,1921,页 139。
[3] Seignobos,《当代法国史》,页 202 开始部分。
[4] 参见 John Dewey,《公众及其问题》(*The Public and Its Problems*),New York,1927,页 171。

自主性的恐怖：英语世界中的卡尔·施米特

[德]哈贝马斯(Jürgen Habermas) 著

杨 凡* 译

在盎格鲁—萨克逊的语境传统下对于卡尔·施米特进行评价是十分困难的,因为无论是他的学术履历还是政治命运都根植于一个非常德国的传统之中,尽管他的天主教信仰与他所处的新教环境——德国行政官大学(the university of the German mandarins)——有些格格不入。

卡尔·施米特比阿道夫·希特勒年纪大一岁,而后者却决定了他的命运。去年(1985年——译者注),他以97岁高龄在他位于威斯特伐里亚的出生地——普莱滕贝格(Plettenberg)——去世。慷慨激昂的讣文宣告了这样一个事实——即便是在今天,施米特依然承载了知识界的一个重要论争。

政治的表现主义概念

1932年,施米特的《政治的概念》一书面世。在这本名著中,施米特着重批判了哈罗德·拉斯基(Harold Laski,英国政治理论家——译者注)的多元主义国家理论。当然,施米特对于马克

---

* 杨凡,哲学博士,吉林大学理论法学研究中心讲师。

斯·韦伯的相关概念都是非常熟悉的。但他并不是一名社会科学家,并且对政治权力的分析性概念也不感兴趣:像一个传统的哲学家一样,施米特关注的是政治的"本性"。他从亚里士多德主义的立场出发,然而给出的答案读起来更像是针对谋略(strategic)的本性问题所给出的答案。根据施米特的理论,政治在诸如对国家权威所做的决断进行约束等方面,并没有揭示出自身的意义;而恰恰相反,施米特认为,只有当一些"政治性地存在"的人们,相对于他们的外在或者内在的敌人,进行集体性的、组织化的独断专行的时候,政治才能真正展现其自身的属性。施米特对于一次世界大战中的"钢铁风暴"故事非常感兴趣,他引用了恩斯特·荣格(Ernst Junger)的战争日记的题目——《在斯塔尔格维登》(*In stahlgewittern*)。这本日记讲述了一群人在一场生死攸关的战斗中紧密地团结在一起,最终,他们的牺牲向他们的外部敌人和内部叛徒展示了他们的不妥协性。这种政治上的"极端案例",只有在与威胁到自身根本存在的敌人的异质性进行殊死搏斗以捍卫自身认同的语境下才能被定义,也就是说,是在不同阵营人民之间的战争或者内战的语境下才可被定义。无论是以上哪一种情况,都是一种"真正肉体上消亡的可能性",而这正体现了政治紧急状态的定义。所以,当一个事件可以被定义为政治事件的时候,它应该指向(或者至少暗藏着)这种紧急状态的情况:所有政治本质上都应该是对外事务。即便是内政事务,也必须从存在着威胁到自身根本存在的敌人的危险的角度去理解和安排。于是,在他所处的时代的表现主义风格的背景中,卡尔·施米特构建了一个戏剧化的关于政治的概念。在这个概念体系中,一切事物都以传统的方式得到理解。

施米特1922年出版的《政治神学》一书继续了他关于专制政体的论述,试图在完全的反革命的意义上重新激活主权权力(Sovereign Power)的概念。出版于1923年的《议会民主制的危机》一书则延续了其在《政治浪漫主义》(1919)中的立意,并且毫不留情地将矛头指向自由主义。施米特在后一本著作中所倡导的关于国家的决断主义理论,直接来自于他在前一本著作中对于一种基于自然法的政治思想的批判。这两本早期著作所呈现的深不见底的特色可以在施米特的另外一本主要著作中更清晰地表现出来——那是一本研究霍布斯的书,并且,就像他的其他著作一样,这本书的篇幅也很短。在这本书中,施米特总结了他的国家哲学。这本叫做《利维坦》的书可以被追溯到1938年,它在纳粹统治中期被出版出来,这本书也可以引导我们去领会施米特政治精神世界的核心部分。

利维坦的神话

施米特既欣赏又批判霍布斯。他盛赞霍布斯是唯一一位认识到主权权威具有国家政治的决断主义实体性的重要政治理论家。但同时他也批评霍布斯是一位资产阶级理论家。资产阶级理论家意味着一方面他总是在逃避给出一个终极的形而上学结论;另一方面他也逐渐违背了自己的意志,这个意志本该成为基于实证法的宪政国家的奠基要素。

作为一名政治神学家,卡尔·施米特把他自己的自相矛盾的评估求值过程形容为"一种政治象征的得与失"——就像他的著作的副标题所写的那样。其所参照的对象正是利维坦的传统形象(Old Testament image)——一个巨大而残暴的怪兽,在地球上没有任何力量可以与其比肩。利维坦崛起于海洋,并且征服了象征陆地权力的巨兽。对于犹太人来说,这种巨兽之战总会让人联想到异教生活那恐怖又可憎的景象。因为对于这种颠覆性的阐释并不熟悉,施米特认为霍布斯选错了象征符号。霍布斯的本意其实恰恰相反,是要屈服于这个神话形象的致命力量。在随后的几个世纪里,被这种形象所代表的现代国家的实体被错误地理解为一种非正常的以及反自然的事物:"这个形象并不能表明它所关联的思想体系……传统的犹太教的阐释反弹打击了霍布斯的利维坦。"

施米特运用思想史上的两个命题来构建他的神学架构。首先,在1922年的《政治神学》一书中,他重新回到了霍布斯的主权概念。正如只有在征服了陆地怪兽的情况下,利维坦才能够拥有自己的权力;一个国家只有在镇压了革命性反抗之后才能宣誓自己拥有了主权。对不断可能发生的内战的持续性抑制就构成了国家。它的动力来自于粉碎各种叛乱,这些叛乱又是内在于个人邪恶本质的混乱内涵。个体迫切地寻求着他们的自主性。但是,如果他们不能够通过运用一种超越所有他者的权力的真实性而获得救赎,那么个体也将在他们自身解放的恐怖中走向毁灭。在这种超常的紧急状态下进行决断的那个人就是所谓的主权者。同时,因为那些破坏性的力量总是以真理和正义之名出现,那么主权者如果希望避免超常紧急状况的出现,他也必须保有一定的权力以定义哪些事物可以被公开地判定为真实的或者正义的。他的决断权力是一切有效性的来源。国家可以独自决定他的公民的公共信条有哪些。

但是,当涉及到宗教信条的时候,施米特则认为霍布斯在一个重要的推论上犯了一个逻辑错误:他把"信念"(faith)与"忏悔"(confession)区分开来,并且认为国家应该中立地尊重其公民个人的忏悔,这只是他们私领域的宗教信仰问题。只有公共的崇拜才需要服膺于国家的管控。卡尔·施米特把他的第二个命题建立在这个既不合法也不合逻辑的区分上。在施米特看来,正是霍布斯为私人宗教信仰所预留的空间最后演变成了一道门。通过这道门,资产阶级道德心性主体性与私人观念最终挤了出来,并且逐渐展现了他们颠覆性的力量。这些私人领域被彻底翻出,并逐渐扩展为资产阶级公共领域；在这个领域中，资产阶级社会把自己形塑为一种竞争性的政治力量，并且最终，通过议会实现了授权立法，进而推翻了利维坦的王座。然而，这样的情节设置居然全然不顾这样一个事实：从一开始，霍布斯所发展的主权概念就与实证法的发展紧密相关。根据这个概念最初的本意，实证法要求立法者不要再诉诸于自然法的上位规范，只有在这个意义上立法者才是主权者。如此一来，霍布斯的与实证法媒介密切相关的主权立法者的概念，已经蕴含了使宪政国家得到发展的基因。而这种宪政国家却被卡尔·施米特视为是一个巨大的灾难，这源自他对国家权力的中立性与私人宗教信仰的权力进行了严格的区分，也就是韦伯所谓的"上帝与恶魔"的区分。

全能国家及其敌人

在他早期的《议会民主制的危机》一书中，施米特的这种理论观点就有了一定的体现，这是一本讨论宪政国家危机的书。直到一次世界大战之后，议会立法体制的国家才在德国出现，并且是在组织化的资本主义的情况下、以大众福利国家民主制的形式出现的。在彼时，施米特认为这种干预主义的国家形式已经成为了一个合法性（legality）的系统，并且完全处在"社会权力"的掌控之下。这正是1933年《政治神学》一书第二版序言所蕴含的意义。在这本书中，施米特正抓紧把他的正义思想的决断主义形式发展成为"制度主义"的形式。

施米特的《利维坦》一书很好地展现了，在赫尔曼·格林（纳粹二号人物——译者注）的庇护下，普鲁士的国务院（Staatsrat）如何在这一转变过程方面（指制度主义形式的构建——译者注）所取得的成功。这一点在前述施米特所发展的命题上体现得尤为明显。施米特构建了一个有关利维坦的敌人的反闪米特（anti-

Semitic)的谱系学,基于这样的观念历史,犹太人的观念无论如何都会走向反对利维坦的一方。这种思潮起始于斯宾诺莎,作为一个犹太哲学家,他从外部视角进入国家宗教方面的研究,并在其内部为个人的思想自由打开了一道缺口。接着,摩西·门德尔松(Moses Mendelssohn)所提出的十八世纪晚期共济会与光明会秩序中的"犹太人的无法安顿的精神"又继承了这一传统。门德尔松暗度陈仓地解构了国家权力,因为他提出"削弱其他族裔并解放犹太人民,这应该是一种本能"。这种思潮最终导致的结果是:被解放了的犹太人们——海涅(Heine)、博尔那(Borne)与马克思,他们对自己的"行动场域"(新闻报刊、艺术与科学)进行了颠覆性的运用。所有这些人聚集起来,对作为神化国家系统的利维坦,实现了"思想上的瘫痪"。

施米特在德意志联邦的影响

若干年前,施米特的《利维坦》的首版被以德语重新出版,并被加上了一个编者后记。这位编辑是一位1960年代末期理想幻灭一代的活跃分子。他把他的欲望和激情从菲德尔·卡斯特罗转移到了卡尔·施米特身上。毋庸置疑,贡特尔·马施克(Gunther Maschke)并不希望仅仅以口头赞歌的方式去贬低施米特为那些作为全能国家的敌人的犹太先贤们所制作的肖像长廊,因为这种方式已经被乔治·施瓦布(George Schwab,《政治神学》一书的译者)在他的《例外的挑战》一书中使用过了。但是,他仍然期望看到它可以从"经典的天主教反闪米特主义"的文本形式中被提取出来。在其余部分,马施克用尽一切办法,力图通过施米特自己的眼睛,去发现施米特在纳粹专政时期的处境。在没有任何自责的情况下,施米特就把自己比喻成了"欧洲国际法的贝尼托·塞莱诺(Benito Cereno)"。这似乎暗指了赫尔曼·梅尔维尔(Herman

Melville)的同名小说中的那个不幸的船长。人人都信任这位船长可以掌控这艘海盗船,然而事实上,作为在船上的人质,你却必须为自己的生命负责。

美国和英国的人们也许会问:为什么像卡尔·施米特这样的人可以在 40 年后依然在联邦德国发挥着不可忽视的智识影响力?原因首先在于他的作品的质量。就像他在 1928 年的天才著作《宪法学说》中所表现出来的那样,施米特是一位富有才干的宪法法律人,即便是魏玛时期最有影响力的法学家也会非常严肃认真地把他当成是机智聪慧的对手,这些法学家包括:理查德·托马(Richard Thoma)、赫尔曼·黑勒(Hermann Heller),以及鲁道夫·斯门德(Rudolf Smend)。另外,施米特还是一个很好的写作者,他可以把概念性的精确与一些新奇且有原创性的观念群结合起来。(可惜的是,这些地方并没有被英语译本所沿袭。)再次,施米特是这样一个知识分子:他成名于 1920 年代,以其专业知识去诊断他所处的时代,并且展示出了极高的敏锐度。最后,他所有的语言都清晰地表明,他重新回到了一个形而上学家应有的立场,他探索到了深层的领域,并击碎了某种基本现实。很多东西本都已经被实证法所掏空,并且被其权威实体抢夺走了位子。这是几个世纪以来国家权力祛魅化过程的结果。国家权力本来是神授不可侵犯的,即便是在近代,它也一度只能靠世俗与信仰权力的结合来维系其真正的主权。这种结合首先被国家与社会的二元分立所解构,进而被社会权力的多元化彻底击垮。作为"间接权力"的政党、贸易团体以及各种社团最终都变成了极权主义实体,尽管可能是以一种非政治的形式:他们想要没有责任的权力;他们也许还有反对者但是却不再有敌人了;他们避开了进行诚实地自我决策的政治风险。作为有决策权的政治权力,他们只保留了国家颁布的法令的约束性特征,却放弃了为了自我决策而进行生死斗争的既存风险。

这些施米特在 1920 年代的主张都能彼此印证,他因此在关于霍布斯的书里发展了这样一个观点。魏玛共和国被视作是一个衰败的时期;国家的残余物被敷衍了事地构思了出来,进而被分解到了某个非政治化的"社会的自我组织系统"中,这些工作甚至可能就是被霍布斯本人来完成的。化解危机的方式只能是暂时地独裁式地运用魏玛宪法第 48 条的紧急状态条款;然而长期来看,这些危机只能被"全能国家"所解决。此处,施米特首次把墨索里尼和意大利的法西斯主义记在了心间。所以,在纳粹掌权之后,他就可以充分投其所好地,把他的国家建构理念经过些微必要的修改,发表了出来。如此一来,元首的决断主义行为就不再只能在纯粹霍布斯的语境下被理解了,它也可以被视为是人民的"具体秩序"的主权补丁。

诚然,单是这些才能本身,不可能比他的粗糙的反闪米特主义所产生的怀疑效果更加重要;并且,他对纳粹政权的谄媚也并没有使他获得其他可以加分的特质。施米特曾经有过,并且依然拥有一些弟子,以及弟子的弟子,这些途径都使得他可以影响到联邦的宪法法院。通过恩斯特·福斯特霍福(Ernst Forsthoff),施米特对于 1950 年代发生于宪法法律人之间的一场论战施加了影响力,这场论战的主题是宪政国家与社会福利国家之间的关系。并且,在此后的很长一段时间,这位老人与他的后辈学人一起,在他的私人住所,主导了一些成功的政策制定工作。这些学术工作由一些知名的法学家、历史学家和哲学家完成,他们都在私人层面受到施米特的影响。

然而,鉴于这种青年保守主义的心态不再像过去那样富有吸引力,那也说明以上这些因素的勾连可能还不太足够。我们可以回溯来看:在 1920 年代,当马克斯·韦伯的社会学启蒙运用理性和宗教使得王制国家的政权失去了光环,右翼黑格尔主义的终结也留下了一片引人伤痛的空白。在彼时,人们希望重拾在他们身后消失的光环,但是他们始终无法与一个由政党民主制管理的行政国家的平庸和世俗相妥协。一方面,人们变得犬儒起来,他们只能从纯粹的私人企业的动机性质角度来看问题;另一方面,即将崩塌的主权的实质与神性也需要得到修复,如果必须通过一种空前的提升激励行动的话。

通过运用与其同时代人相似的经历,施米特也许可以有效回应这种含混不清的关怀与渴望。他的这些同代人包括:马丁·海德格尔、戈特弗里德·贝恩(Gottfried Benn)、甚至包括恩斯特·荣格。通过一些伪革命理论,他们每个人都把这种非常老旧的怀乡情节放置在一个全新的叙事体系中。即便在今天,这些信息也没有失去感召力,尤其是在一些被遗忘的作为前左翼发源地的子文化中。

智识动机的当代启示

在当代法国哲学中,一些重要的德国思想家越来越扮演着吊诡的角色。这些思想家主要指尼采和海德格尔,他们都曾被安德鲁·格鲁克斯曼(André Glucksmann)作为黑格尔与马克思的对立面所引用。但是,我并不认为卡尔·施米特会在安格鲁—撒克逊世界拥有类似的蔓延的影响力。如果这样的情况发生了,我们就必须注意到一项受到普列斯纳(Helmuth Plessner)启发的研究。这项1958年的论文至今仍值得一读,它由克里斯坦·冯·克罗科考(Christain von Krockow)(斯图加特)完成,把卡尔·施米特与恩斯特·荣格以及马丁·海德格尔进行了对比。超脱在政治上富有激情的日耳曼背景,我注意到了一个可供讨论的契机,也许是一次历史的、不带偏见的讨论,它可以围绕着一系列引人入胜且客观重要的观点。即便是在今天,卡尔·施米特思想的各个命题依然可以引起思想界的震动。

在 1970 年代,为了与息息相关的两次当代讨论相关联,施米特本人重新回到了他的《政治神学》一书。在 1960 年代,在恩斯特·布洛赫(Enrst Bloch)的影响下,《政治神学》一书曾经被一些神学家,比如约翰·巴普蒂斯特(Johann Baptist)和尤尔根·莫尔特曼(Jurgen Moltmann),在一个完全不同的语境下所运用。并且,在那之后,发生在后教会的各种思想流派之间的教义争论,也与在南美有影响力的解放神学建立了新的勾连。1922 年的《政治神学》一书的第三章与第四章之间的平行对比非常明显。尽管在半个世纪之后,该书的作者还声称:在当时他只对神学教义或者法律教义中的同质概念化感兴趣。事实上,对他来说,对于神学的智识动机与政治哲学的智识动机中的形态学的相似点进行施本格勒(德国哲学家——译者注)式的阐释,决不是其本身的终极目的。比如说,把神学中的奇迹(miracle)的角色与政治哲学中的不可预期的遭遇进行比较,这可以导向施米特主权理论的一个深刻的向度。施米特希望发挥政治哲学的反革命作用。这种作用是被宗教直接促成的,尤其是多诺索·柯特斯(Donoso Cortes,19 世纪末西班牙天主教保守主义政治哲学家——译者注)的教义。多诺索·柯特斯曾经纠正过 1848 年之后七月王朝过于热烈的正统主义倾向,也曾经以一种宗教—既存基础为依托的独裁主义去反对自由资产阶级的商谈性操作规则(discussion-filled rule)。那么,这种反革命神学与解放神学之间的联系是什么呢?拉青格红衣主教(Cardinal Ratzinger)(梵蒂冈关于教廷教义事物的官方发言人)的命题又意味着什么?在一个反革命的神学框架内,这些命题可以运行自如,那么现在,它们可以在所有政治神学的批判的名义下,几乎是沿着卡尔·巴特(Karl Barth,新教神学家、新正统神学家的代表人物——译者注)的路线,而得到提升吗?

这就触及到了第二个讨论的背景,卡尔·施米特的政治神学在今天正被包含在这一讨论中:一场关于当今时代的正当性(legitimacy)或者自治性的争论。现代性从其自身内部获取规范性导向,在这样的知识背景下,现代性能否安顿其自身? 抑或,作为裂解的世俗化过程中一种无根基的产物,现代性必须允许自身被拉回到末世论以及宇宙学的视野中吗? 在 1980 年代,重新回到形而上学的趋势逐渐变得不容置疑。其症状表现就是天主教哲学家罗伯特·斯贝曼(Robert Spaemann,德国的罗马天主教哲学家——译者注)的智识演变。他的观念出发点就是卡尔·施米特的决断主义,而如今他已经走向了柏拉图。也许这就是对于现代性进行批判的精神传统的反应。这也从最初层面解释了为什么列奥·施特劳斯与迈克尔·奥克肖特的美国追随者们在卡尔·施米特死后把他引入到盎格鲁—萨克逊世界的原因。

在这本短书中,有趣的地方还在于卡尔·施米特与雨果·保尔(Hugo Ball)的关系。雨果·保尔是一位来自苏黎世的伏尔泰咖啡馆的达达主义者(Dadaist),他最终回到了一条通往救赎的唯一的道路上——天主教的教堂。卡尔·施米特在政治罗曼主义上好辩的讨论掩盖了他自己的政治思想在美学上的不稳定性。也正是在这个层面上,一种与法西斯知识界在精神上的亲缘关系暴露了出来。《议会民主制的危机》一书的最后一章的标题为"直接运用武力的非理性主义理论"。在这一章中,施米特把从柯特斯经过索雷尔(Sorel)到达墨索里尼的这一条线索串连了起来,并且做出了富有洞见的预告:大罢工的神话将会被国家的神话所代替。但是最重要的,是暴力的美学特性使他着了迷。"无中生有地创造"(creatio ex nihilo)[①]的模式可以解释这样一个事实:就其本身

---

① Creatio ex nihilo 是一个拉丁语短语,意思是"无中生有地创造",主要是在哲学或神学的背景下,但也会出现在其他领域。在神学中,常用语 creatio ex nihilo(creation out of nothing,"无中生有创造"),有别于 creatio ex materia(creation out of some pre-existent, eternal matter——从一些预先存在的,永恒的物质中创造)和 creatio ex deo(从神的存在中创造)。——译者注

而言，主权国家需要获取一个具有超现实主义意义的光环，这需要通过其自身与对规范性事务进行暴力性摧毁的关系来实现。这一方面可以与乔治·巴塔耶（Georges Bataille）的主权概念进行比较，另一方面，也可以解释为什么那时候的施米特在看到年轻的沃尔特·本雅明关于索雷尔的文章的时候，会有冲动向他表示祝贺。

民主的规范性基础

在盎格鲁—萨克逊背景下，存在着一种民主的意志形成模式的经验主义理解，它只是简单地把民主与利益的调和、少数服从多数的规则（majority rule）以及精英阶层的养成结合起来。施米特的思想被视作这种背景的对立面，因此，它就显得比较刺激。但是，人们不必因此像卡尔·施米特及其后的阿诺德·盖伦（Arnold Gehlen）所作的那样，必须沿着奥里乌（Harriou）的指引去追随一种制度化主义的路径；人们也不必相信观念的创造性力量，进而把一种并非不足取的行动意义归因于某种固化实践的自我理解的正当化权力。在一种更为琐细的意义上，在议会法制规则的思想史基础之上，人们仍然可以发现一些兴趣点所在。民主的规范性基础继续被争论着，因为，民主的自我理解不仅仅依赖于一种既存实践的稳定性，也取决于其自身批判演进过程的标准。

有这样一套用来解释议会体制的观念：在未来论辩话语缺失的情况下，议会体制对读者来说看似失去了他们自身的真实性基础。然而，施米特却对这种观念施加了一个如此理想主义的转向。他通过一条特殊的途径生产了这把理想主义的利刃，并且使得这套观念显得荒谬。这条路径是有启示性和指引性的。无论过去或者现在，它都对于德意志联邦的左翼人士具有启示性作用。尤其是现在，在意大利有一群人，他们以施米特对民主的法西斯式的批判，去弥补民主的马克思主义理论的缺失所留下的空缺，并以此方式来驱除人性中的邪恶(Devil with Beelzebub)。施米特的路径对于他们来说尤其有启发意义。

事实上,施米特所批判和嘲讽的媒介——论辩所引导的公共讨论——对于任何一个政治权威的民主的证成过程来说都是至关重要的。同时,少数服从多数的原则也可以被解释为一种程序,这个程序的实施目的是为了使如下理念尽可能地接近现实:在有做出决策的压力的情况下,形塑一种尽可能理性的共识。即便是在民主理论的自我理解层面上,施米特在画他的讽刺画的时候也忽略了三方面的东西。首先,话语商谈的意志形成过程中,参与者都必须在事实上做出一个关于理性的假设,这种假设是必要的但却是一种反事实预设的规则。同样地,只有在这种理性假设的意义上,人们才可以理解议会程序规则的功能和意义。进而,实践话语是与利益的普遍化可能性相关联的。如此一来,人们就不能像施米特所做的那样,在寻求更好的理由的争辩和根本利益的竞争之间设置一个对立符号。最后,在这个公共意志形塑的模型中,人们无法简单地、完全地消除旨在达成妥协的谈判行为。当然,也只有通过话语商谈的方式,人们才能确认这些妥协是否来自于一个公平的环境。

然而,施米特所作出的真正的问题意识提升在于:他把民主与自由主义分开来看待。施米特把公共讨论的程序限定在它的议会立法功能上,并且把它与普遍的民主的意志形成过程分立开来。但是似乎,自由主义理论并没有总是把观点与意志的普遍形成过程的概念包含进政治公共领域的概念之中。所谓民主就是指这样一种状态:所有人都有同等的机会参与到合法化的进程之中,并且这个进程是以公共讨论为媒介来完成的。施米特在认同的框架内构思民主,同时他却把公共讨论归属于自由主义。他把这两者区分开来的原因显而易见。他希望先搁置概念性的基础工作,把民主的意志形成过程与公众参与的普遍性假设相分离,并将其限定在在民族上同质的人群基础之上,还要把它窄化为一种不成熟大众的无异议拥护。唯有如此,人们才能想象出一种帝制主义的并且民族同质化的"元首民主制"(Fuhrer demokratie),一种在元首之下的民主体制。只有在其中,类似"主权"一类的事物才将会得到具体呈现。于是,卡尔·施米特偶然性地提出了一种关于民主的概念。这一概念被他的同僚们移植到了美国,并且希望可以为他们的极权主义理论所利用。

今天,施米特对于"商谈信仰的普遍意义"的反对立场再一次引起了人们的关注。在这一点上我们可以说,他的批判已经触及到了西方理性主义的核心。他的论调还和过去的一模一样,这一点已经足以使人们在面对它的时候显得惊慌失措。

凯尔森与施米特：
从分歧到1931年"守护者"之争的决裂[*]

[美]鲍尔森(Stanley L. Paulson) 著
张 龑[**] 译

一、凯尔森与施米特：对勘的研究

面对"宪法守护者"这一二者诸多思想分歧中最值得称道的争议难题，汉斯·凯尔森(1881-1973)与卡尔·施米特(1888-1985)分别提出迥然不同的解决方案，本就不足为奇。两人在法律、政治理论上的各个方面均持不同观点。首先，他们二者的出发点完全不同[①]。凯尔森从法律规范入手，进而探究其合理的架构及预设[②]。最终——正如欧洲法学界诸多专家一致将其认定为既

---

[*] 本文系鲍尔森教授的未刊英文稿：Hans Kelsen and Carl Schmitt. Growing Discord, Culminating in the "Guardian" Controversy of 1931，首发于本刊。（译者注）
[**] 张龑：德国基尔大学法学博士，中国人民大学法学院副教授。
[①] 笔者从凯尔森的著作(1911年起)（见注2，注41）与施米特的著作(1922年起)（见注8，注31)中进行对比分析，但笔者在开始未阐述相应对比的细节，仅作简单介绍。
[②] 凯尔森在他第一部主要著作《国家法学的主要问题》(Hauptprobleme der Staatsrechtslehre)，Tübingen：J.C.B. Mohr，1911年，第237页，重刊于耶斯代特(Matthias Jestaedt)主编：《汉斯·凯尔森全集》（计划有30多卷），第二卷，Tübingen：Mohr Siebeck，2008年，第353页中提出法律规范的正当解释课题。关于凯　（转下页）

存法律规范的结构方面最为出色的论说——为方法论二元主义开拓出深远的发展,这种二元主义也即实然与应然的截然分离,其中实然指实际情形,应然指生效法律的规范含义①。

施米特作品的出发点甚多,一个可能的选项在于他确定"政治范围"②的方式。他声称"政治"要通过"敌友"的标准来加以确定,③

(接上页注②)尔森如何处理解释,参见鲍尔森:"凯尔森的纯粹法学中有一个'被证立的规范性'命题吗?"(A 'Justified Normativity' Thesis in Hans Kelsen's Pure Theory of Law?),载克拉特(Matthias Klatt)主编:《制度化的理性》(Institutionalized Reason),Oxford: Oxford U.P.,2012年,第61-111页之第78-85页。法律规范的预设可总结为"规范主义"的标题,这涉及凯尔森著名的基本规范,理论上有来自新康德主义观点的支持,参考同上,第71-78,102-111页。

① 这只是凯尔森著作中实然和应然的一种特征,另参见注释34-35,注释41-42,注释49-53以及注释69。
② 卡尔·施米特(Carl Schmitt):"政治的概念",载《社会科学与社会政治文丛》(Der Begriff des Politischen, Archiv für Sozialwissenschaft und Sozialpolitik),58(1927),第1-33页[以下简称:政治的概念1927];施米特:《政治的概念》(Der Begriff des Politischen),第二扩展版,Munich and Leipzig: Duncker & Humblot,1932年[以下简称:政治的概念1932];英文版《政治的概念》,乔治·施瓦布(George Schwab)译,New Brunswick: Rutgers U.P.,1976年[以下简称:英文版]。笔者引用的施米特文章源于德语文本,只有一处例外(参见注释5);为方便读者,笔者增加了对应英语文本索引。
③ 政治的概念应"从标准意义上,而非作为穷尽定义或内容说明书"来理解。施米特:《政治的概念1932》(前注4),第14页;英文版(前注4),第26页。在施米特著作中,这是对观点的标准解读(即使对"标准"的明确指称未在《政治的概念》第一版出现,参见前注4。不过,施米特在一定程度上颠覆了该观点:此处"敌友"的并立不一定是标准,而是由对标准的追求所决定。正如施米特所写:"正确理解'政治',只是某个同一性的强度。政治同一性可包含和理解不同的内容。但其始终指明同一性的最高强度,由此也确定了强度最大的区别——敌友之归类"。施米特:"国家伦理与多元国家"(Staatsethik und pluralistischer Staat),载《康德研究》(Kant-Studien),35(1930),第28-42页之第36页,重刊于施米特:《立场与概念》(Positionen und Begriffe),Hamburg: Hanseatische Verlagsanstalt,1940年,后又刊于Berlin: Duncker & Humblot,1993(以下简称:立场与概念),第133-145页之第141页;英文版由大卫·戴岑豪斯(David Dyzenhaus)译,载《卡尔·施米特的挑战》(The Challenge of Carl Schmitt),墨菲主编(Chantal Mouffe),London: Verso,1999年,第195-208页之第203页。笔者从戴岑豪斯的译法,非常到位。

敌与友是一种并置关系,它从"肉体杀戮的真实可能性"①中获得其含义的表达。从施米特的独特方式理解,"政治"是国家存在的预设。② 紧要关头时,国家存在的问题需要"摆脱一切规范的羁绊"③来作出决断。哈索·霍夫曼(Hasso Hofmann)指出,为人熟知的凯尔森与新康德主义哲学家所辩护的④实然与应然的对立被施米特的存在与非存在(Sein and Nicht-Sein)的对立所取代。⑤

---

① 施米特:《政治的概念 1927》(前注 4),第 6 页;《政治的概念 1932》(前注 4),第 20 页;英文版(前注 4),第 33 页。
② 参见施米特:政治的概念 1927(前注 4),第 1,19 页;政治的概念 1932(前注 4),第 7,17,41 页;英文版(前注 4),第 19-20,29-30 页,第 53 页。关于施米特对政治的界定,参见卡尔·洛维特(Karl Löwith):"卡尔·施米特的偶然的决断主义"(Der okkasionelle Dezisionismus von C. Schmitt),载《洛维特全集》(Gesammelte Abhandlungen), Stuttgart: W. Kohlhammer, 1960 年,第 93-126 页之第 104-111 页(首版于 1935 年,作者用笔名 H. Fiala 发表);马提亚斯·考夫曼(Matthias Kaufmann):《法可以没有规则吗?》(Recht ohne Regel?), Freiburg and Munich: Karl Alber, 1988 年, § 3,第 46-55 页;哈索·霍夫曼(Hasso Hofmann):"敌对——政治的基本概念" (Feindschaft — Grundbegriff des Politischen?),载《政治杂志》(Zeitschrift für Politik), 12 (1965),第 17-39 页;以及一些载于《卡尔·施米特——政治的概念》(Carl Schmitt. Der Begriff des Politischen)中的文章,莱因哈特·梅林(Reinhard Mehring)主编, Berlin: Akademie Verlag, 2003 年。
③ 卡尔·施米特:《政治神学》(Politische Theologie), Munich and Leipzig: Duncker & Humblot, 1922 年[以下简称:政治神学 1922],第 13 页;第二版略有改动并采用了新的页码标注,1934 年[以下简称:政治神学 1934],第 19 页;英文版:Political Theology,施瓦布(George Schwab)译, Cambridge, Mass.: MIT Press, 1985 年[以下简称:英文版],第 12 页。
④ 关于对新康德主义的界定,参见斯坦利·鲍尔森:"汉斯·凯尔森与古斯塔夫·拉德布鲁赫"(Hans Kelsen und Gustav Radbruch. Neukantianische Strömungen in der Rechtsphilosophie),载《马尔堡对西南德——两个新康德主义学派的哲学分殊》(Marburg versus Südwestdeutschland. Philosophische Differenzen zwischen den beiden Hauptschulen des Neukantianismus),克里嫩(Christian Krijnen)、诺拉斯(Andrzej J. Noras)主编, Würzburg: Königshausen & Neumann, 2012 年,第 141-161 页之第 141-145 页。另参见注释 34。
⑤ 哈索·霍夫曼(Hasso Hofmann):《正当性对合法性》(Legitimität gegen Legalität), Neuwied and Berlin: Luchterhand, 1964 年,第二版(新的序言), Berlin: Duncker & Humblot, 1992 年,第 21 页,另参见第 39,48,87 页。

凯尔森与施米特的第二大区别——各自的主权观——很自然地从第一点区别中推演出来。在凯尔森作品中,传统的"法律上不受限制"的主权教义让位于独特的凯尔森式宪法概念,尤其是实证法①的宪法规范以及逻辑—司法宪法(logico-juridical constitution)②。凯尔森很轻易的就将他的匈牙利同事菲利克斯·索姆洛(Felix Somló)的观点瓦解掉,后者当时以一篇重要论文闻名于世。该论文支持奥斯丁(John Austin)式主权原则,大量引用奥斯丁的专著《法理学讲演录》③。施米特却通过对奥斯丁的理论先驱让·博丹和托马斯·霍布斯④的关注发展了自身的主权概念。无论何时,一旦对例外状态(Ausnahmezustand)作出决断时,人格化、决断主义、"位居法律之上"的主权即显而易见。"主权者即是

---

① 参见罗伯特·阿列克西:"汉斯·凯尔森的宪法概念"(Hans Kelsens Begriff der Verfassung),载《汉斯·凯尔森——20世纪的国家法学者与法律理论家》,斯坦利·鲍尔森、米歇尔·施托莱斯编,Tübingen: Mohr Siebeck,2005年,第333-352页。关于一些有关凯尔森在1920年10月奥地利联邦宪法——包括宪法审查条款——中发挥的作用,参见本文第四部分。

② 关于"逻辑—司法宪法"或者说基础规范,参见凯尔森:《一般国家学》(Allgemeine Staatslehre),Berlin: Julius Springer,1925年[下面简称:一般国家学], § 42 (e),第307页。至于实证宪法,凯尔森区分了狭义的(第一种解读)与广义的实证宪法(第二种解读),参见本文第四部分以及注释118-122所列文本。

③ 索姆罗(Felix Somló):《法学基础学说》(Juristische Grundlehre),Leipzig: Felix Meiner,1917年。索姆罗虽然出身在欧洲法理学界,却以比提及其他学者更高的频率经常提及约翰·奥斯丁(John Austin)。凯尔森:《主权问题与国际法理论》(Der Problem der Souveränität und die Theorie des Völkerrechts),Tübingen: J.C.B. Mohr,1920年[下面简称:主权问题], § 7,第31-36页,该文涉及对由索姆罗描述的奥斯丁主义的法律实证主义的尖锐批判,并且凯尔森的态度使得其批判被用于和哈特著名的批判相互对照。

④ 卡尔·施米特(Carl Schmitt-Doroti@ 107):《论专政》(Die Diktatur),Munich and Leipzig: Duncker & Humboldt,1921年;第二版,1928年,添加了新的前言[以下简称:论专政],第25-42,118-119页以及其他各处。另参见施米特:《政治神学1922》(前注8),第10-12,19页;《政治神学1934》(前注8),第13-16,25页;英文版(前注8),第8-10,16-17页。

对例外状态进行决断的人"①。施米特进而指出,"法律体系也依赖于决断,而非规范。"②

第三大区别:凯尔森与施米特的民主理论截然不同。凯尔森全力支持议会民主③,而施米特认为议会制度反映着他认定为未开化的自由主义④。作为自由主义的替代,施米特提出以同质性作为核心前提的民主理论——"统治者与被统治者的同质性"⑤。他还认为,不仅要理解民主是自由主义的替代,而且"民主与专政并非不相容"⑥,因为"民主的核心"是同质性——"法律与人民意

---

① 施米特:《政治神学1922》(前注8),第9页;《政治神学1934》(前注8),第11页;英文版(前注8),第5页。

② 施米特:《政治神学1922》(前注8),第11页;《政治神学1934》(前注8),第16页;英文版(前注8),第10页。

③ 凯尔森:"民主的本质与价值"(Vom Wesen und Wert der Demokratie),载《社会学与社会政治文丛》(Archiv für Sozialwissenschaft und Sozialpolitik),47(1920),第50-85页;第二版大范围修订版,Tübingen: J.C.B. Mohr,1929年;凯尔森:《议会主义的问题》(Das Problem des Parlamentarismus),Vienna and Leipzig: W. Braumüller,1925年;凯尔森:"论民主"(Demokratie),载《1926年维也纳第五届德国社会学日文集》(Verhandlungen des 5. Deutschen Soziologentages vom 26. bis 29. September 1926 in Wien),Tübingen: J.C.B. Mohr,1927年,第37-68,113-118页;凯尔森:"民主的基础"(Foundations of Democracy),载《伦理学》(Ethics),66(1955),第1-101页。除了《议会主义的问题》外,所有其他上列作品都重刊于凯尔森:《对民主的辩护》(Verteidigung der Demokratie),马提亚斯·耶斯代特(Matthias Jestaedt)、奥利沃·莱普休斯(Oliver Lepsius),Tübingen: Mohr Siebeck,2006年。

④ 卡尔·施米特:《当代议会主义在思想史上的危机》(Die geistesgeschichtliche Lage des heutigen Parlamentarismus),首版于1923年,重刊于1926年,增加新前言,Leipzig and Munich: Duncker & Humblot [以下简称:议会主义危机];英文版:The Crisis of Parliamentary Democracy,艾伦·肯尼迪(Ellen Kennedy)编,Cambridge, Mass.: MIT Press,1985年[以下简称:危机]。另参见卡尔·施米特:《宪法学说》(Verfassungslehre),Leipzig and Munich: Duncker & Humblot,1928年[以下简称:宪法学说],§ 17.III,第234-238页;英文版:Constitutional Theory,杰弗瑞·塞策尔(Jeffrey Seitzer)译,Durham: Duke U.P.,2008年,第264-267页。

⑤ 施米特:《政治神学1922》(前注8),第44页;《政治神学1934》(前注8),第63页;英文版(前注8),第49页。

⑥ 施米特:《议会主义的危机》(前注18),第37页;《危机》(前注18),第28页;总体上参见考夫曼:《法可以没有规则吗?》(前注7),第 II 章,第132-217页。

志的同质性"——而专政者具备法律性质的命令也可能反映人民意志。

凯尔森与施米特的第四大区别在于对同一性(unity)各持己见。关于如何确定政府、国家、民族的同一性问题——也即何种标志(indicia)至关重要以及为什么重要的问题,相当长时期内成为政治和法律的主题①,而且,对多元文化的奥匈帝国有着特殊意义。上述问题令凯尔森对同一性保持着深刻持久的兴趣②。他的答案以知识论为依据。"关于认知的同一性的预设无条件有效,因为规范范畴亦如此。"③规范的认知表现为"规范体系的同一性和排他性,预先就预设有效"④。这样,凯尔森的同一性法律观点贯穿其法哲学,尤其宣讲于他的国际公法领域的法律一元论思想。⑤

---

① 比如参见赫尔德(Johann Gottfried Herder):"论促进人性的信笺"[Briefe zur Beförderung der Humanität(1793-95)],载《赫尔德》(十卷作品集),Frankfurt: Deutscher Klassiker Verlag,1985-2000年,第57号信(1795),第7卷,汉斯·迪特里希·伊尔姆舍(Hans Dietrich Irmscher),1991年,第294-338页之第301-307页。
② 正如凯尔森所写:"或许我得出[我的][法律思想]观点,很大程度上是因为我最亲近和从个人经历而言了解最多的国家——奥地利——是明确的法律统一体(Rechtseinheit)"。鉴于奥地利由诸多种族、语言、宗教和历史不同的群体组成,关于试图以法律上属于这个国家的人们之间的某些社会心理学或社会生物学联系为基础建立国家的同一性的理论,无异于天方夜谭。由于[我的]国家(即具备法律同一性的国家)理论是纯粹法学的重要组成部分,纯粹法学可视为特别的奥地利理论"。参见凯尔森:《凯尔森自传 1947》,载《凯尔森全集》第一卷(注2),第29-91页之第59-60页。也参见下注104书。
③ 凯尔森:《主权问题》(前注13),§25,第105页。
④ 同上。
⑤ 同上,§§25-51,第102-124页,另参见凯尔森:"国内法与国家法之间的系统性关系"(Les rapports de système entre le droit interne et le droit international public),《海牙国际法院演讲集》(Recucil des cours),14(第4部分),1926年,第227-331页之第289-320页。凯尔森认为,法律一元论有两种不同形式,国际法优先的一元论与国家法律优先的一元论。对这两种形式的选择属于政治课题,因此不属于法学课题。这是凯尔森的标准观点。但他一度在《主权问题》中充分阐明他对该课题持司法科学立场。与叔本华的观点类似,凯尔森认为以国家法律优 (转下页)

何为施米特的同一性观点呢?他对"政治同一性"的持久兴趣引人注目。在《宪法学说》(1928)中,他谈及制定宪法的行为乃是政治同一性的表达。"该行为构成政治同一性的形式和性质,但其存在是预先预设的。"① 施米特所谓的上述政治同一性与其下述观点相形见绌:事实上,政治同一性完全被政治多元主义削弱了。"德国的政治同一性在可怕的三个世纪里分崩离析"②,这导致魏玛时期国家社会的同一性,导致所谓的"量的"或"弱的"全能国家(total state)③。施米特声称,唯一的解决方案是在议会失

(接上页注⑤)先的一元论导致"唯我论"。参见凯尔森:《主权问题》(前注 13),§ 63,第 314-317 页。关于凯尔森的一元主义,参见凯尔森、约瑟夫·G·斯达克(Joseph G. Stark)和 H.L.A·哈特的文章,载斯坦利·鲍尔森、邦妮·鲍尔森主编:《规范性与规范:凯尔森主义论题的批判性视角》(*Normativity and Norms. Critical Perspectives on Kelsenian Themes*),Oxford:Clarendon Press,1998 年[以下简称:规范性与规范],第 525-581 页。

① 施米特:《宪法学说》(前注 18),§ 3.I,第 21 页,英文版(前注 18),第 75 页。
② 施米特:"强国家中的健康经济"(Gesunde Wirtschaft im starken Staat),载《关于维护维斯特伐利亚共同经济利益的协会报告》(*Mitteilungen des Vereins zur Wahrung der gemeinsamen wirtschaftlichen Interessen in Rheinland u. Westfalen*),第 21 号(新版),1932 年,第 13-32 页之第 15 页,重刊于施米特:《国家、大空间与律法》(*Staat, Großraum, Nomos*),君特·马什科(Günter Maschke)编,Berlin:Duncker & Humblot,1995 年[下面简称:大空间],第 71-91 页(包括编者的说明),第 72-73 页。施米特在 1932 年 11 月 23 日对鲁尔实业家所作的讲座中的过度修辞("在三个贫穷的世纪里")或许反映了他努力让听众支持他观点的热忱。施米特在其他场合对基本相同的观点作出更为浅显易懂的表述:"戏剧性的转变[到'量的'或'弱的'全能国家,参见注释 28 所列文献],可解释为辩证发展的组成部分,具体分为三阶段:17 世纪、18 世纪的绝对国家,到自由的 19 世纪的中立国,到[魏玛时期以国家和社会的区别为标志的]全能国家"。施米特:《宪法的守护者》(Der Hüter der Verfassung),Tübingen:J.C.B. Mohr,1931 年[以下简称:守护者],第 79 页,另参见第 78 页。在这一点上,施米特在其著作《守护者》中的第 78-91 页吸收了"转向全能国家"一文,参见"转向全能国家"(Die Wendung zum totalen Staat),载《欧洲评论》(*Europäische Revue*),7(1931),第 241-250 页。
③ 参见施米特:《合法性与正当性》(*Legality and Legitimität*),Munich and Leipzig:Duncker & Humblot,1932 年,第 96 页;英文版:*Legality and Legitimacy*,杰弗瑞·塞策尔(Jeffrey Seitzer)编,Durham:Duke U.P.,2004 年,第 92 页;施米特:《强国家中的健康经济》(前注 27),第 18,20 页,重刊于《大空间》(前注 27),第 74-75,76 页。

灵时①以联邦总统替代议会,造就"质的"或"强的"全能国家②。

1922年,施米特发表了《政治神学》③,明确标志着他与凯尔

---

① 这是施米特在《议会主义危机》(前注18)中的论题,《议会主义危机》是1923年的专著。
② 1933年末,施米特夸耀政治统一体即"质的"或"强的"全能国家现在已是既成事实,参见《国家、运动与人民》(*Staat, Bewegung, Volk*),Hamburg: Hanseatische Verlagsanstalt,1933年,§ II,第11—22页;沃尔克·诺依曼(Volker Neumann):《市民战争中的国家》(*Der Staat im Bürgerkrieg*),Frankfurt: Campus,1980年,第147—154页;考夫曼:《法可以没有规则吗?》(前注7),§ 18(a),第347—354页。"全能国家"的体系模糊性——"量的"或"弱的"全能国家和"质的"或"强的"全能国家——当然没有被忽视。比如参见赫尔穆特·克瓦力什(Helmut Quaritsch):《卡尔·施米特的立场与概念》(*Positionen und Begriffe Carl Schmitts*),第二版,Berlin: Duncker & Humblot,1991年,第24,41页。
③ 更精确地说有两次转变。第一次,施米特转变了关注领域的重心,以1916年的论文"专政与围困状态",载《统一刑法科学杂志》(*Zeitschrift für das gesamte Strafrechtswissenschaft*),38(1917),第138—162页(1916年后期出现)为最早标志。那时,施米特仍倾向于接受法治国、权力分立及19世纪所能理解的类似的法律概念。之后,从1922年《政治神学》开始,施米特的著作不仅反映重心的转变,而且转变得偏离他早期对传统理解的法律概念的默许支持。正如施米特当前一再主张的那样,重要课题集中于"例外"而非"通常情形",凯尔森忙于处理的大量工作均——或者施米特会让我们相信——无关紧要。施米特对凯尔森的态度很可能也受个人因素的影响,施米特对凯尔森的亲密同事弗朗兹·维尔(Franz Weyr)的恼怒即为明证。在某个评论中(参见注释77—80所列文本),维尔写道,《国家的价值》(注释32)与凯尔森的哲学之间的相似程度"几乎难以理解",他还说施米特在整篇专著中仅有一次提到凯尔森,参见Wert(注释32),第77页,暗示施米特可能无意间抄袭了凯尔森。施米特在《论专政》(前注14)的1921年版序言中,毫不留情地表达他的恼怒,写道:"像维尔如此重要的学者"直接认定"我的法律概念与凯尔森的实证主义'形式'相同,在我看来这简直是自相矛盾"。施米特还说,回到1921年专著的命题,对于凯尔森来说,"按他的实证形式主义,说专政问题是法律问题,就和说脑部手术是逻辑问题差不多"。同上,第xi页,在第二版(前注14)中的第xix页。施米特对凯尔森及其圈内人士的蔑视与日俱增。1926年,施米特在给他的出版商路德维希·弗伊特温格(Ludwig Feuchtwenger)的函件中,提到法律科学的沉闷状态:"确实很糟,但维也纳和奥地利比其他地方更糟。凯尔森、桑德尔(Sander)及福尔德洛斯(Verdross)这些人像跳蚤一样多产繁殖。每个月出一本新书,用500页论述国家是法律体系;从他们的范围和饶舌而言,他们的历史认知肤浅、彻头彻尾的懒惰。"卡尔·施米特、路德维希·福尔希特万格(Ludwig Feuchtwanger):《书信往来1918—1935》(*Briefwechsel 1918—1935*),罗尔夫·里斯(Rolf Rieß)编,Berlin: Duncker & Humblot,2007年,第194页。另参见注释172。

森的观点开始走向尖锐对立。在其非常早期的作品中,施米特的观点其实在一定程度上接近凯尔森。他 1914 年的《国家的价值》①一书即为明证。读者从中可以发现,施米特对凯尔森和新康德主义者相近的特定主题给予肯定。在第二部分,笔者着重论述两个主题:二元论和"归责"(points of imputation),除了施米特的立场外,它们具有部分上的相似性。

不过,在笔者展开第二部分的论述前,简单勾勒下本文的其他部分的内容或许有所裨益。在第三部分,笔者接受施米特在《政治神学》中对凯尔森的纯粹法学的批判。对比该著作(1922 年发表)以及 1914 年《国家的价值》中的观点,很难忽视他对凯尔森的态度转变。施米特早期的二元论——与凯尔森的观点相近——此时消失得无影无踪。在其早期著作中,施米特对凯尔森的"归责"观点总体持友好态度,但此时转向新的学说,在后来被证明是对凯尔森法哲学的严重批判的起点。随后的第四部分,将补充论述凯尔森在 1920 年奥地利联邦宪法制定过程中的主要作用,包括其最显著的贡献:集中式宪法审查。上述补充论述中,笔者预见了后来发生的宪法"守护者"之争。在第五部分,争议成为直接和中心的内容。施米特认为魏玛共和国总统是宪法守护者的人选,笔者对比考察了施米特的中心观点与凯尔森的反驳。施米特在上述"守护人"争议中的观点,特别是断然反对其认为不可能的宪法审查的观点,在现代很难理解。因而,在结尾部分,笔者转而论述施米

---

① 卡尔・施米特:《国家的价值与个体的意义》(*Der Wert des Staates und die Bedeutung des Einzelnen*),Tübingen: J.C.B. Mohr,1914 年[以下简称:国家的价值];该著作在 1916 年被当作施米特的斯特拉斯堡的教授资格论文,1917 年又由 Hellerau-Dresden: Hellerauer Verlag 重印,2004 年又由 Berlin: Duncker & Humblot 出版了新版本(其页码标注很混乱)。正如莱因哈特・梅林(Reinhard Mehring)在其著作《卡尔・施米特》(*Carl Schmitt*,Hamburg: Janius,1990 年,第 38、54 页)中正确指出的那样,《国家的价值》是一部哲学专著,而这也正是我所认为的施米特唯一一部真正的哲学专著。

特在推动魏玛总统制中所起的作用;施米特在此方面的努力充分说明了其在"守护者"争议中的观点。

二、凯尔森早期著作中的两大主题及施米特的相近观点

在其专著《国家的价值》(1914年)一书中,施米特为法学二元论作辩护。① 二元论反映在对对立事项的并置关系的承认中,诸如实然与应然、事实与价值、现实与理想等,正如它们在《世纪末的新康德主义者》(*fin de siècle* Neokantians)一书中所被理解的,而新康德主义者的二元观在其对当时无数心理学理论和自然主义理论的反驳中展现无遗。②

可是,为何在二元论方面重点对比凯尔森的法哲学与施米特早期的法哲学呢?③ 我们熟悉的凯尔森哲学不是鲜明的、典型的

---

① 这一在施米特著作中处于非常早期的发展并没有获得多少注意。对此重要的论述,参见哈索·霍夫曼:《正当性对合法性》(前注10),第44—56页,以及阿尔讷·亚特内尔(Arne Jaitner):"法律规范与国家权力"(Rechtsnorm und Staatsmacht),载《国家科学与国家实践》(*Staatswissenschaften und Staatspraxis*),7 (1996),第479—487页。

② 关于巴登新康德主义,参见弗里德里克·拜斯勒(Frederick C. Beisler):《德国历史主义传统》(*The German Historicist Tradition*),Oxford:Oxford U.P.,2011年,第365—467页;关于马堡新康德主义具有权威性的论述,参见《当代哲学中的新康德主义》(*Neo-Kantianism in Contemporary Philosophy*),鲁道夫·马克里尔(Rudolf A. Makkreel)、塞巴斯蒂安·鲁夫特(Sebastian Luft),Bloomington:Indiana U.P.,2010年,以及笔者的评论文章,载《欧洲哲学期刊》(*European Journal of Philosophy*),20 (2012),第508—513页。

③ 参见前注33,此外也参见施米特非常早期的作品。尼克雷蒂(Michele Nicoletti):"施米特《政治神学》的起源"(Die Ursprünge von Carl Schmitts 'Politischer Theologie'),载赫尔穆特·克瓦里什(Helmut Quaritsch)编:《对立统一体》(*Complexio Oppositorum*),Berlin:Duncker & Humblot,1988年,第109—128页;洛伦茨·基弗(Lorenz Kiefer):"证立、决断与政治神学——评施米特三篇早期的文章"(Begründung, Dezision und Politische Theologie. Zu drei frühen Schriften von Carl Schmitt),载《法哲学与社会哲学文丛》(*Archiv für Rechts- und Sozialphilosophie*),76 (1990),第479—499页之第479—489页;格雷·乌尔曼(Gary L. (转下页)

一元论吗?问题引发歧义。在凯尔森法哲学即纯粹法学范围内,他总是攻击二元论——诸如下述二元论:客观法与主观权利①、公法与私法②、法人与自然人③、国际公法与国内法④以及法律与国家的二元论等⑤。与之相反,每当凯尔森处理法律(应然世界)和自然世界(实然世界)时,他都持二元论观点,至少其早期著作反映了"两个世界"的学说。⑥ 不言而喻,自然世界涉及且包括诸多法

(接上页注③)Ulmen):《政治的剩余价值》(*Politischer Mehrwert*),鲁兹(Ursula Ludz)译,Weinheim: VCH, Acta Humaniora,1991年,第102-117页;曼弗雷德·达尔海默(Manfred Dahlheimer):《卡尔·施米特与德国天主教 1888-1936》(*Carl Schmitt und der deutsche Katholizismus 1888-1936*), Paderborn: Schöningh,1998年,第44-48页;莱因哈特·梅林(Reinhard Mehring):"权力与法——施米特的法概念变迁"(Macht und Recht. Carl Schmitts Rechtsbegriff in seiner Entwicklung),《国家》(*Der Staat*),43(2004),第1-22页之第2-7页;莱因哈特·梅林(Reinhard Mehring):《卡尔·施米特:兴起于衰落》(*Carl Schmitt. Aufstieg und Fall*),Munich: C. H. Beck,2009年,第32-36,38-40,60-65页;福尔克·诺依曼(Volker Neumann):"国家决断的理论家"(Theoretiker staatlicher Dezision: Carl Schmitt),载《柏林洪堡大学法学院200年纪念文集》(*Festschrift 200 Jahre Juristische Fakultät der Humboldt-Universität zu Berlin*),史蒂芬·格龙德曼(Stefan Grundmann)等编,Berlin: De Gruyter,2010年,第733-754页之第741-744页。

① "主观权利"即个人的法律权利。我保留德语原文表述,因凯尔森将其与"客观法"相对。关于二者的并置关系,参见凯尔森:《法学理论导论》(*Introduction to the Problems of Legal Theory*),德语《纯粹法学》第一版(1934)的英译,邦妮·鲍尔森、斯坦利·鲍尔森译,Oxford: Clarendon Press,1992年[以下简称:法理导论],§ 24,第43-46页;凯尔森:《纯粹法学》,第二版,Vienna: Franz Deuticke,1960年[以下简称:纯粹法学2],§ 33,第174-175页。
② 参见凯尔森:《一般国家学》(前注12),§17,第80-91页。
③ 参见凯尔森:《法理导论》(前注36),§ 25,第46-52页;凯尔森:《纯粹法学2》(前注36),§ 33,第172-195页。
④ 凯尔森从国际公法角度为"法律一元论"辩护,参见凯尔森:《法理导论》(前注36),§ 50,第111-125页。但这与本部分前面段落中将一元论与二元论并立完全不同。
⑤ 参见凯尔森:《法理导论》(前注36),§§ 18-24,第37-46页;凯尔森:《纯粹法学2》(前注36),§ 41,第289-320页。
⑥ 关于凯尔森"两个世界"的学说,参见下文注释49-53。关于凯尔森学术思想发展的分期,参见斯坦利·鲍尔森:"汉斯·凯尔森法理论可分为四个阶段吗?对分期说的回应"(Four Phases in Hans Kelsen's Legal Theory? Reflections on (转下页)

律。换言之,法律的日常活动——发现机制(口头处置、对质询书的处分以及其他类似情形)、联合索赔、对证人的质证等等,并未出现在应然的理想世界中,而是出现在实然的自然世界中。照此理解,凯尔森的观点属于非常典型的方法论二元论,与新康德主义者观点相近①。而且,有意思的是,施米特在《国家的价值》书中以与凯尔森类似的方式为二元论作辩护,虽然无可否认他的辩护是短暂的。

施米特在其著作的开始部分论及法律和权力。二者孰先孰后呢?这个问题与老生常谈的鸡生蛋、蛋生鸡问题一样无意义②。施米特实际论述的问题为:

> 法律是否可源于事实。对人而言,承认法律仅仅是事实,这一问题所提出的是事实能否产生法律的问题。如对该问题给予否定回答,就形成了两个世界的对立。如相对于权力,法律本身是自足的和独立的,则二元论成立;它所对应的是以下对立:应然与实然、规范与天生、批判观与自然科学观。③

若仅从表面上看附条件表述,则很可能仅对此给予有待证实的解释:如法律本身是充分的,则二元论成立。施米特澄清了上述疑问,明确二元论正是他辩护的观点:

> 法律与非法律的区别仅在于规范的引入,而自然世界无

(接上页注⑥)a Periodization),载《牛津法学研究》(*Oxford Journal of Legal Studies*),18 (1998),第 153—166 页;以及鲍尔森:"达致合理的汉斯·凯尔森法律理论分期说"(Arriving at a Defensible Periodization of Hans Kelsen's Legal Theory),载同上书,第 19 卷,1999 年,第 351—365 页。

① 参见前注 34。
② 施米特:《国家的价值》(前注 32),第 39 页。
③ 同前注 20。

此区别。太阳照耀公平和不公平的方式并无二样。①

施米特继续论及:

> 若法律可源于事实,则不存在法律……[法律]规范必须不依赖于经验就有效;因此经验的事实永不可能让法律从属于[其]判断②。

总之,1914年时的凯尔森与施米特确实有诸多共同点。两人都支持二元论,即区分应然世界与实然世界。

可是,二元论引发了严重的哲学问题。正如施米特明智地论及:"问题是如何将两个范畴融合"。③ 如在其中一个世界不存在接受另一世界的内容的依据,那么针对某事件的实际状态(实然)而发出法律宣告(应然)——按凯尔森主义者的说法,单个的法律规范④——就是不可能的。就在二元论框架内解决这一问题来说,凯尔森比施米特成就更大,不像施米特,至少他以论证来直面这一论题。下面,笔者从凯尔森对每位学者所建议的方案给予的设定与评估开始。

凯尔森敏锐地意识到因截然分离实然与应然所产生的问题。1911年,他写道:

---

① 施米特:《国家的价值》(前注32),第31页。
② 同上。
③ 同前注38。
④ 借助个别或单一法律规范(individuelle Rechtsnorm)来区别法律规范与法律规则,例如司法认定,较之一般性法律规范,是一种法定的认定。可以说,法律规范有两种规格,而法律规则从定义上而言就是一般性的。参见约瑟夫·拉兹(Joseph Raz):"自愿义务与规范性权力"(Voluntary Obligations and Normative Powers),《亚里士多德协会会刊(副刊)》(*Proceedings of the Aristotelian Society. Supplementary Volume*),46(1972),第79-102页之第79页,重刊于《规范性与规范》(前注25),第451-470页之第451页。

> 实然与应然的对立属于形式、逻辑上的对立。只要其中之一不超出逻辑形式观点的界限,则此一世界与彼一世界无相通之路,无法逾越的鸿沟让两个世界彼此隔离。①

凯尔森试图引入"模态上中立的基质"学说(modally indifferent substrate)②来解决问题,认为上述学说为两个范畴提供了所需的联系。在《主权问题》(1920)一书中有对该学说的早期论述,③他用实然与应然作为两种彼此不同形式的思想,将实然和应然融合为一个不同的世界④,论述道:

---

① 凯尔森:《关于法学与社会学方法的边界》,Tübingen: J.C.B. Mohr,1911 年,第 6 页,重刊于《凯尔森全集》第三卷(前注 2),第 22-55,27-28 页。也参见 凯尔森:《一般国家学》(注 12),§ 13 (b),第 62 页。
② 凯尔森:《主权问题》(前注 13),下注 53 之引文;也参见凯尔森:"法律科学作为规范科学和文化科学"(Die Rechtswissenschaft als Norm- oder als Kulturwissenschaft),载《施莫勒斯之德国法中的立法、行政与国民经济年鉴》(Schmollers Jahrbuch für Gesetzgebung, Verwaltung und Volkswirtschaft im Deutschen Rechte),40 (1916),95-153 (1181-1239),123-124 (1209-1210);重刊于《凯尔森全集》第三卷(前注 2[即本书页 130 注②]),第 551-605 页之第 578-579 页。本论文非常明确地反映了凯尔森从巴登新康德主义者埃米尔·拉斯克(Emil Lask)处借鉴了基础层观点。凯尔森情态不变的基础层也体现在他死后发表的作品中,参见凯尔森:《一般规范理论》(General Theory of Norms),首版于 1979 年,米歇尔·哈特尼(Michael Hartney)译,Oxford: Clarendon Press,1991 年,第 16 章 ii,第 60 页,以及第 51 章,第 194-198 页,以及凯尔森的注释 138,第 376-380 页。诚然,死后发表的作品在很多方面代表完全不同的法律理论,参见斯坦利·鲍尔森:"凯尔森的法律理论:最后阶段"(Kelsen's Legal Theory: the Final Round),载《牛津法律研究》,12 (1992),第 265-274 页。
③ 这实际是很早期的陈述,甚至比 1920 年的出版日期更早。文章大部分早在 1916 年,《国家法学》(前注 2)出版五年之后就已完成。
④ 合并反映了凯尔森的观念论倾向,早期著作特别宣扬这一点。当然是受了康德的影响,哲学家赫尔巴特(Johann Friedrich Herbart)也是如此,参见凯尔森:"法律科学作为规范科学和文化科学"(前注 50),95 (1181),重刊于《凯尔森全集》第三卷(前注 2),第 553 页。在这一联系中,凯尔森理论的直接渊源之一,参见齐美尔:《道德科学导论》(Einleitung in die Moralwissenschaft),两卷本,Berlin: Hertz,1892-93 年,第一卷,第一章:"论应然",第 1-84 页,重刊于齐美尔:《全集》(Gesamtausgabe),拉姆施代特(Otthein Rammstedt)编,共 24 卷,Frankfurt: (转下页)

虽然实然和应然为两种完全不同形式的思想,其中一个无法还原成另外一个,但仍可具有相同的内容。人类行为可想象为实然的内容,作为自然科学或历史的组成部分,或者也能想象为义务,作为规范的内容,进而成为法律科学的对象。只因上述共同"基质"——自身为中立性,从抽象角度而言完全无法想象——才让事务的实际状态可以获得评价,而且尤其是能从法律上予以评判。①

因而,凯尔森认为,"事务的实际状态"(实然)能"从法律上予以评判"(应然)。该"基质"造就了既在实然世界又在应然世界的内容,使得从一个世界转换到另一个世界成为可能。

不过,上述观点有个问题,而且凯尔森可能在前引文中的斜体词部分也略微提及。② 问题在于"基质"仍就是个神秘之物。凯尔森有他的同道中人。正是约翰·洛克在其《人类理解研究》中,同时提及实体(substance)或 *substratum*,然后同时提及我们对此的无知——如是两次。③

(接上页注④) Suhrkamp,第1989页及以下页;第三卷,克劳斯·孔克(Klaus Christian Köhnke)编,1989年,第一章,第1-84页。凯尔森对齐美尔思想的继受,参见凯尔森:《国家法学》(前注2),第4,7-8,13,20-21页及其他各处;重刊于《凯尔森全集》第二卷(前注2),第81,86-87,92,100-101页及其他各处。

① 凯尔森:《主权问题》(前注13),§24,第99页注释1。
② 凯尔森两年后又在其文章中引用了这几句话,参见"法科学与法"(Rechtswissenschaft und Recht),载《公法杂志》(*Zeitschrift für öffentliches Recht*),3(1922-1923),第103-235页之第211-212页;而且,他还在最后一句加了强调的标注。
③ 洛克写道:"预设(不知是何物)为那些我们从外面获得的简单思想的基础层的东西,其他预设为(同样不知是何物)那些我们自身内部经历过的操作的基础层的东西。"《人类理解论》(*An Essay Concerning Human Understanding*),首版于1690年,共两册,§5。关于洛克对此问题的研究,参见埃德温·麦克曼(Edwin McMann):"洛克论实体"(Locke on Substance),载《剑桥洛克指南之"人类理解论"》(*The Cambridge Companion to Locke's Essay Concerning Human Understanding*),雷克斯·纽曼(Lex Newman)编,Cambridge: Cambridge U.P.,2007年,第157-191页。

可能有一种错综复杂的解释方式。多年后,1940 年代早期,凯尔森引入"法律命题"(legal propositions/*Rechtssätze*)作为其"描述"法律规范的方式①。伴随这一转变,凯尔森预料话语行为理论或语用论在哲学中逐渐流行起来。为证明此点,理查德·黑尔(Richard Hare)在《道德语言》(1952)中引入的语言设备足资借鉴。其中,黑尔引入主要短语(*phrastic*),通常理解为动名词短语——例如"你关门"。② 相对于主要短语,黑尔又加入了说明词(*neustic*),在他的用法中大概意味着"点头同意"。黑尔接着将说明词作为区分陈述句(点头,如同说"你在关门")和祈使句(点头,如同说"请关门")。总之,对于任何可以想到的语外行为类型——作出陈述的行为或发出命令的行为——说明词均可简约表达③。相比而言,主要短语则是陈述句和祈使句的共同部分。黑尔的主要短语,或许会有人不同意,相当于凯尔森的基质——在凯尔森转变后,其陈述句式和祈使句式对应于其早期著作中的实然世界和应然世界。

---

① 法律命题(legal proposition)是新概念,但"法治国"的表述却一直存在。凯尔森在早期著作中经常将其用作"法律规范"的同义词,但有时也作为他重构过的法律规范的代名词。譬如参见凯尔森:《法理导论》(前注 36),§11(b),第 23-25 页。对法律命题的说明,参见凯尔森:"纯粹法理论与分析法理学"(The Pure Theory of Law and Analytical Jurisprudence),Harvard Law Review,55(1941-42),第 44-70 页之第 51 页,再版参见凯尔森:"什么是正义?",Berkeley and Los Angeles:University of California Press,1957 年,第 266-287 页之 268 页,第 390 页之注释。可确定的是,首次对法律命题学说的明确论述要等到他的第二版纯粹法学,参见凯尔森:《纯粹法学 2》(前注 36),§ 16,第 73-77 页。
② 参见理查德·黑尔(Richard Hare):《道德语言》(*The Language of Morals*),Oxford:Clarendon Press,1952 年,第二章,第 17-31 页。
③ 众所周知,语外行为有多种类型(指令、陈述、要求、询问等)。我仅限于论证陈述类和指令类,因为正好分别直接用于说明实然世界和应然世界。关于语外行为,参见约翰·兰肖·奥斯丁(J. L. Austin):《如何以言行事》(*How to Do Things with Words*),Oxford:Clarendon Press,1961 年;约翰·塞尔(John Searle):《话语行为》(*Speech Acts*),Cambridge:Cambridge U.P.,1969 年;塞尔:《表达和意义》(*Expression and Meaning*),Cambridge:Cambridge U.P.,1979 年。

诚然,这一切都预设了凯尔森的转变,从有时被称为规范的质素观念(hyletic conception of norms)——在其中为了应然世界而发展出一种规范本体论——转变为规范的表达性观念①,也即转变为上面论及的话语行为理论或语用论。抛开大量复杂的问题不论,笔者的重要观点是,上述转变确实在凯尔森的著作中发生了,法律命题的引入即为明证。

施米特也试图走出二元论的两难境地。但形成鲜明对照的是,凯尔森给出了论证,而施米特止步于空洞的主张。国家为其主要观点。如同《国家的价值》开篇暗示的那样,他写道:"国家联系着思想的世界(Gedankenwelt)与真实经验现象的世界②"。他继续说,国家的"本质"就是"为这两个范畴建立联系③",且"从规范和实际经验世界的并立关系而言,之所以引入国家在于它是从一个世界到另一个世界的过渡点④"。因而,国家是"法律的框架",且"完成法律的任务是其唯一意义⑤"。这一"使得国家依赖于法律"的"定义"丝毫未因"作为法律的唯一解释的国家自身融合了

---

① 卡洛斯·E·阿克兰(Carlos E. Alchourrón)、欧亨尼奥·布柳金:"规范的表达性观念"(The Expressive Conception of Norms),载《道义逻辑新探》(New Studies in Deontic Logic),里斯托·希尔皮嫩(Risto Hilpinen),Dordrecht:Reidel,1981年,第95-124页;重刊于《规范性与规范》(前注25),第383-410页。魏因贝格尔或许是现在的规范逻辑学者中最著名的提倡者。对于此点,参见魏因贝格尔:《法理学中的逻辑分析》(Logische Analyse in der Jurisprudence),Berlin:Duncker & Humblot,1979年;魏因贝格尔:《规范与制度》(Norm und Institution),Vienna:Manz,1988年;Aus intellektuellem Gewissen. Aufsätze von Ota Weinberger, ed. Michael Fischer et al. (Berlin:Duncker & Humblot, 2000), part I. 对阿克兰与布柳金的回应,参见魏因贝尔格:"规范的表达性观念:规范逻辑的僵局"(The Expressive Conception of Norms:An Impasse for the Logic of Norms),载《法与哲学》(Law and Philosophy),4 (1985),第165-198页之第165-191页,重刊于《规范性与规范》(前注25),第411-432页。
② 施米特:《国家的价值》(前注32),第2页。
③ 同前注,第38页。
④ 同前注,第52页。
⑤ 同上。

目的概念",即法律本身作为目的的事实而改变①。由此,施米特继续说,每种国家均为法治国(Rechtsstaat)②。

凯尔森也提出相同主张:每个国家均为法治国,但理由不同③。斯蒂芬·霍尔姆斯(Stephen Holmes)可能希望让人相信凯尔森由此主张每个国家都表现为立宪主义。他写道,"凯尔森作出惊世骇俗的论断,认为即使纳粹政权也能视为法治国——法律规则至上的宪法国家④"。但凯尔森并未作出此类论断。霍尔姆斯归咎于凯尔森的论断实为他个人的臆测,这里面存在着误解。凯尔森明确区分了两种解读——法律与国家同一性的法治国以及日常所理解的法治国。当凯尔森说每个国家均为法治国时,他指的是第一种解读⑤。

丹麦的重要法哲学家阿尔夫·罗斯(Alf Ross,1899-1979)在1933年的主要作品中⑥对凯尔森弥补实然与应然之间的鸿沟的努力提出了有力的反驳。有证据表明,罗斯的批评并不适用于转变

---

① 施米特:《国家的价值》(前注32),第53页。
② 同前注,第53页,"因此,没有不是法治国的国家"。
③ 正如凯尔森所写:"试图将国家合法化为法治国完全不合适,因为每个国家必须是法治国——只要将'法治国'理解为具备法律体系的国家即可。任何国家不可能当前没有或未曾有法律体系,因为每个国家仅仅是法律体系(这并非任何类型的政治价值判断)。当然,不能将法治国的概念与具有特定内容(如包含个人自由、机关运行合法性保障、民主立法方式等特定制度的法律体系)的法律体系概念混为一谈。"凯尔森, LT (前注36), § 48 (e) (at 105) (引号和括号内容都为原文所加)。
④ 斯蒂芬·霍尔莫斯(Stephen Holmes):《汉斯·凯尔森》,载《民主的百科全书》,塞穆尔·李普塞特(Seymour Martin Lipset)编,四卷本,London: Routledge,1995年,第二卷,第697-699页之第698页。
⑤ 参见前注66的引文。
⑥ 阿尔夫·罗斯(Alf Ross):《所谓实践认知的批判》(Kritik der sogennanten praktischen Erkenntnis),Copenhagen: Leven & Munksgaard 以及 Leipzig: Felix Meiner,1933年,第III章,§ 2,第33-53页之第52-53页。另参见亨德里克·霍莫斯(Hendrik J. van Eikema Hommes):"汉斯·凯尔森法律规范概念的发展"(The Development of Hans Kelsen's Concept of Legal Norm),载《凯尔森理论中的法律体系与社会基础》(Rechtssystem and gesellschaftliche Basis bei Hans Kelsen),克拉维茨(Werner Krawietz)、谢尔斯基(Helmut Schelsky)编,《法律理论(副刊)》(Rechtstheorie Beiheft),第5期,Berlin: Duncker & Humblot,1984年,第159-178页之第171-172页。

后的1941年的凯尔森,但显然可适用于早期的凯尔森及施米特,他强调了施米特以国家作为弥补应然世界与实然世界之间鸿沟的桥梁有很大的困难。罗斯的论证前提如下。在二元论中,应然世界与实然世界已然穷尽了全部领域,但两者完全不同。因此,两个世界之外不存在"第三个世界"(按排中律),而且,两个世界不会共享任何元素,不可能存在联系两者的"共同元素"。

从罗斯的批评观点出发,可对施米特回应该问题而提出的推定联系,即国家加以评价。国家要么是事实世界的组成部分,要么是规范世界的组成部分。它始终属于其中一个世界或另一个世界,所以无法成为两个世界的联系纽带。或者换言之,将国家视为两个世界之外的东西。不过,这样等同于引入第三个世界,同应然世界和实然世界涵盖全部领域的假设相悖。总之,施米特关于国家联结应然与实然、法律与自然世界的所有观点都引发如下问题:国家如何成为法律与自然世界所需要的联结点?施米特对此没有答案。诚然,施米特的著作有重大转变——某种意义上最初发生在1916年,到1922年则无论在重点还是态度上都明确坚定地发生了转变①。这之后,二元论从其推理中销声匿迹。

关于应然和实然,到此为止。施米特与凯尔森在1914年的相似点还有第二方面背景的体现,即专属于凯尔森的"归责点"(Zurechnungspunkte)学说,施米特在《国家的价值》中有若干要点涉及到此②。虽然该学说在该书中无重大意义,但在凯尔森的早期著作中发挥了尤其显著的作用③。施米特在1914年的著作中以友好姿态接受该学说,这让人进而注意到另一面——施米特当时乐于接受凯尔森法哲学中的一些观点。八年后,施米特在《政治神学》中再次采纳凯尔森的"归责点"学说。但这一次,施米特

---

① 参见前注31。
② 施米特:《国家的价值》(前注32),第4,99页。
③ 参见鲍尔森:"被证立的规范性"(前注2),第102–106页。

手头的这一学说针对凯尔森立场发起了严厉批评。

对归责,不同于"归责点"的一般性说明,经常见诸于道德和法律领域,首要的则是在康德那里①。在《法的形而上学原理》中,个体在道德上应对可归属于他的行为负责,同样,在法律的背景下亦然。如果可被视为法律所规定的行为类型的某一事实构成以合乎法律的方式归属或归责到某个个体,那么,这一个体就被认为是在法律上负有义务。②。到目前为止,这一说法依然有效。

凯尔森走得更远,从人——人类——转变到规范层次,其中"规范"的旗帜遍布应然世界的实体。

> 如从法律角度而言,将特定自然人的特定行为不视为他们的行为而视为与他们不同的另一人的行为的话,则构成特殊的归责情形。从某些人的行为得出的事实构成未归责于这些人本身,而是归责于另一人。然而,在另一种人类那里未发现归责点。可以说,归责是从物理行为人和行为人意志的心理行为开始展开,未在另一自然人那里终止,譬如与未成年人或雇员造成的损害相关的责任由父亲或雇主承担。在现有案例中,归责的各个方面统一到外在于每个物理主体的共同概念点上③。

---

① 康德:《道德形而上学导论》(*Einleitung in die Metaphysik der Sitten*),载《康德全集》,皇家科学院编,第六卷,第211-228页;英文版:Metaphysical Elements of Justice(《法的形而上学原理》),约翰·拉德(John Ladd)译,第二版,Indianapolis:Hackett,1999年,第7-24页。
② 参见康德:《道德形而上学导论》(前注73),第227页;英文版(前注73),第21页。
③ 凯尔森:《国家法学》(前注2),第183页;重刊于《凯尔森全集》第二卷(前注2),第293-294页。在第一行引文中,凯尔森论及"自然人",在其著作《国家法学的主要问题》中,又提到"一个动物学—心理学意义上的人",参见凯尔森:《国家法学》(前注2),第145页;重刊于《凯尔森文集》第二卷(前注2),第251页。不过,之后"自然人"以法人的一个种类出现,参见凯尔森:《法理导论》(前注36),§25(a),第48页。

何谓"共同概念点"？在引文的第一句和第二句，凯尔森提及"另一人"，他根本不是人类。勿宁说，他想着的是法律子系统(Teilrechtsordnung)，如自治政府。特定人的行为归责于法律子系统——自治政府。作为法律立场或"归责点"集合的子系统成为归责的对象，依次纳入到处于更为基础的法律子系统。最终，代表某个法律子系统的归责点链接到更大的法律系统——作为法律秩序的国家，即归责达致的终点，居于每个物理主体之上的"共同概念点"。

以上是凯尔森对其学说的精心阐释，但在其之后的著作中，他放弃了大部分的观点，取而代之的是"边缘归责"，并将之与某些其他学说相联系①。不过当下的语境让我们看到的是凯尔森的早期著作，而施米特则追随凯尔森，在其《国家的价值》中数次引入"归责点"学说。譬如：

> 一个时代当它表现得既可疑又精确的时候，不可能同时标榜自身为个性化时代……若谈及个性化，则在于对这样一个主题加以定义，即断言个性化乃是一个为了按照规范进行评价的归责点。②

个性化就是归责点。若是考虑到"按规范进行评估③"，个性化就降格到理想世界——应然世界。诚然，施米特所从事的并非凯尔森的将行为归责于法律子系统、最终归责于国家的事业。但

---

① 特别是，边缘归责(peripheral imputation)与成熟的授权学说和基础规范已在很大程度上取代了原始学说(现在称为"中心归责")及相关的"归责点"学说，参见前注75的文本以及下注95-100。参见鲍尔森："被证立的规范性"（前注2），第106-109页。
② 施米特：《国家的价值》（前注32），第4页。
③ 参见同上注，第99页；另参见亚特内尔："法律规范与国家权力"（前注33），第482页。

施米特著作中的"归责点"同凯尔森对该概念的理解毫无二致;两个思想家均诉诸于应然世界中的归责。

弗朗兹·维尔(Franz Weyr)在评论《国家的价值》时指出,凯尔森和施米特各自的研究在结果上是一致的,均"不知所云"。①维尔(1879-1951)是凯尔森所在的维也纳法理学派的姊妹学派布尔诺法理学派(Brno School of Legal Theory)的领军人物②,1914年的时候,他是凯尔森著作专家。他深受凯尔森的影响,以三种语言研究凯尔森主义著作③。于是便可理解,维尔为何在之后的作品中老是想着找到凯尔森与施米特之间的类似点。而且,维尔乐于接受这一事实,正如他那是所觉察到的,"凯尔森所开创的方向在行业内的其他作者那里有着广泛支持"④。

至此,笔者考查了施米特早期著作与凯尔森的相似之处,特别是施米特1914年的著作《国家的价值》中的相似性。此外,这种相似性还体现在施米特于1916对尤利乌斯·宾德(Julius Binder)的《法概念与法理念》(1915)⑤的评论中。宾德在其早期著作中

---

① 弗朗兹·维尔(Franz Weyr):"评卡尔·施米特之《国家的价值与个体的意义》"[review of Carl Schmitt, Der Wert des Staates und die Bedeutung des Einzelnen (1914)],载《奥地利公法期刊》(Österreichische Zeitschrift für öffentliches Recht),1(1914),第578-581页之第579页。关于维尔的评论和施米特随后回应的重要性的更多内容,参见前注31。
② 关于布尔诺学派,参见《布尔诺法理学派》(Die Brünner rechtstheoretische Schule),弗拉基米尔·库柏斯(Vladimír Kubeš)、魏因贝格尔编,Vienna:Manz,1980年。
③ 关于维尔用德语和法语写就的法理论文选集,参见《33篇研究纯粹法学的论文》(33 Beiträge zur Reinen Rechtslehre),鲁道夫·梅达尔(Rudolf Aladár Métall)、Vienna:Europaverlag,1974年。维尔的主要作品以及三卷本的自传以捷克语写成出版。
④ 维尔:"评卡尔·施米特"(前注79),第579页。
⑤ 卡尔·施米特:"评朱利叶斯·宾德之《法概念与法理念》"(review of Julius Binder, Rechtsbegriff und Rechtsidee),Leipzig:A. Deichert,1915年,载《立法与法学的批判性季刊》(Kritische Vierteljahresschrift für Gesetzgebung und Rechtswissenschaft),53(第三系列第17卷),1916年,第431-440页。

以新康德主义者形象示人①,其著作对鲁道夫·施塔姆勒(Rudolf Stammler)《法律科学理论》(1911)②一文作了持续批判。施塔姆勒是整整一代法学理论家、哲学家和社会理论家的替罪羊,包括凯尔森、赫尔曼·康托洛维茨(Hermann Kantorowicz)、赫尔曼·柯亨(Hermann Cohen)、马克斯·韦伯和格奥尔格·齐美尔,宾德亦逃不出此列。特别有趣的是,施米特在评论中的论证首先采用施塔姆勒的立场,之后采用宾德的立场,简直就是内在的批评,即在其所批评对象的框架内衍生的批评。施塔姆勒和宾德的观点属于先验哲学——康德和新康德主义者。施米特从先验观点出发,认为施塔姆勒"揉合了形式和经验心理元素"③,由此削弱了其法哲学的表面上的先验维度。施米特认为,宾德对法律的事实层次与先验层次的区分,仅仅是定义,结果是法律规范表面的"构成性含义"消失殆尽④。施米特随后说,就此点而言,凯尔森的观点更可取:

> 宾德对康德主义哲学的公开拥护以及采纳自然科学和人文科学的区分——同(比如)凯尔森坚定地将作为规范科学的法学与阐释学予以并立而言——无重大实际意义⑤。

---

① 参见拉尔夫·德莱尔(Ralf Dreier):"尤利乌斯·宾德(1870-1939)——王朝帝国到国家社会主义之间的法学家"(Julius Binder (1870-1939). Ein Rechtsphilosoph zwischen Kaiserreich und Nationalsozialismus),载鲁兹主编:《哥廷根的法律科学》(Rechtswissenschaft in Göttingen),Göttingen:Vandenhoeck & Ruprecht,1987年,第435-455页;重刊于拉尔夫·德莱尔:《法—国家—理性》(Recht-Staat-Vernunft),Frankfurt:Suhrkamp,1991年,第142-167页。
② 施塔姆勒(Rudolf Stammler):《法律科学的理论》(Theorie der Rechtswissenschaft),Halle:Waisenhaus,1911年。
③ 施米特:"评朱利叶斯·宾德"(前注83),第434页。
④ 同上注,第437页。
⑤ 同上注。

这些论述充分表明,施米特乐于接受凯尔森作品的态度。可惜共同点是短暂的。到 1922 年,施米特在其《政治神学》中对凯尔森给予冷峻的批评,对自己在《国家的价值》一书中采纳部分凯尔森主义观点大加挞伐。

三、施米特从 1922 年转向批评凯尔森

《政治神学》(1922)本书还不算是施米特有关凯尔森的最有意义的批判,在这本书中,他论及两个紧密相关的问题:第一,明显突出了主权问题;第二,作为主权问题的一个方面的凯尔森的"归责点"。前一个突出主权问题无甚新意,因为施米特的论证苍白无力。不过,施米特转向"归责点"时,他的批评异常有效,这与他在《国家的价值》中对"归责点"的默许支持形成鲜明对照。笔者从第一个问题开始,简要地谈谈施米特对凯尔森主权的批评。

施米特将该问题表述为"现实强力"如何成为"最高的法律权力",一个英语学圈熟悉的作为主权基本问题的命题①。施米特声称,凯尔森抛出所谓"简化解决方案"②,该解决方案造成了社会学与法学的"对立"。

> 有关实然与应然、因果关系与规范关系的陈旧的并

---

① 参见布莱斯(James Bryce):《历史和法理学研究》(*Studies in History and Jurisprudence*),两卷本,Oxford: Clarendon Press,1901 年,第二卷,第十章(第 51-111 页)。在该著作中,布莱斯区分了法律上的主权和实践中的主权。同样的区分在戴雪的著作中也很明显,参见戴雪(A.V. Dicey):《英宪精义》(*Introduction to the Study of the Law of the Constitution*),首版于 1885 年,London: Macmillan,第八版 1915,第一章(第 68-82 页),第 14 章(第 424-434 页)。

② 此处的表达相对而言"更加简化",是"简化的解决方案",而非如英语翻译那样是"简单的解决方案"。参见施米特:《政治的概念 1922》(前注 8),第 20 页;《政治的概念 1934》(前注 8),第 27 页;英文版(前注 18),第 18 页。

立……,再次造成社会学与法学的对立①。

施米特直陈结论,凯尔森的上述立场就是对主权问题的"否定"②。这一批评在笔者看来作用不大。凯尔森摒弃了有关主权的一切自然主义观点,相应引入以宪法规范和包含潜在的以逻辑—司法宪法或基本规范为代表的规范性内容。可以说,一系列法律规范拆散了主权,而凯尔森对"更大宪法"(Gesamtverfassung)③以及宪法审查④所赋予的任务加深了凯尔森观点的复杂性。因此,凯尔森识别主权的方式与施米特截然不同。诚然,施米特以"现实强力"与"最高的法律权力"的对立为名提出的主权问题确实存在。但该问题存在于事物本性之中;制度上的安排固然可消除其产生的影响,但却无法解决这一问题。

施米特在《政治神学》第二章及第三章针对上述提出的不同批判,不禁让人回想起归责和埃德蒙·贝恩纳齐克(Edmund Bernatzik)描述的关于国家的"自我设定"的观点。施米特先是设问,是什么产生凯尔森理论中的国家?进而代表凯尔森回答说,是凯尔森思想中的归责点学说:

> 国家即法律秩序,是一种归责秩序,[引导]到最终归责

---

① 此处的表达相对而言"更加简化",是"简化的解决方案",而非如英语翻译那样是"简单的解决方案"。参见施米特:《政治的概念1922》(前注8),第20页;《政治的概念1934》(前注8),第27页;英文版(前注18),第18页。
② 施米特:《政治的概念1922》(前注8),第22页;《政治的概念1934》(前注8),第31页;英文版(前注18),第21页。
③ 参见凯尔森:"联邦执行权"(Die Bundesexekution),载《弗利兹60华诞祝寿文集》(Festgabe für Fritz Fleiner zum 60. Geburtstag),贾科梅蒂(Zaccaria Giacometti)、辛德勒(Dietrich Schindler)编,Tübingen:J.C.B. Mohr,1927年,第127-187页之第128-143页。
④ 参见本文第四部分。

点及最终的基础规范①。

这一引述反映了凯尔森著名的法律和国家同一说。

施米特对凯尔森哲学提出激烈批评,引起埃德蒙·贝尔纳齐克的关注,促生了"自我设定"的规范体系思想。在《政治神学》②第一章末尾前后暗示地表达了"规范或[规范]体系'自我设定'"的思想。虽然施米特在该书这一部分实际上处理的是另外一个主题,但出现的问题是,作为最终归责点的国家如何"自我设定"。在第二章,施米特再次回到"归责问题",对凯尔森的观点勾勒一番:

> 从法律角度而言,既不存在自然人,也不存在法人,唯有归责点。国家是最终归责点③。

最后,在《政治神学》第三章,施米特采取了可谓是自助运作的方式(bootstrap operation),直接转向凯尔森以前的维也纳顾问贝恩纳齐克④,施米特引述贝氏的话写道:

> 这就在于法律权能的概念,它的渊源——国家法律体系——必然设定自身为一切法律的主体,因而作为一个法人1。⑤

---

① 施米特:《政治的概念 1922》(前注 8),第 21 页;《政治的概念 1934》(前注 8),第 28 页;英文版(前注 18),第 19 页。
② 施米特:《政治的概念 1922》(前注 8),第 14 页;《政治的概念 1934》(前注 8),第 21 页;英文版(前注 18),第 14 页。
③ 参见前注 95。
④ 凯尔森在其自传中提到贝恩纳齐克,参见凯尔森:《自传 1947》(前注 22),第 37,40,43-44,54,57 页。
⑤ 贝恩纳齐克(Edmund Bernatzik):"关于法人以及机关的法人性人格的 (转下页)

这一施米特推定属于凯尔森的主张,带来了令施米特认为具有雄辩力的反问,比如:国家如何"自我设定"? 当然国家不能自我设定,自助运作方式便毫无意义。而且,施米特清晰地看到凯尔森作品中从归责(以"归属点"为代表)到基本规范的转变①。施米特关于"自助运作方式毫无意义"的批评延续到基础规范:基础规范如何令国家"自我设定"? 关于基础规范学说究竟走向何方,并未形成共识②——至今都没有,何况在1922年。因此,施米特的批评一直是对该观点进一步发展的重大阻碍。

走笔至此,笔者将在第四部分转向导致1920年10月奥地利联邦宪法起草的学术发展相关附记,特别关注凯尔森的贡献——尤其是关于宪法性质和对集中式宪法审查的辩护方面③,这是凯尔森明确参与的奥地利联邦宪法的制度实践。这一实践在凯尔森时代是一个全新事物④。它在凯尔森与施米特的论战中起着特别

(接上页注⑤)批判性研究"(Kritische Studien über den Begriff der juristischen Person und über die juristische Persönlichkeit der Behörden),载《公法文丛》(Archiv des öffentlichen Rechts),5(1890),第169-318页之第244页。转引自施米特:《政治的概念1922》(前注8),第39页;《政治的概念1934》(前注8),第53页;英文版(前注8),第40页。

① 参见前注76。
② 参见鲍尔森:"有一个被证立的规范性命题吗?"(前注2),第85-87页。
③ 同集中式宪法审查与分散式宪法审查区分相关的权威文献,参见卡贝拉蒂(Mauro Cappelletti):《当代世界司法审查》(Judicial Review in the Contemporary World),Indianapolis: Bobbs-Merrill,1971年,特别是第三章,第45-68页。在实施集中式宪法诉讼的国家里,单一的"宪法法院"有权审理宪法案件,普通管辖权法院将宪法案件提交宪法法院处理。在实施分散式宪法诉讼的国家里,普通管辖权法院享有宪法审查权。
④ 若"全新"的主张并非指集中式宪法审查实践,而是指奥地利宪法法院的话,这并不完全准确。因为虽然关于奥地利宪法法院是世界上最早的同类法院的说法流传甚广,但学界有人指出,捷克宪法法院于1920年2月29日按捷克宪法设立,它比奥地利法院早了数月。参见哈勒(Herbert Haller):《法律审查》(Die Prüfung von Gesetzen),Vienna: Springer,1979年,第30-33,61-67页;厄灵格(Theo Öhlinger):"奥地利宪法法院模式的形成与发展",载《面临新挑战的法治国》("Die Entstehung und Entfaltung des österreichischen Modells der (转下页)

的作用,因为凯尔森将集中式宪法审查作为宪法守护者的候选人。附记是独立的,含有一系列历史资料。

四、附记:作为宪法制定者的汉斯·凯尔森

1.《战后临时宪法》

奥匈帝国于 1918 年垮台。弗朗兹·约瑟夫(Franz Joseph)死后,卡尔·弗朗兹于 1916 年登基称帝,他在 1918 年 10 月 16 日为

(接上页注④)Verfassungsgerichtsbarkeit"),载《法治国的九个挑战》(Der Rechtsstaat vor neuen Herausforderungen. Festschrift für Ludwig Adamovich zum 70. Geburtstag), B. -Ch. 冯克(B.-Ch. Funk)等编,Vienna: Verlag Österreich,2002 年,第 581 - 600 页之第 583-585 页。而奥地利人反驳说,捷克法院在 1920-1939 年期间基本上未运行。参见亚纳·奥斯特坎普(Jana Osterkamp):《捷克斯洛伐克的宪法诉讼(1920-1939)》[Verfassungsgerichtsbarkeit in der Tschechoslowakei (1920-1939)],Frankfurt: Klostermann,2009 年。欧洲的宪法审查理论来源于罗伯特·莫尔(Robert von Mohl)的杰出著作。莫尔在其主要著作《美利坚共和国的联邦国家法》[Das Bundes-Staatsrecht der Vereinigten Staaten von Nord-Amerika),Stuttgart and Tübingen: Cotta,1824 年]中,赞同美国逐步形成的集中宪法审查体系,据此最高法院——最终普通管辖权的所有法院(包括联邦法院和州法院)——获得在案件审理中"搁置"法院认定违反宪法的制定法条文。参见前文,298 页。在 19 世纪中叶的德国,1848 年大革命产生新的德国联邦宪法草案,即 1848-1849 年法兰克福宪法或保罗教堂宪法。1848 年 3 月 30 日,国民议会在法兰克福召开会议,旨在制定新的德国联邦宪法。同年五月,国民议会选举 30 个人组成起草委员会。在委员会工作基础上形成的宪法共 197 条,包括 125-129 条中规定设立拥有广泛宪法审查权的帝国法院(Reichsgericht),但该法院无疾而终。参见汉斯·约阿希姆·法勒(Hans Joachim Faller):"法兰克福帝国宪法的可诉性"(Die Verfassungsgerichtsbarkeit in der Frankfurter Reichsverfassung vom 28. März 1849),载《人之尊严与自由法秩序——盖格尔纪念文集》(Menschenwürde und freiheitliche Rechtsordnung. Festschrift Willi Geiger),Tübingen: J. C. B. Mohr,1974 年,第 827-866 页;库纳(Jörg-Detlef Kühne):《保罗帝国宪法》(Die Reichsverfassung der Paulskirche),Frankfurt: A. Metzner,1985 年。在奥地利宪法法院建立的 35 年前,作为世纪之交公法学界的执牛耳者格奥尔格·耶利内克(1851-1911)写下一篇短论"论奥地利宪法法院"(Ein Verfassungsgericht für Österreich),Vienna: A. Holder,1885 年。

拯救旧秩序作了最后努力。他正式宣布,帝国的奥地利部分建立联邦国家,"其中每个民族可在联邦国家中属于自身的区域内建立自身共同体(Gemeinwesen)①",实际即为联邦的民族成员国。但皇帝已无力回天。帝国的非德语民族已在建立独立国家,推动帝国的德语区域于1918年10月21日成立独立德意志奥地利国临时国民大会(die provisorische Nationalversammlung des selbständigen deutschösterreichischen Staates)②。九天后的1918年10月30日,临时国民大会宣布帝国的德语区域的权力由其接管。正如战后时期人们知道的那样,这一重大步骤标志着战后奥地利国家"德奥帝国"(Deutschösterreich)的成立。

德奥帝国宪法有时被称为"临时宪法",并非一个单一文件,而是包括临时国民大会通过并纳入法令的一系列决议。其中包括1918年10月30日的基本决议及1918年11与12日关于临时国民大会宣布该国实施共和制政府的决议。

2. 1920年10月1日奥地利联邦宪法的制定背景

临时国民大会直到1919年春天才着手制定全面的奥地利宪法的中心任务。自1918年11月起担任总理卡尔·伦纳(Karl Renner)的法律顾问的凯尔森,此时被伦纳要求起草新的联邦宪法。照凯尔森自己的话:

---

① 《国王的公开声明》(Kaiserliches Manifest),1918年10月16日,载《维也纳报》(Wiener Zeitung),第240号(专刊),1918年10月17日,转引自罗伯特·瓦尔特(Robert Walter)、海因茨·梅耶尔(Heinz Mayer):《奥地利联邦宪法法概论》(Grundriß des österreichischen Bundesverfassungsrechts),第七版,Vienna: Manz, 1992年,第23页。

② 参见凯尔森:"德意志—奥地利宪法"(Die Verfassung Deutschösterreichs),《当代公法年鉴》(Jahrbuch des öffentlichen Rechts der Gegenwart),9(1920),第245—290页之第245—246页;凯尔森:《奥地利国家法》(Österreichisches Staatsrecht),Tübingen: J. C. B. Mohr, 1923年,第74—76页。

1919年5月,我收到总理发出的关于以我之前的初步研究和准备为基础起草联邦宪法的指令。1919年夏,在总理办公室宪法部门的协助下,我完成了初稿,整个秋天补充其他若干版本,作为基本初稿的变通版本,也是考虑不同的政治选择需要。我的方针是尽力保留此前宪法中一切可用内容,尽可能保持宪法制度的延续性,将联邦主义纳入现行已验证可行的制度,并借鉴瑞士乃至新的德国(魏玛)宪法,当然要考虑不同的历史政治情况①。

凯尔森的这些话提纲挈领地把握住了自身任务,在宪法制定的三个阶段他确实都是积极参与②。第一阶段以伦纳政府于1919年春夏进行的准备为标志。在此一阶段,凯尔森完成了不少于五种版本的联邦宪法草案③,相互的差异反映出伦纳联盟政府各派别的不同立场。例如,在第一个版本中,凯尔森对联邦各州给予特别优厚待遇。而在第二个版本,他加强了联邦各州与联邦中央的联系,并插入最高条款(supremacy clause)。第五个版本与其他版

---

① 凯尔森:"德意志—奥地利宪法",第236页;凯尔森:《奥地利国家法》(前注105),第160-161页。
② 参见君特·沙夫贝克(Günther Schefbeck):"1918-1920年的先发发展"(Verfassungsentwicklung 1918-1920),载《联邦宪法75周年》(75 Jahre Bundesverfassung. Festschrift aus Anlaß des 75. Jahrestages der Beschlußfassung über das Bundes-Verfassungsgesetz),《奥地利议会协会》(Österreichische Parlamentarische Gesellschaft)编,Vienna: Österreichische Staatsdruckerei,1995年,第53-107页之第88-107页;厄灵格:"奥地利宪法诉讼模式的形成与拓展"(注105);特奥·厄灵格:"奥地利宪法审查模式的谱系"(The Genesis of the Austrian Model of Constitutional Review of Legislation),载《法之理》(Ratio Juris),16 (2003),第206-222页。
③ 参见施密茨(Georg Schmitz):《汉斯·凯尔森为奥地利联邦宪法起草的草案》(Die Vorentwürfe Hans Kelsens für die österreichische Bundesverfassung),Vienna: Manz,1981年。

本相比,凯尔森更多地借鉴了魏玛宪法①。第二阶段到了1920年春天,以与各联邦州的代表进行讨论为标志,后者试图控制进程但未如愿。凯尔森未出席在萨尔茨堡举行的各州会议,而是被要求以宪法专家身份参加在林茨举行的各州会议。会议讨论促使他与伦纳和其他人一道起草出另一个版本。最后,第三阶段为1920年夏秋,以议会各派别磋商为标志。在此阶段,凯尔森起草了折衷社会民主党与基督教社会党观点的版本,将各方相应草案融合成单一文件,最终获得临时国民大会批准,成为1920年10月1日奥地利联邦宪法。

3. 奥地利宪法法院

凯尔森多年后回忆道,在他1920年的宪法工作中,第137条至第148条的宪法审查条款对他而言最为重要②。宪法法院的审查权在一定意义上类似于此前的帝国法院(*Reichsgericht*)或帝国高等法院,在一定意义上却又是全新的③。笔者姑且不论审查权对此前帝国法院的传承,仅阐述新引入的审查权的详细情况④。

在新条款中尤为重要的当属第139条和第140条。第139条授予宪法法院应下级法院的申请,就其对联邦或各州颁布的法令

---

① 特别是"联邦政府的行政机关"和"基本权利义务"等最初条款分别反映了魏玛宪法中关于"帝国行政机关"(第78-101条)与"基本权利义务"(第109-165条)的规定,参见施密茨(Schmitz):《草稿》(*Vorentwürfe*),(前注108),第58页。
② 凯尔森:《奥地利广播电台访问记录》(Wiedergabe einer Sendung des österreichischen Rundfunks),载《纪念汉斯·凯尔森》,瓦尔特·安东尼奥里(Walter Antoniolli)等编,Vienna: Europa Verlag,1974年,第50页。
③ 参见凯尔森:《奥地利宪法》(前注106),第263-267页;凯尔森、弗奥里西(Georg Froehlich)、梅克尔(Adolf Julius Merkl):《1920年10月1日之联邦宪法》(Die Bundesverfassung vom 1. Oktober 1920),Vienna: Deuticke,1922年,第249-284页。
④ 参见凯尔森、弗奥里西、梅克尔:《联邦宪法》(前注111),第46-49页。这一对宪法法院权力的不完全概述来自1920年10月1日的奥地利联邦宪法原初版本。对今天宪法法院权力的完整概述参见特奥·厄林格(Theo Öhlinger):《宪法法》(*Verfassungsrecht*),第八版,Vienna: Facultas. WUV,2009年,第XI章,§2,第456-493页。

之合法性的责难进行审查的权力。第 140 条授予宪法法院应联邦政府的申请就对州法律的合宪性的责难进行审查、应州政府的申请就对联邦法律的合宪性的责难进行审查的权力。如州法律或联邦法律被宪法法院判决违宪而废除,则相关州长官或联邦总理应立即颁布废除公告。如宪法法院本身未设定废除的执行日期,则执行日期不超过废除公告日期后六个月。只要在法院案件中有必要认定某项法令的合宪性,则法院还有权依职权(即主动)对地方或联邦法令的合宪性作出裁决。在凯尔森看来,第 140 条授予宪法法院的权力尤为重要,它可算是"(宪法法院)作为宪法守护者这一功能的最高峰"。①

笔者就此应该返回到宪法审查,看看凯尔森在论证宪法守护者方面的努力。但在此之前还是让我简短地考察一下凯尔森的实证宪法概念。

4. 凯尔森的实定宪法概念②

凯尔森探究宪法概念时,存在法律层级学说(Stufenbaulehre)的预设,据此"法律调整自身的创造"③。这也就是说,规范调整着另一法律规范的制定过程,而且该思想适用于法律层级中的上下各级规范。这属于动态法律概念,一种就法律如何制定来界定的

---

① 凯尔森:《奥地利宪法》(前注 106),第 264 页。
② 关于这一主题,参见阿列克西:"凯尔森的宪法概念"(前注 11)。
③ 参见凯尔森:《一般国家学》(前注 12),§§ 32-36,第 229-255 页;凯尔森:《法理导论》(前注 36),§ 31,第 63-75 页;凯尔森:《纯粹法学 2》(前注 36),§ 35,第 228-282 页。法律层级学说原创自梅克尔(Adolf Julius Merkl),关于他对这一学说最后的全面陈述,参见梅克尔:"法律层级理论导言"(Prolegomena einer Theorie des rechtlichen Stufenbaues),载《社会、国家与法——对纯粹法学的研究》(Gesellschaft, Staat und Recht. Untersuchungen zur Reinen Rechtslehre),阿尔弗雷德·福尔德罗斯(Alfred Verdross)编,Vienna:Springer,1931 年,第 252-294 页;重刊于梅克尔:《全集》(Gesammelte Schriften),六卷本,德罗提亚·迈耶—马莱(Dorothea Mayer-Maly)等编,Berlin:Duncker & Humblot,1993-2009 年,第一卷(1993),第 437-492 页。

特性①。动态法律概念使得法律制定与法律执行的区别相对模糊,进而使得不同种类的法律的地位差别也相对化。尤其是,作为19世纪后期欧洲制定法实证主义(Gesetzespositivismus)的支撑性标准的立法,也丧失了特权地位。

凯尔森论证道,只有通过"层级理论"的优点,才能切入到宪法概念的内涵②。因为宪法担当的是根本性的制定法规则——更精确的说,是一套根本性制定法规则,它决定立法的机关和程序,制定出的法律依次填充入层级中的各级。凯尔森认为"原始"概念的宪法最重要的是权力分配。他说:

> [宪法]是决定法令即一般性规范的创制的规则,对这些法令的执行即是国家机关,尤其是法院和行政官员的活动。这种创制法律规范的规则首先塑造的是国家体系决定立法的机关和程序——此乃实际、原始和狭义的宪法概念③。

这样,我们就有了"实际、原始和狭义的宪法概念",即作为法律权力分配方式的宪法。

宪法的广义概念除包括有关立法权力和程序的规范外,还包括一系列基本权利④。凯尔森写道:

---

① 譬如参见凯尔森:《法学理论导论》(前注36), § 43,第91页。
② 特别参见凯尔森:"国事诉讼的本质与发展"(Wesen und Entwicklung der Staatsgerichtsbarkeit),载《德国国家法学者协会会刊》,5 (1929) [以下简称:国事诉讼],第30-88页之第69页,重刊于《维也纳法理学派》(Wiener rechtstheoretische Schule),汉斯·克莱卡斯基(Hans Klecatsky)等编,两卷本,Vienna: Europa Verlag,1968年[以下简称:维也纳法学派],第二卷,第1813-1871页之第1852页。该文是凯尔森在德国公法教师协会1928年在维也纳举办的协会大会上作的报告。
③ 凯尔森:"国事诉讼"(前注117),第36页;重刊于《维也纳法学派》(前注117),第1819页。
④ 凯尔森:"国事诉讼"(前注117),第37页;重刊于《维也纳法学派》(前注117),第1820页。

如果在实定法中有与制定法形式不同的特定宪法形式，则完全可使用此种形式，即使相应规范不符合宪法狭义概念，尤其是不决定法令的制定却决定法令的内容的规范。由此就形成广义的宪法概念。在这种定义下，现代宪法既包括处理立法机关和程序的规范，又包括系列基本权利①。

凯尔森就此提及公民在法律上的平等、言论自由、信仰自由、及财产不可侵犯②。他认为，基本权利与自由是对法律权力行使范围和方式的特定限制③。

5. 凯尔森论"合法性"与宪法审查的正当性

凯尔森如何证立由广泛审查权汇集而成的集中式宪法审查的正当性呢？幸亏有凯尔森在维也纳以及随后在科隆写的若干关键论文④，我们可借此对他的解释和抗辩略知一二。他写道，宪法审查"对宪法起司法保护"的作用。换言之，它是旨在保障政府以法律之名履行职权时的"合法性"或"合宪性"的一系列司法技术手段之一⑤。

显然，合法性问题（Rechtsmäßigkeit）是确保法律执行与所适用的法律一致的问题。就宪法而言，则是宪法以（例如）制定法

---

① 凯尔森："国事诉讼"（前注117），第37页；重刊于《维也纳法理学派》（前注117），第1819-1820页。
② 在同一论文的其他地方，凯尔森表达了对"'正义'、'自由'、'平等'、'公平'、'道德'及类似的理念是否可从法律上予以解释"的怀疑。他说，特别是这些所谓的"准则"或"开口条款"（open-ended clauses）仅代表"典型政治意识形态而已"。参见凯尔森：："国事诉讼"（前注117），第69页，重刊于《凯尔森全集》第二卷（前注117），第1852页。
③ 哈特的观点与之相似，这很可能反映了凯尔森对哈特的影响，参见哈特：《法律的概念》，第二版，Oxford：Clarendon Press，1994年，第69-70页及其他各处。
④ 参见前注117，134。
⑤ 参见凯尔森："国事诉讼"（前注117），第30页；重刊于《凯尔森全集》第二卷（前注117），第1813页。

形式来执行同宪法本身是否一致的问题。合法性问题还可通过法律层级说对之予以重述,法律层级说并不认为法律制定与法律执行相互对立,而是将其视为"法律制定过程中的两个层次,其中一个同另一个属于下级和上级的关系"[①]。照此重塑后,合法性便不过是规范层级结构中较低层次与较高层次之间的"对应关系"。

这一思想可使得合法性达致最大程度,将主观专断降至最低。这里有两个预设需要加以说明:首先,预设宪法为具有约束力的法律,而非仅仅是一系列目标;其次,规范层级结构区分了宪法与制定法,将其视为不同类型的法,由此,通过运用著名格言"上位阶法废除下位阶法"(*lex superior derogat legi priori*)可以识别法,也即宪法的"高级性"及优先性。有了上述机制,凯尔森认为,设立宪法法院比不设立宪法法院更能提高合法性。更精确地说,证立某个观点须借助独立于该观点的东西来完成。宪法法院独立于议会。因而,它在对议会立法的合宪性作出判决时,符合上述证立标准。相比而言,正如凯尔森在维也纳讲座上谈及的那样,如议会制定出不符合宪法的法令,则议会在此前后丧失自我监督的能力。总之,凯尔森认为,任何缺少具有废除违宪法令的权力的独立机关的想法都不值得考虑。独立机关即宪法法院[②]。

在了解了凯尔森观点的上述背景后,笔者转而阐述凯尔森与施米特在"宪法守护者"方面的论战。

---

① 凯尔森:"国事诉讼"(前注 117),第 31 页;重刊于《凯尔森全集》第二卷(前注 117),第 1814 页。

② 凯尔森:"国事诉讼"(前注 117),第 53 页;重刊于《凯尔森全集》第二卷(前注 117),第 1836 页。

五、凯尔森与施米特在"宪法守护者"方面的论战①

施米特的策略引发了论战。他提出,凯尔森将拥有对联邦立法进行审查权力的宪法法院列为宪法守护者的候选方式,既不可能,又不可行。抛弃凯尔森的候选方式后,施米特转向自身设定的候选方式,并强调引入联邦总统作为中立性权力(pouvoir neutre)的行使者。

施米特的策略主要体现在1931年发表的《宪法的守护者》一书②中。相关资料显示,早在1931年的著作发表的两年前,施米

---

① 考虑到现今对宪法审查和凯尔森与施米特著作的兴趣,对二者1931年的论战缺乏关注就实在令人感到惊讶。我相信,关于这场交锋的重要文献始于沃尔夫冈·曼特尔(Wolfgang Mantl)、黑尔格·文登伯格(Helge Wendenburg)与戴维·戴岑豪斯,参见沃尔夫冈·曼特尔:"汉斯·凯尔森与卡尔·施米特",载维尔纳·克拉维茨等编:《凯尔森之意识形态批判与民主力量》(*Ideologiekritik and Demokratietheorie bei Hans Kelsen*),《法律理论(副刊)》(*Rechtstheorie Beiheft 4*),Berlin:Duncker & Humblot,1982年,第185-199页之第196-199页;之后黑尔格·文登伯格:《关于魏玛共和国的宪法诉讼与国家法学的方向争议的讨论》(*Die Debatte um die Verfassungsgerichtsbarkeit und der Methodenstreit der Staatsrechtslehre in der Weimarer Republik*),Göttingen:Otto Schwartz,1984年,第129-136,179-183页;紧随其后,大卫·戴岑豪斯:《合法性与正当性》(*Legality and Legitimacy*),Oxford:Oxford University Press,1997年,第108-123页。这是一篇难得具有洞察力的作品。在这之后十年,马提亚斯·耶施代特(Matthias Jestaed)和薛贝尔格(Christoph Schönberge)也创作了一些重要文章,参见耶施代特:"'宪法的守护者'作为理解法律采得的问题"(Der 'Huter der Verfassung' als Frage des Rechtsgewinnungsverständnisses),载《关于宪法守护者与宪法正义的对话:凯尔森对施米特》(*La controverse sur "le gardien de la Constitution" et la justice constitutionnelle. Kelsen contre Schmitt*),奥利维尔·保德(Olivier Beaud)、帕斯奎尔·帕斯奎诺(Pasquale Pasquino)编,Paris:Editions Panthéon Assas,2007年,第155-175页;以及薛贝尔格(Christoph Schönberger):"卡尔·施米特与汉斯·凯尔森的宪法诉讼:共同点与缺点"(Die Verfassungsgerichtsbarkeit bei Carl Schmitt und Hans Kelsen: Gemeinsamkeiten und Schwachstellen),载同上书,第177-195页。最近,还有一篇针对施米特的犀利批评,参见诺依曼:"国家决断的理论家:卡尔·施米特"(前注35),第747-750页。

② 参见前注27。

特已经完成了标题相同的一份较长的论文①。更早的是施米特于1928年8月完成的论文《帝国法院作为宪法守护者》②,不过这方面的资料很少。在人们的印象中,他写上述论文的动力来自凯尔森关于宪法审查的性质与生命力的报告③,是为1928年于维也纳召开的德国公法学者协会会议而作④。也是在这次会上,施米特首次⑤尝试证明凯尔森关于宪法审查的替代性观点并不可行,而是认为联邦总统才应成为宪法守护者。这次的争论较之《宪法守护者》一文多少有些含蓄,虽然可以毫无保留的说,涵摄的模式,这一《宪法守护者》中心命题在其早期文章中就已经出现。

然而,若是以为施米特对联邦总统作为宪法守护者的辩护仅仅因凯尔森对宪法审查的支持而激发,则是错误的。相反,施米特支持魏玛"保留宪法"或总统制(Präsidialsystem)的思想规划远远早于1928年凯尔森的维也纳讲座就已成形。笔者将在第六部分回到施米特的上述思想规划。

---

① 卡尔·施米特:《宪法的守护者》(Der Hüter der Verfassung),载《公法文丛》,55(新版16)(1929),第161-237页。
② 卡尔·施米特:"帝国法院作为宪法的守护者"(Das Reichsgericht als Hüter der Verfassung),载《德国法律生活中的帝国司法实践》(Die Reichsgerichtspraxis im deutschen Rechtsleben. Festgabe der juristischen Fakultäten zum 50jährigen Bestehen des Reichsgerichts),奥托·史来伯(Otto Schreiber)编,六卷本,Berlin and Leipzig: Walter de Gruyter,1929年,第一卷:《论公法》(Öffentliches Recht),第154-178页。
③ 参见前注117。
④ 对该协会的开始和发展富于启发性的概述,以魏玛政治—宪法讨论的名义发生了种种事情的论坛,见于米夏埃尔·施托莱斯(Michael Stolleis)的著作:《德国公法史(1914-1945)》(A History of Public Law in Germany 1914-1945),东拉普(Thomas Dunlap)英译,Oxford: Oxford U.P.,2004年,第178-197页。他的这部具有伟大意义的四卷本专著的第三卷正是德国公法理论的历史。
⑤ 虽然《宪法的守护者》(前注129)和《帝国法院》(前注130)两篇文章都出现于1929年,但后者写作时间明显更早,是于1928年8月完成的,彼时仅仅是维也纳协会会议召开的三个月后,凯尔森的演讲文本尚未被发表,施米特在其文章中使用了来自此次会议的报告。相反,在前者(前注129)中,施米特获得并援引了凯尔森演讲的已发表版本。

纵观施米特的守护者观点与凯尔森的反驳①,可以清楚的发现四大主题:第一,施米特的涵摄模式的要求;第二,他对"事实构成"的过度狭隘解读;第三,凯尔森就司法决定的政治维度对施米特的反驳——因"决断主义"引发的反驳;第四,国家元首,特别是帝国总统的推定中立性。

1. 施米特的涵摄模式观

施米特是如何支持在我们当代看来已经很难理解的宪法审查不可能或不可行的主张呢？他诉诸于涵摄模式,认为法院裁判决只有当满足该模式要求时才成为可能。既然所谓的宪法裁判无法满足相关要求,也就无法将其作为法院裁判来看待。

模式的第一个要求是其派生(derivation)。它来源于十九世纪对法治国的理解,也即它在制定法框架中的角色。施米特写道:

> 法治国中法官的特殊地位,包括法官的客观性、相对于当事方的地位、独立性及其不会被撤职的事实,所有这一切均仅基于以下情况:法官依据法令判决,其判决的内容衍生[abgeleite]自另外的判决,即……在法令中已然包含的判决②。

凯尔森回应说,施米特的"派生"观点纯属推理。他解释道,

---

① 凯尔森:"谁应成为宪法的守护者"(Wer soll Hüter der Verfassung sein?),载《司法》(*Die Justiz*),6(1930/31),第 576-628 页[下面简称:"守护者"],重刊于《凯尔森全集》第二卷(前注 117),第 1873-1922 页。该论文也被作为一个小册子发表,即凯尔森:《谁应成为宪法的守护者?》,Berlin-Grunewald:Walther Rothschild,1931年;其包含了一个附录和一段导言,这些被收录于《凯尔森全集》第二卷(前注117)的重印版里。凯尔森在其短暂的科隆任教时期写作了这篇论文,而他在科隆的任职随着1933年4月7日臭名昭著的"职业文员服务修整"这一纳粹法令的实施而终止。该法令要求解雇包括大学教授在内的或者是"政治上不可靠"或者是犹太裔的公务员。凯尔森被认为既是政治上不可靠的,又是犹太裔。

② 施米特:《宪法的守护者》(前注 27),第 37-38 页。

施米特的思想就是说,"司法裁判已以完成或完备的形式包括在法令中,仅通过逻辑推理从法令中'派生'出来即可"。他接着又说,但这"是自动贩卖机式法律裁判（*Rechtsautomat*）①"! 对此,人们可以回忆起鲁道夫·冯·耶林对所谓的机械法学富有文采的贬损。在嘲弄法律建构主义时,耶林说司法裁判模式就像鸭子的消化程序。"从前面将案件塞入到裁判加工机器;然后,案件以判决的形式从后面再次出来"②。

综合上述,凯尔森将施米特的涵摄模式中的第一点要求解释为推理,进而消解这一模式,将之视为机械法学。可以说,这种反驳不足为奇。凯尔森不仅熟悉对机械法学——概念法学（*Begriffsjurisprudenz*）——的批驳,这种批驳源自自由法学派,他明确同意坎特洛维茨所主导的这一批驳。③

---

① 凯尔森:《守护者》（前注 134）,第 591-592 页;重刊于《凯尔森全集》第二卷（前注 117）,第 1888 页。
② 鲁道夫·耶林（Rudolf von Jhering）:《法的目的》（*Der Zweck im Recht*）,首版于 1877-83,两卷本,第三版,Leipzig: Breifkopf & Härtel,1893-98 年,第一卷 1893 年,第 394 页。
③ 参见凯尔森:"法学形式主义与纯粹法学"（Juristischer Formalismus und reine Rechtslehre）,载《法学周刊》（*Juristische Wochenschrift*）,58（1929）,第 1723-1726 页。同参见凯尔森:《法学理论导论》（前注 36）,§ 28,第 56 页:"法律体系的独特规范不能经由逻辑演绎得出……毋宁是,它们必须被一个特别的制定或设定行为创造。"简言之,凯尔森断然拒绝衍生即演绎作为司法过程的特征。在此,其立场与耶林形成鲜明对照。但该立场区别于既判司法裁决的事后重构。凯尔森在此并无异议,并且在对施米特的答复中在某一点上言之甚多,参见凯尔森:《守护者》（注 134）,第 589 页,重刊于《凯尔森全集》第二卷（注 117）,第 1886 页。重构观点与晚近的一些以"内部证成"为名的欧洲文献类似,比如参见 Jerzy Wróblewski,"司法裁判的法律三段论与合理性"（Legal Syllogism and Rationality of Judicial Decision）,载《法律理论》（*Rechtstheorie*）,5（1974）,第 33-46 页之第 39 页;罗伯特·阿列克西:《法律论证理论》,首版于 1978 年,鲁斯·阿德勒（Ruth Adler）、尼尔·麦考密克（Neil MacCormick）译,Oxford: Clarendon Press,1989 年,第 221-230 页;卡尔斯滕·彼克尔（Carsten Bäcker）:《证立与决断》（*Begründen und Entscheiden*）,第二版,Baden-Baden: Nomos,2012 年,第 302-304 页。另参见《涵摄》（*Subsumtion*）中刊载的论文,加百列（fried Gabriel）、格略施纳（Rolf Gröschner）编,Tübingen: （转下页）

涵摄模式的第二点要求又如何呢？施米特写道，仅当涵摄规范在相应语境下既不可疑又无争议时，才可能发生涵摄。

> 司法决定受法律规范之约束，而且[司法]裁决过程在[涵摄性]规范本身的内容既不可疑又无争议时结束①。

顺便说一下，可能需要注意的是，施米特在其早期著作中对上述内容一点都不相信。在《法律与判决》(1912)中，他写道，"无数次修改法律措辞"及"充斥着成千上万个司法科学概念"都无法排除"涵摄规范"是一个无争议的观点。同样地，法官是"涵摄机器"或"法令自助餐厅"的想法简直是异想天开②。

凯尔森对施米特的第二点要求，即"涵摄规范"要既不可疑也无争议，显得大为吃惊。

> 令人惊讶的是，施米特似乎认为，他并不希望质疑司法裁

（接上页注③）Mohr Siebeck，2012 年。有关 19 世纪德国司法裁判表面上"逻辑—机械"本质的观点的全面论述，参见雷吉纳·奥格雷克（Regina Ogorek）："法官王抑或涵摄的自动机？19 世纪的司法理论"（Richterkönig oder Subsumtionsautomat? Zur Justiztheorie im 19. Jahrhundert），Frankfurt：Klostermann，1986 年。表面上，尊重概念法理学或"机械法理学"的长期刻板印象受到普赫塔（Puchta）和耶林（仅限于早期的耶林）之类的 19 世纪学者的捍卫，这些都被正确地记录于哈弗坎普（Hans-Peter Haferkamp）的著作中，参见哈弗坎普《格奥尔格·弗里德里希·普赫塔与"概念法理学"》（Georg Friedrich Puchta und die "Begriffsjurisprudenz"），Frankfurt：Klostermann，2004 年。

① 施米特：《宪法的守护者》（前注 27），第 19 页。
② 施米特：《法律与判决》（Gesetz und Urteil），Berlin：Otto Liebmann，1912 年；重刊于 Munich：C.H. Beck，1969 年，第 9 页；也参见第 8-9 页以及其他各处。另参见施米特："法学拟制"（Juristische Fiktionen），载《德国法律人报》（Deutsche Juristen-Zeitung），18（1913），第 804-806 页；施米特："论专政与围困状态"（Diktatur und Belagerungszustand）（前注 31），第 157-158 页。这一施米特的早期观点被记载于下列文献中，譬如参见文登伯格：《关于魏玛共和国的宪法诉讼与国家法学的方向争议的讨论》（前注 127），第 182 页之注释 112。

判特征的民事法庭、刑事法庭和行政法庭,所适用的只能是内容上既不可疑又无争议的规范;在由上述任一法院所判决的法律争议的案件中,所提出的始终不过是事实问题,从不涉及所谓的法律问题。①

在施米特看来,正如《宪法的守护者》中表达的那样,法院面对的问题始终只有事实问题,因为法律问题仅当拟适用的规范内容可疑或有争议时才发生。凯尔森对此觉得震惊,笔者敢说并非只有他一人有此感受。

在批评中,凯尔森使用了他最喜爱的修辞手法——倒置。在1911年的教授资格论文中,运用倒置手法,他将传统法律实证主义者或唯意志论者的法律观点安排在开始部分②,认为传统思想家主张"意志所在,那么法律上就有效",实际上不是那么回事,而是反过来:法律上有效,才有意志。"意志"是传统法律实证主义或唯意志论的法律术语,但在凯尔森著作中只是传统的慰藉,并无实质含义③。针对施米特关于涵摄性规范应既不可疑又无争议的主张,凯尔森提出了类似的反驳。

> 只有对上述主张进行倒置才可回到对每个人都简单明了的真理:判决最初都是因规范的内容有疑问和有争议才开启。否则的话,只有对事实构成的争议,而无任何真正的

---

① 凯尔森:《守护者》(前注 134),第 588 页;重刊于《凯尔森全集》第二卷(前注 117),第 1885 页。
② 参见凯尔森:《国家法学》(前注 2),第 133-144,172-188 页以及其他各处;重刊于《凯尔森全集》第二卷(前注 2),第 235-251,282-300 页以及其他各处。
③ 关于这一主题更为详细的研究,参见斯坦利·鲍尔森:"凯尔森最早期的法律理论:批判建构主义"(Hans Kelsen's Earliest Legal Theory: Critical Constructivism),载《现代法律评论》(*Modern Law Review*),59(1996),第 797-812 页,重刊于《规范性与规范》(前注 25),第 23-43 页。

法律纠纷①。

如同"倒置"一语所暗示的那样,这确实是施米特观点的对立面。

综上所述,凯尔森认为施米特作弊了。施米特通过上述方式的分析就是为了证明宪法审查不可能也不可行。凯尔森说:

> 从"司法决断"的概念得出"宪法法院"制度不可能、不可行的结论,无论是如何设想的,均构成概念法学(Begriffsjurisprudenz)的典型案例②,而这在今天已然过时。

2. 施米特对"事实构成"的狭隘解读

凯尔森说,施米特的事实构成观点有可能来源于刑法③。对此的典型认定如下:被告的行为属于事实构成的类型中的一种,在刑法中它被视为犯罪。

凯尔森认为宪法裁判也可参照同样的方式来理解。相关事实构成要么是程序问题,要么是内容问题。

> 制定法条文的违宪性……要么在于事实,它并未按照宪法规定的程序而颁发,要么在于事实,它的内容是宪法所不允许的。④

---

① 凯尔森:《守护者》(前注 134),第 589 页;重刊于《凯尔森全集》第二卷(前注 117),第 1886 页。
② 凯尔森:《守护者》(前注 134),第 584 页;重刊于《凯尔森全集》第二卷(前注 117),第 1880—1881 页。
③ 无论如何,这是一个合理的假设,而且有趣的是,在这一联系中施米特完成了其属于刑法领域的博士论文,参见施米特:《罪责及其种类——一个术语的考查》(Über Schuld und Schuldarten. Eine terminologische Untersuchung),《刑法文集》系列第 120 册,Breslau: Schletter,1910 年。
④ 凯尔森:《守护者》(前注 134),第 590 页;重刊于《凯尔森全集》第二卷(前注 117),第 1886 页。

无论制定法规范的违宪性是归咎于程序上的瑕疵还是内容上的瑕疵,总之都可以说成是规范未按宪法颁发。正如凯尔森所言,合宪性审查始终是决定"法令的颁布方式是否合宪"①的问题。

由此,凯尔森争辩道,施米特对"事实构成"的解读过于狭隘,未觉察到规范的颁发本身就属于事实构成②。如果选择在施米特的模式框架内来理解,则该模式可立即扩大,将法律规范的颁发作为裁判的"事实构成"亦含括在内。施米特毫不遮掩的对此予以否认,简直就是回避问题。

3. 凯尔森从司法判决的政治维度对施米特的批驳——"决断主义"引发的批驳

司法判决的政治维度表达的是涵摄模式的另一面。在此,凯尔森处理的是施米特决断主义的一个方面。让我们从前文第四章所概述的凯尔森关于法律体系的规范层级观点开始。正如笔者在前文提到的,在规范层级中所反映的动态法律概念引发了对法的性质独特性的关注——它调整的是法律规范的自我创设③。凯尔森论证说,动态法律概念的结果是促成法律制定与法律执行之间差异的相对化。不过这并非说,较低层次规范的颁发完全受较高层次规范的约束。相反,司法判决中包含了一个不可化约的"决断主义"成分——在这一点上凯尔森和施米特是一致的④。例如,

---

① 凯尔森:《守护者》(前注 134),第 590 页;重刊于《凯尔森全集》第二卷 (前注 117),第 1886 页。
② 凯尔森:《守护者》(前注 134),第 590-591 页;重刊于《凯尔森全集》第二卷(前注 117),第 1887 页。
③ 参见本文第四部分,前注 115-116 所列文本。
④ 关于凯尔森的决断主义,参见凯尔森:《守护者》(前注 134),第 592 页;重刊于《凯尔森文集》第二卷(前注 117),第 1889 页。虽然凯尔森并未在其他地方使用"决断主义"这一术语,但他的立场——"决断的范围"不可避免地留给立法者——却是清楚的。参见凯尔森:"法学形式主义与纯粹法学"(注 138);凯尔森:《法理导论》(前注 36),§ 33,第 78 页;凯尔森:《纯粹法学 2》(前注 36),§ 45(a),第 347 页。

施米特写道:

> 在每个判决中,即使是在法院单纯运用事实构成的涵摄来作出的判决中,仍存在无法从规范内容中得出的纯粹决断。我将其特征称之为"决断主义"①。

凯尔森认为,"纯粹决断"的成分意味着,司法判决如同法令一样,确切的说亦是一种法律创设。而这,凯尔森继续说,不足为奇。司法判决如同立法法规,具有政治特征,且"纯粹决定"的成分越高,政治维度越广②。于是,施米特以宪法审查具有政治特征为由对其提出的异议③不攻自破。凯尔森争辩道,一切形式的法均具有政治特征,而施米特讲到"纯粹决断"的成分,正是对这一点的确认。

凯尔森以反问方式结束他的论述:如果施米特承认一切法律形式均具政治特征,那么他如何同时又以宪法判决具有政治特征为由认为不能将其视作真正意义上的判决呢?凯尔森对此回应道:

> [施米特]关于宪法审查不属于司法判决的主张对他而言至关重要,即使在他自身思想观点[与之相悖]的事实面前仍坚持如此,因为这是[他的]法律政策的预设:就因为司法程序中有关法令的合宪性决定和对违宪法令的推翻都无关

---

① 施米特:《宪法的守护者》(前注 27),第 45—46 页;凯尔森:《守护者》(前注 134)中亦对此加以引用,第 592 页;重刊于《凯尔森全集》第二卷(前注 117),第 1888—1889 页。
② 凯尔森:《守护者》(前注 134),第 586 页,以及参见第 592 页;重刊于《凯尔森全集》第二卷(前注 117),第 1883 页,另参见第 1889 页。凯尔森认为,法律在性质上是政治的,但法学理论是"纯粹"的,因而要免于政治。
③ 施米特:《宪法的守护者》(前注 27),第 22 页。

"司法判决",所以不应移交某些独立法官处理。相反,它应移交给另一机关处理①。

这一有疑问的机关自然就是帝国总统。这就引出施米特在《宪法的守护者》中提出的最后一个命题以及凯尔森对之的批驳。

4. 国家元首(即帝国总统)的推定中立性

在《宪法的守护者》第三章,施米特列举了可证明帝国总统中立性的案例。

> 有权作出政治决断或者施加政治影响的人之间的意见分歧……一般不会将自身引向司法判决。此类意见分歧要么由更高层的政治力量来消除,即[他们的]上级,更高一级的第三方机构。不过这无法成为宪法守护者;而应该是独立自主的国家元首。要么此类意见分歧由中立第三方机构消除或处理——这是中立权被赋予的意义,一种中立和中间的力量(pouvoir neutre et intermédiaire),它不在宪法设定的其他权力之上,而是平行,有着自身的权力和施加影响的方式②。

在有关中立性问题这一最后回合,凯尔森失去了耐心。确实,他一度根本就不愿再去揣度施米特的例证的可信力。面对所提出的质疑,凯尔森提到19世纪的宪法授予君主权力和特权,与此同时还赋予同一个君主以中立权。君主是"大部分国家权力或全部国家权力的执掌者"。他行使权力,颁布法律。现在,他又被视为

---

① 凯尔森:《守护者》(前注134),第593页;重刊于《凯尔森全集》第二卷(前注117),第1889页。
② 施米特:《宪法的守护者》(前注27),第132页。

"中立机关",利用他的中立性,"可依申请来审查法律的合宪性①"。这公然违背了凯尔森关于立法机关无力自我监督的观点②。反对声音不可避免。中立性主张的基础是什么?按凯尔森的说法,是一方面授予君主大部分国家权力,而另一方面同时要求君主行使权力须遵循中立性约束的"自相矛盾"吗?

严格而言,凯尔森未提出反对。他只是说明其特征:

> 然而,提出这是无法接受的自相矛盾的反对意见根本不妥。[提出]这一反对意见无异于用(司法)科学的知识来衡量只可作政治意识形态理解的事物③。

凯尔森对帝国总统"中立性"的大部分讨论的主旨都体现在笔者所引述的句子中了。

在笔者看来,凯尔森对施米特试图证明宪法审查不可能或不可行所进行的评价虽然严苛,但却不无道理。为充分体会凯尔森评价的说服力,了解施米特的更为一般的立场则不无助益,特别是后期魏玛时代,虽然笔者在第六章的陈述很短,甚至称不上是简介。

六、施米特与总统制:后期魏玛共和国思想

德国魏玛宪法第 48 条是魏玛共和国 1930 年夏天宪法危机开端的根本内容。表面上,第 48 条是处理紧急状态的明确规定。关键内容是第 2 款,规定如下:

---

① 凯尔森:《守护者》(前注 134),第 578—579 页;重刊于《凯尔森全集》第二卷(前注 117),第 1876—1877 页。
② 参见本文第四部分,前注 126 所列文本。
③ 凯尔森:《守护者》(前注 134),第 578—579 页;重刊于《凯尔森全集》第二卷(前注 117),第 1876—1877 页。

帝国大总统于德意志联邦内之公共安宁及秩序,视为有被扰乱或危害时,为回复公共安宁及秩序起见,得取必要之处置,必要时更得使用兵力,以求达此目的。联邦大总统得临时将本法114、115、117、118、123、124及153各条所规定之基本权利之全部或一部停止。①

正如格哈特·雅斯贝所写,到1930年6月,魏玛共和国的经济状况严峻、失业率很高,因此"化解局势的新措施迫在眉睫"。② 布吕宁(Brüning)内阁提出关于控制开支及增税的法案,但因国民议会不接受而未通过。总理布吕宁随后请求联邦总统兴登堡援引第48条第2款通过该法案。兴登堡对此表示同意,该法案于7月16日以紧急政令的形式通过。7月18日,国民议会中的社会民主党行使第48条第3款规定的权力③,废除了紧急政令。总理布吕宁本身已预料到社会民主党的反应。他手持帝国总统签发的要求解散议会的明确命令④,内容如下:

---

① 关于第48条的历史背景,参见汉斯·博尔特(Hans Boldt):"魏玛宪法第48条:历史与政治意涵"(Article 48 of the Weimar Constitution, its Historical and Political Implications),载《德国民主与希特勒的胜利》(German Democracy and the Triumph of Hitler),安东尼·尼考尔斯(Anthony Nicholls)、埃里克·马提亚斯(Erich Matthias)编,London: George Allen and Unwin,1971年,第79-97页。照第二款,可被临时搁置的条款包括个体自由(第114条)、住宅的不可侵犯(第115条)、通信秘密(第117条)、表达自由(第118条)、集会自由(第123条)、结社自由(第124条)以及私有财产权(第153条)。

② 格特哈特·雅思贝(Gotthard Jasper):《失败的驯化——希特勒权力攫取之路》(Die gescheiterte Zähmung. Wege zur Machtergreifung Hitlers 1930-1934),Frankfurt: Suhrkamp,1986年,第36页;我大体是从雅斯贝关于这些发展的有价值的陈述中得出的结论,参见卡尔·迪特里希·布拉切尔(Karl Dietrich Bracher):《魏玛共和国的解体》(Die Auflösung der Weimarer Republik),首版于1955年,第5版,Villingen: Ring Verlag,1971年。

③ 第48条第3款规定联邦总统须立即向国民议会告知依据前述条款采取的措施(第1款规定联邦总统对兰德尔的控制),如国民议会要求,则应取消上述措施。

④ 参见雅斯贝(前注161)。

鉴于国民议会决议要求推翻总统 7 月 16 日紧急政令,总统特此依据第 25 条规定的权限命令解散国民议会①。

随后执行议会解散程序,几天后,曾被国民议会的社会民主党废除的政令由帝国总统重新签发。

上述历程反映了魏玛共和国最后两年半中很熟悉的运行模式:(a)紧急政令替代议会立法;(b)议会予以废除;(c)帝国总统解散议会;之后(d)重新签发紧急政令,此次无废除风险。结果在很大程度上排挤了议会政府。

新框架———一种总统制的"备选宪法"——是施米特长期以来推动的制度方案。1916 年的论文《论专政与围困状态》表明施米特学术重点的转向,远离其最早期著作的正统命题②。是时,他的注意力集中在行政行为——而且是最明显的行政行为,即紧急状态下的行政行为。施米特的重点转移并非心血来潮。他 1919 年用整部专著《论专政》来阐释专政理论③。在首版于 1923 年的著作《论议会制的危机》中,施米特提出议会制度功能失调④。一年后,在论文《魏玛宪法第 48 条之帝国总统的专政》⑤中,施米特一方面罗列出他那范围广泛的紧急权力,他认为并不局限于第 48

---

① 引自雅斯贝(前注 161),第 37 页。魏玛宪法第 25 条授权联邦总统可解散国民议会,并在解散后 60 天内重新选举。
② 参见前注 31。
③ 参见前注 14。
④ 参见前注 18。
⑤ 施米特:"魏玛宪法第 48 条规定的总统专政"(Die Diktatur des Reichspräsidenten nach Artikel 48 der Weimarer Verfassung),载《德国国家法学者年会会刊》,1 (1924),第 63-104 页;重刊于施米特:《论专政》,第二版(前注 14),第 213-254 页。1924 年会议上的附和性演讲由埃尔文·雅科比(Erwin Jacobi)作出,参见《德国国家法学者年会会刊》,第 105-136 页。关于雅科比的作用,参见马丁·奥托 (Martin Otto):《从专有教堂到人民专有的企业:埃尔文·雅科比(1884-1965)》 (Von der Eigenkirche zum Volkseigenen Betrieb: Erwin Jacobi [1884-1965]), Tübingen: Mohr Siebeck, 2008, 第 9 章, 第 83-98 页。

条的规定,另一方面,他增加了限制,紧急政令仅仅是"措施"(*Maßnahmen*),而非制定法①。在 1928 年的《宪法学说》一书中,施米特对比了魏玛宪法中的"两种政治领导"。他贬低总理,总理处于仅仅解释政策的地位,以"维护国民议会的信任",而国民议会则是"不断变化的不可靠的联盟"。截然相反的是,他赞扬帝国总统,总统有全体国民的信任,不受"由各党派组成的议会"的影响②。1930 年 7 月下旬,施米特起草一份咨询意见,放弃了他在 1924 年讲座中主张的限制,即紧急政令并非制定法而只能理解成"措施"。在 1930 年 7 月早些时候披露特别事件后,接踵而至的是他在 28 日宣称,按第 48 条第 2 款签发的政令可确认为"具有制定法地位的规章"(*gesetzvertretende Verordnungen*)③。这同样并非心血来潮。施米特将咨询意见整体纳入到他 1931 年的专著《宪法的守护者》④。1932 年 10 月,施米特在接管普鲁士州(*Preußenschlag*)的案件中担任联邦政府的代理人⑤。

---

① 参见恩斯特·鲁道夫·胡博(Ernst Rudolf Huber):"魏玛时期的宪法紧急状态学说"(Zur Lehre vom Verfassungsnotstand in der Staatstheorie der Weimarer Zeit),载《为法与国家服务》(*Im Dienst an Recht und Staat. Festschrift für Wermer Weber zum 70. Geburtstag*),施耐德(Hans Schneider)、沃尔克玛·格策(Volkmar Götz)编,Berlin: Duncker & Humblot,1974 年,第 31-52 页。同施米特和恩斯特·雅科比(参见前注 168)相比,胡博属于更激进的魏玛思想家,他拒绝对紧急权力作超出第 48 条文字以外的扩大解释,同时承认第 48 条相关条文属于制定法。而施米特和恩斯特·雅科比持完全相反观点。
② 施米特:《宪法学说》(前注 18),§ 27. III.4.,第 351 页,英文版(前注 18),第 370 页。
③ 施米特:"关于帝国总统有否权力根据魏玛宪法第 48 条第 2 款颁布财税法方面的规定给出的宪法法上的评议"(Verfassungsrechtliches Gutachten über die Frage, ob der Reichspräsident befugt ist, auf Grund des Art. 48 Abs. 2 WRV finanzgesetzvertretende Verordnungen zu erlassen),Berlin 1930 年 7 月 28 日(打字稿)。
④ 参见施米特:《宪法的守护者》(前注 27),第 117-130 页。
⑤ 参见《普鲁士对帝国的国事诉讼》(*Preussen contra Reich vor dem Staatsgerichtshof*),Berlin: J.H.W. Dietz,1933 年,后由 Glashütten im Taunus: Detlev Auvermann 出版社重印,1976 年,第 39-41,130-134,175-181,288-291,311-322,350-355,466-469 页;凯尔森:"1932 年 10 月 25 日国事法院的判决"(Das Urteil des　　　　(转下页)

总统制的"备选宪法"并不一定不可避免地导致希特勒政权。的确,帕彭和施莱歇尔政府(1932 年 6 月至 1933 年 1 月期间)策划了让兴登堡依照魏玛宪法规定解散国民议会并在 60 天内不进行新选举的方案,不过很无力。此类方案据称是防止纳粹威胁的机制;无须多言,每个计划都失败了①。施米特在此类方案中的角色如何是某些资料讨论的主题,但不甚明了②。明了的是,施米特一直在寻找替代议会制的机制——从他职业生涯的最初就这样。

对凯尔森而言,寻求建立总统制的人所冒的风险仍存在。在

(接上页注⑤) Staatsgerichtshofs vom 25. Oktober 1932),载《司法》(*Die Justiz*),8 (1932),第 65-91 页。但不清楚能否将施米特和凯尔森对普鲁士政变(Preußenschlag)的看法视为第二轮更大的交流,因为凯尔森的讨论以分析和描述为主;参见戴岑豪斯:《合法性与正当性》(前注 127),第 123-132 页。完全清楚的是,特别在纳粹统治时期,施米特给凯尔森贴上反犹太主义的骇人标签。参见格罗斯(Raphael Gross):《卡尔·施米特与犹太人》(*Carl Schmitt und die Juden*, Frankfurt: Suhrkamp, 2000 年,扩展版 2005 年,第 I 章,§ 4,第 120-134 页。格罗斯在"法律科学中的犹太主义"(Das Judentum in der Rechtswissenschaft)中详细记载了 1936 年会议。虽然不那么著名,但近期出版的施米特在 1930-1934 年间的日记表明,他在纳粹时代之前就有明确的、无保留的反犹思想。例如,1930 年 12 月施米特提及凯尔森时混杂着反犹主义和低俗,参见卡尔·施米特:《1930-1934 年日记》(*Tagebücher 1930 bis 1934*),沃尔夫冈·施努勒(Wolfgang Schnuller)、德奥·吉斯勒(Gard Giesler)编, Berlin: Akademie Verlag, 2010 年,第 73 页(1930 年 12 月 28 日星期日)。

① 参见沃尔夫拉姆·佩塔(Wolfram Pyta):《兴登堡:霍亨左伦与希特勒之间的统治》(*Hindenburg. Herrschaft zwischen Hohenzollern und Hitler*), Munich: Siedler, 2007 年,第 701-805 页,非常有价值的陈述。

② 参见恩斯特·鲁道夫·胡博:"魏玛末期帝国危机中的施米特"(Carl Schmitt in der Reichskrise der Weimarer Endzeit),载《对立统一体》(*Complexio Oppositorum*)(注 35),第 33-70 页(文本与讨论);沃尔夫拉姆·佩塔、加百列·塞贝尔特(Gabriel Seiberth):"施米特日子镜像中的魏玛共和国的国家危机"(Die Staatenkrise der Weimarer Republik im Spiegel des Tagebuchs von Carl Schmitt),《国家》(*Der Staat*),38 (1999),第 423-448, 594-610 页;鲁兹·贝尔托德(Lutz Berthold):《魏玛末期的施米特与国家紧急状态计划》(*Carl Schmitt und der Staatsnotstandsplan am Ende der Weimarer Republik*), Berlin: Duncker & Humblot, 1999 年。

他1931年同施米特论战的一开始,凯尔森提及魏玛宪法剥夺的自由,还说很难看清宪法"如何能避免支离破碎的危险"①。悲哀的是,凯尔森的预言应验了。

---

① 凯尔森:《守护者》(前注134),第579页;重刊于《凯尔森全集》第二卷(前注117),第1876页。

政治民主与社会同质性*

[德]黑勒(Hermann Heller) 著
郑 琪** 译

社会同质性对政治民主具有什么意义,这个问题是无法穷尽的。我们在此主要从政治的(因而不是社会的、经济的或伦理的)立场出发,通过对基本概念的阐发来探讨这个问题。

和任何其他关于政治支配的体系一样,民主在本质上也是一种具有潜在地普遍性的领土决断(territorial decision)。当有人就那些有关协作统一体(the unity of cooperation)的行为做出最终决断时或当他实质性地参与领土决断的统一体时,他就已在进行政治性地统治了。领土决断的普遍性当然只是一种潜在的普遍性。但如果要建立起统一的协作——自马基雅维里以来被称作国家的多元统一体——,那么任何有关统一该领土内的社会生活的秩序问题都潜在地属于政治决断。关于这个或那个社会行动对协作统一体的适切性的判断随着历史和社会的处境及地域而改变。

---

* 最初题为"Politische Demokratie und Soziale Homogenitaet,"载于 Hermann Heller, *Problem der Demokratie*, I. Reihe, Politische Wissenschaft: Schriftenreihe der deutschend Hochschule fuer Politik in Berlin und des instituts fuer auswaertige Politik in Hamburg 5 (Berlin: Walter Rothschild, 1928), 35-47。重印于 Hermann Heller, *Gesammelte Schriften*, II: *Recht, Staat, Macht*, 2nd ed., edited by Christoph Mueller (Tuebingen: Mohr, 1992), 421-33。由 David Dyzenhaus 翻译。

** 郑琪,法学博士,华东师范大学法律系讲师。

领土决断的统一体使政治的本质对我们来说变得可理解。正是在辨证调整的过程中,不同社会行动的永无止境的多元性和复杂性被导向了一个有序的和规整的统一体。政治性的决断行为建立并维持了一种法律秩序——该秩序的存在、实定性或有效性永远有赖于那个行动统一体的存在——,因此在有必要的时候它必须肯定自身,甚至反对实定法本身。在某一确定的领土范围内进行一种积极的共同交换这个事实,要求行动的有序统一体也要在原则上把它的与个人相关的决断当成普遍决断,并因此而把其秩序不仅强加于国家的成员身上,也强加于领土内的所有居民身上。任何支配(不管它是以宗教的、教育的、经济的、性欲的理由或任何其他的理由为动因或基础),一旦它要求以在特定领土范围内的决断统一体为其最终目标,那么它就成为政治性的。

我们称国家为这些行动的统一体,它们构成了领土决断的制度。因此,所有政治的基本问题可归结如下:这个领土决断的统一体如何一方面在那些构成它的意志行动的多样性中,另一方面在那些具有其自身支配力的周围领土的多样性中被建立和维持。这个领土决断的普遍统一体必然奠基于人类的"社会—非社会本质"——在其既是多样性又是社会性的本质特征——之中。只有在社会中,介于神和兽之间的人类才成其为人;只有在其毋庸置疑的独特性中,他才成为并依然保有这种兼具精神性—智识性和身体性的存在。因此,一个具有领土决断的普遍的、有效的统一体(不管它是如何形成的)是人类存续的形而上学必要条件(conditio sine qua non),也是其身体性必要条件。

作为人之世俗处境的基本前提的社会性,它首先表现为一个延伸至动物世界的自然事实。在人类社会中,个体的多样性和特殊性必然不仅仅与一个自然类别的共同体相关,而且也与一种智性的决断相关。尽管自然冲动那一无法理解的秩序起了部分作用,但智性秩序的等级性"上层建筑"也(而且是首要地)起了作用,它赋予人类社会那永远冲突的结构以一致性。人类的共同生活一直是由有意志的人的具体决断赋予秩序的共同生活,而在自然主义的基础上成长起来的共同体则从未证明它们是最为稳定的。一种理想权力的例子是几千年来在天主教会里既联合又分立的人类的那种权力。

只要涉及领土的交换和合作,那么这些决断就成为政治性的。不断增强的文明和劳动分工,与不断扩张的区域和社会关系的复杂性混合在一起,强化了有意建立的秩序的必要性,也增加了由中心做出的政治决断的数量。伴随着行政人员的增多,它也随之拓宽了政治统一体决断的活动,就像它为了社会状况而增强这种统一性一样。

所有政治都在于形成和维持这个统一体。在一种紧急处境中,所有政治最终都必须要以身体性消灭攻击者的方式来回应对统一体的这种攻击。

这就是卡尔·施米特的主张的正确内核,即特定的政治区分就是敌友区分。当在紧急情况下不再有意愿去消灭那些对政治统一体发动了内部或外部攻击的人时,政治在根本上就被否定了。如果一个国家在任何情况下都禁止使用致命武力、或者当它的代表在国内或国外受到攻击时国家却不能还击,那么它就已经取消了自身。

但人们必须质疑施米特的这个观点,即敌友区分是专属于政治的,所有政治行动和动机都可以被简约为这个区分。除了这个事实(即无法在认识论上把这个区分放到善与恶、美与丑、有益与有害的价值区分范畴中)外,施米特的敌友区分是循环的。因为如果没有形容词"政治的",这个区分就没有表示任何在本质上是政治性的内容。"我的朋友是你的朋友,而你的敌人也将是我的敌人,"这句话可以同样适用到政治朋友及任何其他共享某些信念的朋友身上——孩提时代的朋友,商业朋友以及亲密朋友。施米特没有看到在作为政治的国家内部形塑统一性的领域。假设所有的政治活动实际上都可以被化约为敌友区分,而敌人则意味着那个"在特定的强度上,在生存性上陌异于我和外在于我的"人①,那么,为了保护契合于我的本质的这种生活方式,我就必须抵御他并与他斗争、必要时毁灭他。这将得出,政治统一体的建立和存在将完全是某种非政治性共属一体的东西。施米特只看到已经完成了的政治状态;但这并非某种静止之物;相反,它是需要每日更新的东西,un plébescite de tous les jours [每日公决]。②

国家借以成为并维持自身作为在其肢体的多样性中的统一体的动态过程就是政治,这至少与国家在对外事务中维持自身的方式一样具有意义。"政治"一词源于 polis,而不是 polemos[战争],尽管这些术语的共同根源依然富有意味。同样地,不管人们是否把它看成是可能的或可欲的,civitas maxima[最高国家或世界国家]至少在理论上是一个无法反驳的假设,它并不与人的处境相矛盾。在我们的例子中,它有助于表明,政治的敌友区分是一个并非在所有处境中都需要的范畴。相反,领土决断的统一体将充分地描述甚至是世界国家的本质。因此,施米特的敌友[258]反题不适合赋予国家一种伦理的目的,恰恰是因为,在他看来,国家必须被理解为与伦理目的格格不入,它是一个纯粹的生命实体,与另一个异在的生命实体(后者与它一样行动)处于对立之中。

民主意味着人民的统治。如果 demos[人民]被认为应该 kratein[统治],那它必须在所有处境下都通过行动和决断 [Wirkungs- und Entscheidungseinheit]形成一个统一体。也就是说,

---

① Carl Schmitt, *Der Begriff des Politischen* (Berlin: Walther Rothschild, 1928), 4.
关于同样的思想,参看施米特 1932 年的文本, *Der Begriff des Politischen* (Berlin: Duncker & Humblot, 1987), 26–27。——英译注

② 引用语来自 Ernest Renan, *Qu'est-ce qu'une nation?* 2nd ed. (Paris: Lévy, 1882) (Conférence faite en Sorbonne le 11 mars 1882), 26 f。——英译注

与任何的支配形式一样,民主必须为统一诸意志(对这些意志来说,少数人的法律一直有效)而呈现出一种体系。民主的支配形式的特殊本质在于这个事实,即它的代表被集体所任命,并拥有治安官而非主权者的地位。每一个民主代表都由人民——直接或间接地——召集和解散。尽管他作为代表有做出自主决定的权力,但他依然通过理性设置的秩序而合法地受制于人民的意志。把民主代表与人民典型地联系在一起的纽带并不是社会学或者社会—伦理学的。这种纽带甚至对独裁的代表来说也存在。确实,斯宾诺莎的说法对任何形式的支配来说都是有效的:*oboedientia facit imperantem*[服从造就统治者]。① 只有在民主制中,这个纽带才额外地是合法的纽带,并配备了有效的法律制裁。在民主制中,任命代表的方法可以极为不同。在自由民主制中发展出来的直接选举的核心机构并不是选择民主代表的唯一方法。当它不仅仅是出于纯粹经济利益而受制于一种必要的授权而任命代表时,由委员会体系所协调的选举也是重要的。对于民主代表的地位来说有无数的可能性。除了议会制和民主委员会体系之外,人们也可以把在美国城市中的实验性的代表形式叫做民主,那里没有议会以及委员会,只是召集一两个具有最广泛决断权力的代表,但他们可以在任何时候被召回。

在政治统一体形成的动态过程中,代表的任命是最重要的阶段。当代民主制的整个问题就在于这个事实,即民主代表的任命被认为发生在一个自下而上的法律过程中。历史的偶然性决定了这个"下"可以达到何种程度,谁应该成为统治阶层的一员,谁应该基于年纪、性别或教育和财产方面的差异而被排除出去。

正是对民主代表被任命的意义之洞见才首先使得人们对民主

---

① 参看 Hermann Heller, *Die Souveraenitaet: Ein Beitrag zur Theorie des Staats- und Voelkerrechts*, in *Gesammelte Schriften*, vol. 2, 31, 57 no. 123。

制中政党的伟大意义(尽管也充斥着误解和污蔑)有所了解。甚至在委员会体系中,政党也不可或缺,在该体系中,它们作为核心的因素统一了被我们称作民主国家的各种意志。没有这种协调体系,就不可能民主地设想那处于无法协调的对立面之多元性中的统一体。

社会同质性对民主制的意义也包含在刚刚所勾勒出的问题中。民主制被认为是自下而上地形塑政治统一体的有意识过程;所有的代表被认为是依然合法地依赖于共同体的意志。作为多元体的人民被认为是有意识地把自身塑造为作为统一体的人民。为了使政治统一体的形塑最终成为可能,必须存在某种程度的社会同质性。只要相信这种同质性,只要认定有可能通过讨论与其对手达成一致意见,只要人们可以与其对手辩论,并放弃借助身体强力的压制,那么,这种社会同质性也是可以存在的。因此,当施米特以为他击中了议会制的"精神核心"时,他错得非常离谱。因为他被强力神话的非理性魅力所吸引,把议会的 ratio(理性)界定为对讨论之公共性质的信念和通过一个无限制的观念市场对发现真理的信念①。这样一种辩护从形式上看有可能受到某些理性主义的辩护者的欢迎,甚至受到当代议会制的反对者欢迎。事实上,思想史表明,作为议会制基础的信念不是对公共讨论本身的信念,而是对存在一个讨论的共同基础的信念,因此也是对使国内政策的反对者有公平参与之可能性的信念,对能排除赤裸的武力并与之达成共识之关系的信念。只有在这种同质性意识丧失之际,一个迄今为止参与争论的党派才会成为一个专政的党派。

因此情形就是,可能形成政治统一体的程度取决于社会同质

---

① 黑勒指的是施米特 *Die Geistesgeschichtliche Lage des heutigen Parlamentarismus* (first published by Duncker & Humblot, Berlin, 1923),translated by Ellen Kennedy as *The Crisis of Parliamentary Democracy* (Cambridge, Mass.: MIT Press, 1988)。——英译注

性的程度；类似地，可能实行代表制的程度以及使代表的地位稳定化也同样取决于此。存在着某种程度上的社会同质性，如果没有它，统一体的民主形塑就是不可能的。当人民中所有政治性地相关的部分不再以任何方式在政治统一体中承认自己，当他们不再以任何方式把自己等同于国家的象征和代表，那么统一体的民主形塑就不再存在。在那一刻，统一体被分裂了，而内战、专政和外族支配就都有可能。大陆联合政府的难产、它们的短暂存续、及其缺乏任何深远的有效影响都是一种不充分的社会同质性的最明显症兆，因而也是我们民主制危机的最危险标志。

今天，正确地理解这个处境（更不用说评估它或改变它）因一对无实质的孪生思想形式而变得无限困难：只依靠抽象的乌托邦理想主义和具有同样基础的自然主义。前者把与生命相冲突的尘世天堂构建为其政治理想；后者则想把所有的社会同质性化约为某种类似于对营养的的追求、化约为一个血脉共同体或一种精神分析的 $libido$（性欲）。

但是社会同质性从来不意味着对必然是对抗性的社会结构的取消。免于冲突的和平共同体以及没有支配的社会可以像先知许诺那样富有意味。但作为一个政治目标，这种把圣徒共同体带到尘世的做法——米歇尔（Ernst Michel）也这样认为——却改变了宗教和政治领域的本质。社会同质性始终是一种社会—心理的状态，在其中当前利益所具有不可避免的对立和冲突看起来被一种关于"我们"的意识和感觉，被一种正实现其自身的共同体意志所限制。这种社会意识的相对平等化有能力穿越巨大的对立张力，并消化宗教的、政治的、经济的及其他方面的强大对抗。人们无法确切地说这个"我们—意识"是如何产生和破坏的。所有试图在某一单一的生活领域发现这种意识的动力的努力都已经失败，也必定失败。我们可以确切地知道的是，在每一时代，在社会存在与意识——换言之，社会形式——之间都有某种对应关系。这总是时代意识感到最自在、也对社会同质性最关键的领域。

在现代欧洲,自文艺复兴以来,本体论就已经是此世性的,社会心理平等化最重要的因素已经成为共同言说,成为一种共同的文化和政治史。当代的时代精神——不管它具有唯心论还是唯物论的氛围——事实上只知道现实的自然主义领域。思想的"上层建筑"消散为一种衍生物,一种凌驾于经济、性或种族(这些存在方式对社会同质性来说越来越起到关键性的作用)之上的无力的意识形态和虚构。只要它暴露了实证的和历史的迷信,那么这种意识形态的教训对人类的骄傲来说还是颇为健康的。

然而,在政治中,一个可怕的问题正抬起其美杜莎之头——即人们如何在这些阶级和种族的巨大冲突中确认当前的民主这个问题。相比于任何其他的政治形式,民主制的存在在更大程度上依赖于社会平等化的成功。人们可以理解,为什么今天的左派和右派都坚持不可能以民主的方式来形成政治统一体。一种不抱幻想的资产阶级的新马基雅维里主义想要——以帕雷托(Vilfredo Pareto)的精神——把民主、民族主义和社会主义、简言之所有的"意识形态"作为 arcana imperii[权力的奥秘]来加以利用,以便在永恒的"精英圈子"中独断地维持自身的权力。同样,在德国,君主主义至少对年轻一代来说仅仅是呼唤"强人"的伪装,这个强人行动而不妥协,他推动社会心理同质性与政治统一体的形成,当然与此同时又维持资产阶级的地位。与此同时,无产阶级同样因为现存的经济差距而对民主形式感到绝望,在当前和不远的将来,它把它对自由和平等的希望寄托于一种开明专制上。尽管享有短暂的安宁(更准确地说是疲乏),但社会同质性的状态——它是政治民主的前提——正以一种与此前的时代不相匹配的方式缺失着。

可以确定的是,过去的几个世纪已经带来了市民同质性。不再有法律意义上的奴隶,享受不到法律下的自由和行动的自由,并被排除在国家之外,这样的人在古代民主中被认为是理所当然的。

每个个体、而不仅仅是每个公民享有形式上平等的人格、家庭和财产的保护。而这也说明了形式性法律的政治同质性是如何形成的：每个公民都被赋予参与政治统一体形塑的形式平等的权利和有资格获得官职的形式平等的权利。但即使是这种"朝向自由意识的前进步伐"——正如我们可能同意黑格尔的那样——如今却是威胁着民主统一体形成的因素。

因为这个自由的意识一方面是社会不平等的意识，另一方面又是政治权力的意识。后者不能永远地被强力所压制，但迄今为止却还没拥有独立地引领文化和形成政治统一体的资源。没有在经济上的根本改变和在意识中的深刻革命，就不可能有意识的社会心理平等化。考虑到社会阶级斗争的事实，民主的政治形式能够持续到那个时候吗？就其自身而言，源于一种经济基础的阶级斗争决不应该分裂民主。但一旦无产阶级相信其过分强大的对手的民主性平等将迫使阶级斗争的民主形式处于无望的境地，那么它将诉诸专政。

统治阶级或在这些阶级中的知识分子的洞见对那种信念是否会在无产阶级中扎根是关键的。在民主形式的伦理中寻求对自己或对他人的安慰是无意义的。可以确定的是，政治民主制想要通过召集代表来保护国家的每个成员影响政治统一体的平等机会。但是社会差异可以使 summum jus［最高正确］变成 summa injuria［最高错误］。缺乏社会同质性，最极端的形式平等就成为最极端的不平等，而形式民主制则成为统治阶级的专政工具。

鉴于他们在经济及一切关涉文明的事物上所具有的优势，统治者手中拥有充分的手段，通过对公共舆论施加直接和间接的影响，以把政治民主制恰好转变成其对立面。通过对党派、媒体、电影和文学的财政支配，通过对学校和大学的社会影响，他们不需要通过直接腐败的方式就能充分有效地影响官僚阶层和选举机制，从而保留每一种民主的形式，却获得专政的实质。他们的优势因这一简单的事实而更加危险，即这种影响是匿名的且不需要负任何责任。它把政治民主变成一种虚构，保持其代表制的形式，却篡改了其内容。

如果无产阶级开始意识到这种差距，那么它也将意识到，一旦它强大的臂膀想要如此，则不仅是工业之轮，而且是国家之轮都将停止运转。在那种情形下，它将只在两种条件下尊重阶级斗争的民主形式。首先，民主形式会确保无产阶级成功的期望，其次，无产阶级可以从当代的支配条件中看到一种思想的和伦理的基础以及一种历史的必然性。当然，这也有赖于无产阶级所具有的洞见的程度。但是它无可比拟地更依赖于统治者及其支持者的思想和伦理能力所能企及的范围。不想超越阶级偏见以图诚实地做出政治决断的统治者，不想持之以恒地试图平衡各阶级的价值判断以避免将正义维系于某一阶级的法官——对无产阶级来说，他们和国家的所有其他权威就代表着赤裸裸的阶级—国家，它没有权力迫使无产阶级尽职，它只是压迫的工具，只值得与之作斗争。在这种处境中，不仅是两个阶级的经济条件，而且是它们的思想和伦理意识都将作为两个缺乏任何中介的实体，面临异质性的彼此挑战。对无产阶级来说，资产阶级将不再是同样类型的存在。无产阶级将用他的无产阶级阶级专政理想来对抗资产阶级的阶级—国家专政。

借助共同习俗的同质性，即某种程度上曾在瑞士和美国得以实现的那种同质性，阶级之间的经济差距带给政治民主制的危险可以在一段时间内被弱化，但决不会永远地被克服。习俗的平等可以在某种程度上削弱经济不平等的意识。相反，在日常问候和服饰模式中越是明显地强调经济差异，就越有更多数量的社会圈子和团体通过他们的宫廷仪表、他们成为官员或兵团成员的能力等方式来公开地支持他们的等级差异；在培养和教育中所遵循的惯例模式越是和头衔、等级、名位联系在一起，公共预算就越是狭尴尬地根据不同的路线来分配——不管是在有轨电车上还是在教会中——阶级不平等的意识就会越来越大,而保护其对立的政治阶级有平等参政机会的公平游戏的意愿就会越来越小。

最后,甚至是人类学的同质性也可以是政治民主的前提假设,这一点可由美国的黑人问题得到说明。参与全部选举过程的权利——这是在内战后赋予黑人的权利——再次被剥夺。美国公民敷在普遍人权之上的全部神圣庄严一点也没有阻止它自明地把黑人从民主制中排除出去,正如对柏拉图来说,把奴隶从民主制中排除出去似乎是自明的那样。可以确定的是,黑人问题不仅仅是一个人类学问题。但只把它看作是一个经济问题也是错的。相反,欧洲工人问题首先是并仍将是经济问题,只要这个问题已成为我们有意识行动的问题。在这些社会差距中,把经济差距塑造成人类学差距、把无产阶级作为在血统上低人一等的阶级与那些有产阶级区分开来没有什么比它们更威胁着我们的民主,也使统治阶级参与阶级斗争的意愿更有特色——其目的是为了在血统的基础上证明那些具有高等血统的人是统治者的要求:Quos deos perdere vult, dementat prius[众神将要毁灭的人,首先使之发疯]。假设无产阶级不仅在经济上与统治阶级异质,而且无产阶级不仅通过可变的财产关系和教育,也通过不可改变的血脉与统治阶级区别开来,那么是什么样的团结使无产阶级承认统治阶级的民主性平等?!

一百年来,资产阶级圈子习惯于把民族的文化共同体看作是融入国家的充分要素。人们不会质疑我低估了民族文化共同体在形塑国家中的权力。① 但我必须同样有力地强调,如果没有一定程度的社会同质性就不可能有文化共同体。资产阶级希望无产阶

---

① 参看 Hermann Heller, *Sozialismus und Nation*, in *Gesammelte Schriften*, vol. 1, sec. 2, pt. 5。

级对民族文化的分享就能将无财产的阶级保留在形塑民主统一体的进程中,这在很大程度是是一种天真的自欺。斯潘(Othmar Spann)说的有理:"只有当参与达到精神共同体的层次,真正的民族区别才会消失,真正的……民族归属也才会产生;在这之前,它只是一个利益共同体。"①

但是如果政治良知满足于斯潘的话,并且暗指"大众"在文化上的无能,②那么,它就把大众与阶级混为一谈了,它想要坚持它自己的阶级由于其精神本性而优于其他阶级。在原则上,这类阶级—国家的正当性与上面提到的关于阶级的种族区分理论有同样的政治效果。它也必须以消除最终的联系,并以趋向于无产阶级专政而告终。让我们在这个背景中忽略这个事实,即民族国家的理念在战后的欧洲对所有的阶级来说都已经丧失了其说服力。甚至统治阶级也已经开始严肃地看待这个问题,即当代民族国家是否比一个欧洲联邦国家更好地有助于民族的自我保存。正是这个原因,民族的理念不久就将证明自己对民主统一体的形塑正当化是不充分的。

最后,我们应该谈谈如下这个关键议题。借助一种宗教的"我们"意识与阶级对手融合(作为同一上帝的孩子),无法补救如今的经济、文化和传统同质性的缺乏。然而,这种宗教同质性——它几乎不能被我们的意志所影响——对政治民主具有最大的意义。因为今天在资产阶级中有许多人,他们建议把宗教当做一种中介,以实现政治统一体的形塑目的。不只是在法国存在着一种无神论的大公主义,它想要为人民提供一种宗教,与此同时又为自己保留一种没有信仰的支配理论。在德国,我们知道有这样一类学者,他们现在通过把好主人赞美为一种社会止痛剂而为其前革

---

① Othmar Spann, *Gesellschaftslehre*, 2nd ed. (Leipzig: Queller Meyer, 1923), 483.
② Spann, *Gesellschaftslehre*, 483.

命的学术社会主义忏悔。不说把宗教用作政治的工具是渎神之举,它的建议本身就意味着巨大的政治愚昧:人们意识到这一点不能不感到恼火。

在陀思妥耶夫斯基的《群魔》中,沙托夫(Schatoff)做了这样一个意味深长的评论:"没有人民者,也没有神。"尽管人们可以理性地从"民族神话"中构建出一个宗教"神话",但人们无法因此创造出真实的人民或真实的上帝。

神学与政治理论

[德]陶伯斯(Jacob Taubes) 著

温玉伟 译

  起先,神学作为政治理论问题而出现。神学概念本身首次出现在苏格拉底与阿德曼图斯关于诗歌和文学在城邦中位置的对话中。柏拉图的设想是,城邦肇造者应该认识到诗人表达故事所用的一般形式以及诗人必须遵守的界限。神学的概念即是在该语境中首次出现,在阿德曼图斯的提问中,"不过,你所说的神学是哪种样式(typoi peri theologieas)? 苏格拉底答道,神必须被呈现为他实际的那样,无论所呈现的是何种形式的诗歌——或叙事,或抒情,或肃剧"。

  城邦的命运依赖于权威的公民规范,因此,对柏拉图来说极为重要的是,那些扭曲了神性自然的错误象征和陈词滥调——如他在希腊人叙事诗和肃剧作品中所发现的——应远离对青年的教化。柏拉图攻击那些当时在古希腊教育中发挥举足轻重角色的文学,并拒斥对古希腊神话和虔敬而言基础性的象征。他对古希腊神话的批评在没落的奥林匹斯诸神面前也毫不畏惧,这种没落致使希腊社会走向穷途末路。神学的概念就是在这样一种危机中被打上烙印。其概念本身便是根基动摇的标志,因为它暗示了,即便叙事,甚或表露神性之自然的神话,也必须受到理性法庭的检验。

  对于柏拉图来说,神学问题同政治理论关联至为紧密。这一关联之所以不那么令人瞠目结舌,是因为,哲人对共同体的政治关怀一开始便引导着他对各理论分支如神学、形而上学、认识论和逻辑学的兴趣。柏拉图在一篇讨论城邦结构的文章中将其相论(Ideenlehre)阐发开来,难道只是偶然吗?其相论难道不是共和国构想的认识论根基?在柏拉图看来,一个社会若认同智术师认识论上的相对主义,则注定要走向失序和僭政,因为,任何政治权威都不能建立于相对主义的基础之上。

认识到神学的这一初始地位至关重要,我们可以看到,它与政治理论的关联并非派生性的,而是正好触及二者之核心。实际上,并不存在对社会秩序无关紧要的神学。甚至那些号称是完全非政治性的和将神性理解为完全陌生的、在人和世界面前是纯然他者的神学,也有着政治性的意涵。当今神学家几乎不能认识到克尔凯郭尔神学教义——这对今日之新教、天主教以及犹太教神学家来说很现代——同其政治性的权威理论之间至关重要的关联。或者,有谁可以认真地接受一种神学:它抵制一切"自由的"(liberal)对神性和人性的调和并且号称"权威"与"顺从"为其核心思想,却在其政治教义中蓦地变为了"自由的"?

因为不存在没有政治意涵的神学,因此,也不存在没有神学前提的政治理论。蒲鲁东曾说,我们在政治的根底上总能发现神学。柯特(Donoso Cortés)在其《杂论天主教》(*Essay über den Katholizismus*)一开头就引用了这一论断,它或许是唯一的前提,但却极为重要,1848年的两位死敌对此心照不宣——柯特,这位天主教保皇党的捍卫者,和蒲鲁东,这位无神论无政府主义者的支持者、"天意说神话"的攻击者。蒲鲁东认为,人必须牢握进步的缰绳,它一直以来只是由无法理解的天意(Vorsehung)所把持。引导我们直到如今的先知先觉无法再引领我们前进。人必须在命运之车驾中接手上帝的位置。

在十九世纪革命和反革命的时期,政治理论之神学意涵的出现并非偶然,原因在于,对话的世界(Universum des Diskurses)在此时期破产了。参与各方说的不再是同一种语言,因而不得不回到指导其论点的诸原则上。当洛克和培尔要求对无神论者也宽厚相待,当无神论在百科全书派时期被社会广为接受,十九世纪在此时便试图将社会建立在一块在宗教上中立或者无神论的土地之上。黑格尔在《精神现象学》中——即便有所掩饰——将法国大革命中各大事件和拿破仑的凯撒主义解读为无神论的或美其名曰跨神论的(transtheistisch)社会的肇端。黑格尔在该书结尾暗示,古代末期宣告上帝死亡——le grand Pan est mort[伟大的潘神死了]——的声音如今又不绝于耳。他在《精神现象学》(最后一章,"论绝对知识")中低语的秘密通过其学生在下一代人中间成为常识,(瓦格纳编剧的)《诸神的黄昏》通过尼采公开宣称上帝死了而成为定论。

不过,随着对上帝的否定,等级制(Hierarchie)理念和概念也失去了有效性。这个世纪——其典型地表现在黑格尔内在的泛神论,后期阶段则在孔德的无神论实证主义,以及马克思的辩证唯物论中——也为绝对的人民主权扫清了道路,"为人民的统治,通过人民的、为了人民的[统治]"(für die Herrschaft des Volkes, durch das Volk, für das Volk)。十九世纪,没有任何西方国家能够抵抗民主原则的传染。那些即便抵挡了民主革命的前民主制度,也只是为败退的策略而战斗。当然,前民主制度也有其自己的节奏,并且可以做出出其不意的反抗,通过这种反抗,它们在批评性的攻讦中幸免遇难。一旦其持存形式的内在明证丧失,那么,这些制度只能作为遗迹而继续存在,并且只出于实际的效用之故而得以幸免于难;它们改变不了自己获得的内在原则。制度化的独裁基于等级制原则,而后者的前提在民主时代已不再是"理所当然"的了。独裁时代国王的神性法权与议会制时代"通过讨论的统治"(Regierung durch Diskussion)①一样,都是现实的。独裁制的制度虽可以作为装饰而幸免,但其内在生命只是暂时的,当国王的神性法权不再被认为是神圣的,并且受到人人平等的自然法则的挑战时——因平等原则之故,等级制的分级消亡时。议会制的制度虽可以作为门面而幸免,但其内在生命只是暂时的,当其有关"通过讨论的统治"的根本假设不再有效时——当公开的讨论不再被认为是"最后的出路"(Ultima ratio)时,因为人们不再视论辩的理性解释是果真能说服人的途径。这时候,理性的论辩被解读为对自利的利益和非理性动机的理性化过程。

等级制原则在其所有宣言中以一位主权者为前提,这位主权者位于秩序的"彼岸",他在法律系统面前是"超验的",并且作为"第一因"(prima causa)保障了秩序原则。所有这些前提在民主时代都毫无意义,后者之原则接受的是主权者和秩序之间根本的一致性。不存在超脱于人民统治、由人民统治、为了人民而统治的主权者。统治者是完全践行人民意志的"行政者"(Exekutive)。故而,今时今日一切在民主时代再次引入等级制秩序的尝试(的确有许多)都注定要落空,这要么是浪漫的怀旧要么会变成极权主义的噩梦,因为等级制秩序的宇宙学、认识论、神学基础皆已毁弃。

等级制的理念是以有序的宇宙为前提的,后者是划分为牢固的上与下的系统,是分级(Gliederungen)的系统。苍天、行星以及地球"按照亲疏、地位和声望排列次序"。这种表现在宇宙层面的秩序和分级的理念,在中世纪被继续用在政治秩序中,以及艺术和宗教王国中。等级制理念对于中世纪而言如此之根本,以至于伊丽莎白时期当分级受到怀疑并被放弃时,宇宙看起来甚至像是焊

---

① [译按]作者在这里玩了一个文字游戏,因为"议会"(Parlament)一词来源于法语 parlement[即德语的 Unterredung 或 Diskussion,谈话、谈论、议论],parlement 又来自 parle[说,谈论]。

接起来的。我们来听听莎士比亚《特洛伊罗斯与克瑞希达》(一幕三场)中尤利西斯所说的:

> ……啊!秩序(Abstufung;译按,陶伯斯所选译文,其实就是上文所说的"分级,分等级")是一切伟大计划的阶梯,秩序若是动摇,这事业的前途也就暗淡了。若是没有秩序,一切社会团体,学校的学位,城市的组织……长子的继承权,以及高龄、王冠、权杖、桂冠的特权,将如何立于合法地位呢?①

这段尤利西斯关于"分级"的、写于等级制末期的言辞,使我们很好地看到其惊惧之深——当"分级"被取消的时候:

> 秩序一旦废除,琴弦一经松懈,听吧!跟着就是噪杂的声音!②

这里是颇为精彩的一个对等级制体验的例子,这种等级既是宇宙的又是社会意义上的。行星系统内的太阳与国王、优先权与分级,是同王冠与权杖的特权相关联的。当行星"陷入混乱",大地上就满是疫疠与叛乱。革命(Revolution)以及反对(Opposition)等概念,从天文学词汇辗转进入政治语言。尤利西斯的演说中声明的宇宙秩序和社会秩序,是同等级制的链条紧密相连的。宇宙的所有部分都是这一存在之链的一部分,这一链条将所有分级(Gliederungen)的等级连成一个统一体。所有分级都在一个精致的对应物网络中互相连接,这些对应物要么通过宇宙要么通过社会和政治领域而得到延展。

---

① [译按]译文参考梁实秋莎译卷25:《脱爱勒斯与克莱西达》,中国广播电视出版社、远东图书公司,2002,页53。
② 同上。

等级制原则以一种绝对的上与下的想象为前提,因为只有在这样的基础上才能建立一个分级的阶梯。上与下的区分表现在中世纪宇宙学、心理学以及神学中,并且透露着这样一种视野:一切可见和不可见事物都在其中互相适应。等级制不仅仅是一个表达封建社会"意识形态"的政治概念,也不仅仅是一个转译为政治秩序的神学类比。它在中世纪对人们、宇宙还有上帝而言如此根本,甚至对认识论的"理念"设想都受等级制图景的决定。柏拉图意义上的"理念"在宇宙中"映照"的不是可见事物,相反,来自"底层"、多变秩序的事物则分有不变的理念王国并反映之。

故而,中世纪等级制社会的崩溃不能被独立地视为一个政治或者社会事件,而必须在思想、信仰以及行为中的等级秩序的总崩溃这一意义上来解读。我们可以在托勒密到哥白尼的天文学转变中来审视这一崩溃,等级制秩序的天文学基础通过这一转变而被破坏(因为在哥白尼的思想中对上与下的区分是不可能的,因而上与下的类比也是不可能的)。同样,由唯实论到唯名论的认识论转变也一样,等级制秩序的认识论根基通过这一转变丧失殆尽(因为象征与概念的主观性被破坏)。我们可以在中世纪通过类比的证明方法到现代科学的实验方法的转变来审视等级制秩序的崩溃(因为这种方法不再相信直接的观察,它暗含着,自然是封闭的,因而必须逆自然之意志来揭露真理),同样,由一种以自然王国与恩宠王国之类比为前提的神学,到一种在自然与恩宠之间设定对立(Antithese)的神学的转变也一样(等级制秩序的神学根基因此而被埋葬,使得在世神性的刻画不再正当)。

通过等同(Identität)理论,中世纪神秘主义取代了上帝与人之类比(以此也将二者区分)的正统观念,它为新教内在性神学铺平了道路。人的自治概念一则产生于神秘派关于神性生于人心的思考,一则产生于对神性之光与人性灵魂之一致的体验。不过,自治概念却导致了无神论者对所有彼在于人并超越于人的超验律法的否认。人之自治的完成是以作为天与地之创造者的上帝之死为代价，也以所有赐予人类律法的可见与不可见秩序为代价。这种十九世纪和二十世纪由他治之有神论到自治的无神论的发展，蕴含着现代神学—政治思维的内在历史。

这种发展为自治的各个阶段还有待发现，尤其是中世纪与现代宗派意识形态互为矛盾的意识形态，其中，现代宗派意识形态对于现代自治精神的发展道路起着决定性的作用。神秘主义教派圈子内，亚当主义的（adamistisch）原则——其基于所有亚当的孩子皆为平等的假设——质疑特权与代理的贵族制原则。神秘派中一则广为流传的格言这样说：若亚当耕地夏娃纺织，谁为贵人？阿格里帕（Cornelius Agrippa）在其很早便译为英文的《论贵族》（De Nobilitate）中透露，贵族的坏不仅出于习俗和习惯，也由于其天性。"原因在于，在所有飞禽和四足兽类中，任何贵族阶层都有优先权，除了对其他动物还有人类来说有害的[特权]之外，诸如鹰隼、鸳鸟、猎鹰、苍鹰……猛禽及其他类似的怪物；同样地，狮子、老虎、狼、豹、熊……蛇以及龟也是。在树木中也没有或者很少有哪些在诸神那里被奉为神圣或视为高贵，除了那些完全不结果实的或不结对人来说可以食用的果实的。"（《论贵族》，见阿格里帕，《科学的虚浮和不实》[Agrippa von Nettesheim, *Die Eitelkeit und Unsicherheit der Wissenschaften*, hrsg. von Fritz Mauthner, Wiesbaden 1969, S. 55]）

神秘教派大多数作品已被教会和宗教裁判所毁掉。我们大多依据的是间接的迫害证据。不过，晚近有人发现了新的来源，这将使我们的视野大为扩展。我指的是圣象学研究。中世纪晚期很大一部分圣象学——如丢勒、勃鲁盖尔（Breughel）、耶罗尼米斯·博斯（Hieronymus Bosch）等人的作品——都是符号语言形式的神谕表达，对此，我们却找不到答案。人们倒是擅于估测，这些作品在其图画中保留了各教派的理念和礼俗，而宗教裁判所并未将这些内容审查掉。如此粗略的解释主要是涉及博斯作品时做出的。尤其对于那副著名的"人间乐园"来说——这幅画描绘了一个理想国度在人类之中的统治何以可能——不存在地狱的势力、教会和贵族制度。博斯,这位异教的但丁,将尘世描绘为平原,重生为无罪的亚当的状态、或原初人类自然的单纯和纯洁在这里是可能的。

由中世纪哲学到现代哲学的转变,均衡(Balance)的理念替代了等级制秩序的理念。而此理念并未引起应有的关注,即应将此理念作为现代主题的教科书里的关键概念之一来对待——无论在经济、政治、神学,抑或天文学领域。在政治领域,哈林顿、洛克、孟德斯鸠和卢梭可以作为路标来探究这一均衡主题。理应引起人们注意的是,民主制的前提是基于立法机关与执法机关均衡的理念,而议会制理念的前提则是为了对立者的相互影响以及意见与利益的调和。

最初,各种势力均衡的理念有着一个超验、超世俗的基准点,这在自然神论神学中被解读为神性天意的功能。自然神论的词汇中总有一只"把握"平衡的"手"。对《独立宣言》神学词汇的探究在此语境中一定会有所启发。对比一下"草案"和最终的表述——如羊皮纸版本的内容——我们会发现一个自然神论神学极具代表性的例子:神性的承诺并不是"宣言"的前提,而是二次思维(Folgegedanke),是个词缀(Suffix)。

杰弗逊(Thomas Jefferson)呈送富兰克林的第一稿内容是这样的:"我们视真理为神圣和无可争辩的……"似乎富兰克林用"不言而喻"取代了"神圣",个中区别值得注意。国王的神性权利是"神圣的"。神性权利在分级(Abstufungen)中的前提是划分(Gliederung)——这一前提已经包含在神圣一词本身中——,并隐含了被剥离之物(ein Abgetrenntes)。神圣与世俗既相互分离,又相互补充。世俗(das Profane)意味着 pro-fanum:处于圣所之外。当人们于圣所之内和之外表现如一时,那么,神圣之物就被世俗化了。

然而,勾画了人人平等的自然法权是"不言而喻的",其自身就包含着辩护,而不用以划分(Gliederungen)的等级制秩序为依据。

杰弗逊与富兰克林的如下观点是一致的:"人们"从平等的创造获得"天生的、若干不可转让的权利"。不过,中立的"他们从共同的创造获取若干权利"在终稿中听起来是位格的:"他们被造物主赋予……若干权利。"宣言中的"造物主"是自然神论的神性,他游移在中立与位格之间,本身几乎无法与普遍法则相区分。正是调换中立性与位格性——中立的"平等的造物",位格的"造物主"——这一可能性暴露了自然神论的妥协本质。自然神论神学处在由有神论信条向对神性中立化①的过渡。我们只在"李"版本(Lee-Fassung)②宣言结尾发现了一个附注,其表露了对神性天意之护佑的坚定信任。这一自然神论的神性天意,如该段文字的演变所展现的那样,并不是宣言的根本性前提,而是一个补录。

在笔者看来,有意思的是将美利坚《独立宣言》同《世界人权宣言》对观,看联合国大会成员是如何通过这一宣言的。该文献第一条表述同美利坚《独立宣言》和法兰西《人权和公民权宣言》如出一辙:"人人生而自由并且在尊严和权利上平等"(法兰西宣言则是:人生而自由,并且在权利上始终是自由和平等的)。"他们赋有理智和良心,并应以博爱精神相待"(美利坚宣言为:他们被造物主赋予……)。"赋予"(begabt)一词来自美利坚宣言,但是省掉"被造物主"这一表达则甚为引人注目,因为这样一来,"赋予"则如空中楼阁。《世界人权宣言》既没有提到法兰西宣言中的至高本质,也没有提及美利坚宣言中的"神性天意"。"天意神话"——用蒲鲁东的话来说即"至上"(Être suprême)——的体系受到十九世纪神学批判的动摇,而《世界人权宣言》反映的则是这

---

① [译按]亦即抵消神性。
② [译按]Lee 为当时签署宣言弗吉尼亚州代表人之一 Richard Henry Lee。

种批判的结果。

当十九世纪哲人得出若上帝不存在,那么他就必须被发明出来——他被发明为"至上"——的结论时,十九世纪无神论哲学的结论则是,自由人的首要义务是将上帝之理念从其精神与意识中驱逐出去。人可以没有他而获得知识、康乐以及共同体。人每一个向前的脚步都是一次胜利,人们借此胜利来清除神性。若上帝存在,人则不得不为其奴隶,因而,巴枯宁得出了同伏尔泰截然对立的论断:若上帝存在,人必须处决之。上帝之死在宗教批判范围内成了19世纪革命代数学的一部分。进步之理念践踏着天意的神话。

当人们从普遍的意识中将超验最后的痕迹清除掉,并用内在性原则取代了其位置,那么,均衡理念就丧失了其超验的根据点:只能从参与的势力之内在关系中得出均衡。就此来看,黑格尔辩证法中的精神理念与马克思、蒲鲁东或巴枯宁辩证法中的物质理念就不分彼此了。指导性原则停留于内在性的边界内,并借助对立与调和纯粹的内在性均衡来推动各种对抗性势力——要么是阶级、要么是党派、要么是理念——达到一种综合。

通过宣称上帝已死,和在《世界人权宣言》中对神学的中立化,似乎在说,神学与政治理论关系的章节已经结束,人业已立于其独立理性之光中。不过,一旦资产阶级社会掌权,理性的权威——其为民主制原则的推动力——会被判为无效。马克思极力反对作为纯粹"意识形态"的"自由"(liberal)思维之理性。而这种抨击不单是资产阶级与无产阶级对抗内部的一招,因为,它也正破坏着承载自由社会的结构。一旦将理性论据视为纯粹的合理安排时,议会制体制,通过讨论的统治,将会丧失其基础。我们知道,这种理性论据包藏着非理性的动机。理性的权威将受到位于人类潜意识中最初原型(Archetypen)的权威的挑战。

意识形态概念只是迈向又一个新神话明证的第一步,马克思对自由资产阶级保留着自己意识形态的疑虑(Ideologieverdacht)，并思虑着——无论是何原因——他自己的思想要是在意识形态的原罪面前岿然不动该有多好。但是，若一切思想都只不过是"上层建筑"，都只是对非理性和自利动机的理性化，那将如何？索雷尔(Sorel)从马克思主义得出了这样的结论。索氏学说既有利于革命一方也有利于反革命一方的暴力行为，他为当今所有的政治理论提供了答案。

索雷尔将当时的思想状况用政治语法重新转译出来。他视马克思、蒲鲁东以及巴枯宁为研究法国大革命的遗产和黑格尔哲学的先行者。在其《对暴力的反思》(*Reflexions sur la violence*)中，尼采、弗洛伊德以及伯格森等人的影响昭然若揭。唯有神话才为社会行为提供准绳，并且唯有通过神话，团体或民族才能作为发动机在历史进程中运转。作为政治力量的神话的兴起，是同作为市民基础的宗教之式微相伴随发生，这一点应是有目共睹的。与正在来临的基督教之诸神的黄昏——上帝之死，如尼采对19世纪批判所宣告的结果——一起的是教义与礼仪保护性的框架之毁败，人类神话的能量亦被释放出来。然而，若无理智的控制，神话能量只会成为这些形态——如"总罢工"或"血与土"或"民族之荣耀"——的牺牲品，因为，当神话之于灵是唯一(eingeboren)①的时候，那么，其力量——而当神话是盲目的时候——则完全是毁灭性的。

不能因神话能量不对社会造成危害而忽视之，它必须被型塑为一种"礼法"(nomos)②。当一项原则被动摇时，"古代政制"

---

① [译按]"唯一"，即独生的。如约翰福音 3:18："……因为他不信神独生子的名"。
② [译按]不知陶伯斯这里的 nomos 指的是施米特意义上的还是施特劳斯意义上的。联想施特劳斯的 nomos 与 physis，为"礼法与自然"，是一种礼俗；而在施米特那里，nomos 如在《大地的法》中，作为"法"，以及施米特在 „Nehmen/Teilen/Weiden: Ein Versuch, die Grundfragen jeder Sozial- und Wirtschaftsordnung vom Nomos her rightig zu stellen" [1953]中的表述。

(ancient regime)只会陷入骚乱。这种情况下,古代化生活方式的余烬便尝试着去复苏或复兴。而笔者不禁怀疑,诸种复苏,或用现代语汇粉饰一番但却僵化的神学,是否能够应对挑战。用今天多元文化处境来表述犹太隔离区这样的陈词滥调(Ghettoformel)则太过草率。当今时代还未创造出来的、流动在多种神话中的意识,或许被打上了新的理性概念的烙印。

这对于柏拉图和黑格尔意义上的哲学而言是个任务。当下对抗性神话的混乱只会让人们认识到神学与政治理论不可分割的统一性。二者之间隐秘的衔接处(Nahtstelle)会通过权力的概念而得到论证。一旦废除了普遍的(universell)权力原则,神学与政治理论的统一性就会被扬弃。对政治理论内部神学因素的批判,最终建立在对权力本身的原则的批判。

资料

德语学界施米特文献辑录

韩　毅* 整理

迄今研究状况概览

在德奥本土，由于其历史观自 1945 以来唯战胜国之马首是瞻，学术圈顺势聚焦于对"纳粹帮凶"的**道德**审判，尽管"纽伦堡国际军事法庭"将施米特提审三月后无罪释放。典型如 Jürgen Fijalkowski 的《转向领袖国》(1958)，开篇便笼统扬弃了施米特的一切法律学说，接下来也不关注其所处的历史环境和研究的具体问题，而只是论断其各种概念与希特勒如出一辙，因此也不能成为政治学的组成部分。对施米特**作品**的正视，始于 Peter Schneider 的《非常状态与规则》(1957)，但此书局限于对施米特 1950 年新著的独本评判。Hasso Hofmann 的《正当性对抗合法性》(1964)才认识到进行"一场发展史考察的必要性"（第一章第一节），在第二章也承认施米特的法律思想有一个"无尽的具体化进程"。但第四章得出的小结却称，他是为迎合当局统治才提出"具体秩序思

---

*　韩毅，科隆大学法学博士，现为华东政法大学科学研究院助理研究员。博士后论文题为"施米特的《法律与判决》研究"。

想",作为"种族主义的合理性"。①

随着以哈贝马斯为代表的左派在"1968 运动"中夺取话语权,西德和奥地利的思想氛围全盘大幅左倾,②相关讨论再次转为新老自由主义者对施米特的"复仇"。对其学说的研究由此转向了海外,如美国人 George Schwab 的《例外的挑战》(1968)。在该"施米特政治思想导论"(副标题)的国际影响下,德奥本土还关注内容的学者也把精力集中到了对他的政治学解读,从 Günther Maschke 的《施米特之死》(1987)到 H. E. Herrera 的《作为政治哲学家的施米特》(2010)。但另一方面,对施米特的政治性批判仍在继续。先是 Bernd Rüthers 发表了《施米特在第三帝国:滥用学术强化时政?》(1989)等一系列文著。而号称"布什政府大脑"的美国籍犹太人 Leo Strauss 则按自己的"政治哲学"批判施米特的"政治神学"(Heinrich Meier 照此精神总结出《施米特的教训》,1994)。瑞士籍犹太人 Raphael Gross 进而出版《施米特与犹太人:一个德式法律学说》(1997),暗示"施米特=德意志=反犹太=反人类"。对此,Dirk Blasius(2001)以"枢密顾问施米特"为翘板,将"普鲁士"与"希特勒的帝国"对立起来,试图将责难推给后者而至少拯救前者的历史声誉。但美籍犹太人 Fritz Stern(2008)又通过对《德国境内民族性意识形态的分析》,控诉全欧洲的文化悲观主义(还包括韦伯、张伯伦、施彭勒、海德格尔等)都是"纳粹意识形态"的引路人,以"警告世人、怀疑现代文明、拒斥资本主义就等于挑战我们现代、自由、民主的世界秩序"。在这种氛围下,联邦德国当局又将 Reinhard Mehring 的一系列著述奉为当代经典。但颇具典型意义地,其主要作品《施米特沉浮传》(2009)750 页中的大量篇幅,都在描摹"他狂热的反犹主义、自戕自虐的性饥渴以及对

---

① Hofmann, *Legitimität gegen Legalität*, 4. Aufl. 2002, S. 170.
② 西方以爱国、传统、富强为右,国际化、反权威、泛人权为左。

小资生活的深刻嫉妒……法学上为希特勒牵马坠蹬……战后逃回荒僻的故乡隐居,成了不受智力圈待见的人物"。

施米特德语原著

1. 《法律与判决》(初版 1912): *Gesetz und Urteil*, 2. Aufl., München 1969, ND. 2009.
2. 《国家的价值与个人的意义》(初版 1914): *Der Wert des Staates und die Bedeutung des Einzelnen*, 2. Aufl., Berlin 2004.
3. 《政治的浪漫派》(初版 1919): *Politische Romantik*, 6. Aufl., Berlin 1998 (nach der 2. Aufl. 1925).
4. 《论专政》(初版 1921): *Die Diktatur — Von den Anfängen des modernen Souveränitätsgedankens bis zum proletarischen Klassenkampf*, 6. Aufl., Berlin 1994 (nach der 2. Aufl. 1928).
5. 《政治神学》(初版 1922): *Politische Theologie*, 9. Aufl., Berlin 2009 (nach der 2. Aufl. 1934).
6. 《罗马天主教与政治形式》(初版 1923): *Römischer Katholizismus und politische Form*, 5. Aufl., Stuttgart 2008 (nach der 2. Aufl. 1925).
7. 《当今议会制的思想史形势》(初版 1923): *Die geistesgeschichtliche Lage des heutigen Parlamentarismus*, 8. Aufl., Berlin 1996 (nach der 2. Aufl. 1926).
8. 《政治性的概念》(作为文章首先发表于 1927 年,1932 年成书出版): *Der Begriff des Politischen*, 8. Aufl., Berlin 2009 (Neusatz aufgrund der Ausg. v. 1963).
9. 《宪法学说》(初版 1928): *Verfassungslehre*, 8. Aufl., Berlin 1993.
10. 《宪法的守护者》(初版 1931): *Der Hüter der Verfassung*, 3. Au-

fl., Berlin 1985.

11. 《合法性与正当性》(初版 1932): *Legalität und Legitimität*, München und Leipzig 1932.

12. 《国家、运动、民族——政治性统一体的三肢构架》: *Staat, Bewegung, Volk — Die Dreigliederung der politischen Einheit*, Hamburg 1933.

13. 《论法学思维的三个模式》: *Über die drei Arten des rechtswissenschaftlichen Denkens*, Hamburg 1934.

14. 《领袖护法》,原载《德意志法学家报》: *Der Führer schützt das Recht*, in: Deutsche Juristenzeitung, 39. Jahrgang, Heft 15 vom 1. 8. 1934, S. 945-950.

15. 《第二帝国的结构与崩溃》,附文《精神降服的逻辑》(初版 1934) *Staatsgefüge und Zusammenbruch des zweiten Reiches — Sieg des Bürgers über den Soldaten*, samt Anhang "*Logik der Unterwerfung*", hrsg. mit einem Vorwort und mit Anmerkungen versehen von Günter Maschke, Berlin 2011.

16. 《霍布斯国家学说中的利维坦》(初版 1938): *Der Leviathan in der Staatslehre des Thomas Hobbes — Sinn und Fehlschlag eines politischen Symboles*, 3. Aufl., Stuttgart 2003.

17. 《转向歧视性的战争概念》(初版 1938): *Die Wendung zum diskriminierenden Kriegsbegriff*, 4. Aufl., Berlin 2007.

18. 《国际法上的大空间秩序与外来力量的干涉禁止——国际法上的"帝国"概念》(初版 1939): *Völkerrechtliche Großraumordnung und Interventionsverbot für raumfremde Mächte — ein Beitrag zum Reichsbegriff im Völkerrecht*, ND. der 4., erweiterten Aufl. v. 1941, Berlin 1991.

19. 《1923-1939 年间与魏玛—日内瓦—凡尔赛体系斗争中的关节与概念》(初版 1940): *Positionen und Begriffe im Kampf mit*

  Weimar — Genf — Versailles 1923-1939, 3. Aufl., Berlin 1994 (nach der 2. Aufl. 1988).

20. 《陆地与海洋——一个世界史的考量》(初版 1942): *Land und Meer — Eine weltgeschichtliche Betrachtung*, neue Aufl., Stuttgart 1954.

21. 《侵略作为国际法上的犯罪与罪刑法定原则》(成书 1945): *Das internationale Verbrechen des Angriffskrieges und der Grundsatz "Nullum crimen, nulla poena sine lege"*, Berlin 1994.

22. 《在纽伦堡的回答》(1947 年间做出): *Antworten in Nürnberg*, hrsg. u. komment. von Helmut Quaritsch, Berlin 2000.

23. 《1947—1958 年间的日记》: *Glossarium*, Berlin 2015.

德语二手文献

1. Bahns, René: *Verfassungshütung: Schmitts Verständnis des Art. 48 Abs. 2 der Weimarer Verfassung*(《宪法守护: 施米特对魏玛宪法第 48 条第 2 款的理解》), Berlin 2004.

2. Berthold, Lutz: *Carl Schmitt und der Staatsnotstandsplan*(《施米特与全国进入紧急状态的计划》), München 1999.

3. Blasius, Dirk: *Carl Schmitt — Preußischer Staatsrat in Hitlers Reich*(《施米特,普鲁士式谋臣身居希特勒的帝国》), Göttingen 2001.

4. Böckenförde, Ernst-Wolfgang: Art. "*Ordnungsdenken, konkretes*" in: *Historisches Wörterbuch der Philosophie*, hrsg. von Joachim Ritter und Karlfried Gründer, Bd. 6, Basel/Stuttgart 1984, Sp. 1312-1315.(《哲学史大辞典》,"具体秩序思想"词条)

5. Breuer, S., 2012, *Carl Schmitt im Kontext. Intellektuellenpolitik in der Weimarer Republik*, Berlin: Akademie Verlag.

6. Ehmke, H., 1953, *Grenzen der Verfassungsänderung*, Berlin: Duncker & Humblot.
7. Groh, R., 1998, *Arbeit an der Heillosigkeit der Welt. Zur politisch-theologischen Mythologie und Anthropologie Carl Schmitts*, Frankfurt am Main: Suhrkamp.
8. Grimm, Dieter: *Verfassungserfüllung — Verfassungsbewahrung — Verfassungsauflösung, Positionen der Staatsrechtslehre in der Staatskrise der Weimarer Republik*(《宪法满足——宪法维护——宪法瓦解:魏玛共和国国家危机中的国家学说立场》), in: Heinrich August Winkler (Hg.), *Die deutsche Staatskrise 1930-1933 — Handlungsspielräume und Alternativen*, Tübingen 1992, S. 183ff.
9. Haase, Marco: *Staats- und Verfassungslehre in der Weimarer Republik*(《魏玛共和国的国家与宪法学说》), Peking 2015.
10. Herrera, Hugo Eduardo: *Carl Schmitt als politischer Philosoph* (《作为政治哲学家的施米特》), Berlin 2010.
11. Hofmann, Hasso: *Legitimität gegen Legalität Der Weg der politischen Philosophie Carl Schmitts*,(《正当性对抗合法性》,初版 1964), 4. Aufl., Berlin 2002.
12. Keßler, Mario: Ossip K. Flechtheim: *Politischer Wissenschaftler und Zukunftsdenker*(《政治科学家与未来思想家》), 2007.
13. Kaufmann, M., 1988, *Recht ohne Regel? Die philosophischen Prinzipien in Carl Schmitt's Staats- und Rechtslehre*, Freiburg: Karl Alber.
14. Linder, Christian: *Freund oder Feind*, Lettre International, Heft 68, 2005, S. 86.
15. Meier, Heinrich: *Die Lehre Carl Schmitts — Vier Kapitel zur Unterscheidung Politischer Theologie und Politischer Philosophie*(《施

米特的学说——区分政治神学与政治哲学的四章》), Stuttgart und Weimar, 1994.

16. Mauss, I., 1980, *Bürgerliche Rechtstheorie und Faschismus. Zur sozialen Funktion und aktuellen Wirkung der Theorie Carl Schmitts*, München: Wilhelm Fink.

17. Muth, Heinrich: *Carl Schmitt in der Deutschen Innenpolitik des Sommers* 1932(《施米特与1932年夏天的德国内政》), in: *Historische Zeitung*, Beiheft 1, 1971, S. 75ff.

18. Noack, Paul: *Schleichers Außerkraftsetzer*(《施莱歇尔让法律失效》), in: *Frankfurter Allgemeine Zeitung*, 20. November 2001, Nr. 270 / S. 10.

19. Pyta, Wolfram: *Schmitts Begriffsbestimmung im politischen Kontext*(《施米特的概念在政治语境下的确定》), in: Mehring, Reinhard (Hrsg.): *Carl Schmitt. Der Begriff des Politischen. Ein kooperativer Kommentar*. Berlin 2003, S. 219-236.

20. Pyta, Wolfram / Seiberth, Gabriel: *Die Staatskrise der Weimarer Republik im Spiegel des Tagebuchs von Carl Schmitt*(《透过施米特的日记看魏玛共和国的国家危机》), in: *Der Staat* 38 Heft 3 und 4, 1999.

21. Kaiser, Joseph H.: *Konkretes Ordnungsdenken*, in: Helmut Quaritsch (Hrsg.): Complexio Oppositorum(《具体秩序思想》,原载《对立综合体》), Berlin 1988, S. 319-331.

22. Keppeler, Lutz: *Oswald Spengler und die Jurisprudenz*(《施彭勒与法理学》), Tübingen 2014.

23. Maschke, Günter: *Der Tod des Carl Schmitt — Durchgesehene und um Texte aus den Jahren 1988-2007 vermehrte Ausgabe*(《施米特之死》,初版1987,此为追加了1988—2007年以来新发文章的增补版), Wien 2012.

24. Mehring, R., 1989, *Pathetisches Denken. Carl Schmitts Denkweg am Leitfaden Hegels: Katholische Grundstellung und antimarxistische Hegelstrategie*, Berlin: Duncker & Humblot.
25. Mehring, R. 2009, *Carl Schmitt — Aufstieg und Fall. Eine Biographie*, (《施米特传》) München: C.H. Beck.
26. Rumpf, Helmut: *Carl Schmitt und Thomas Hobbes — Ideelle Beziehungen und aktuelle Bedeutung mit einer Abhandlung über: Die Frühschriften Carl Schmitts*(《施米特与霍布斯——理念关联与现实意义,附文〈关于施米特的早期作品〉》), Berlin 1972.
27. Rüthers, Bernd: Entartetes Recht. Rechtslehren und Kronjuristen im Dritten Reich(《变态的法律——第三帝国的法律学说与御用文人》), München 1988.
28. Rüthers, Bernd: *Carl Schmitt im Dritten Reich — Wissenschaft als Zeitgeist-Verstärkung?* (《施米特在第三帝国——滥用学术强化时政?》初版1989)2. Aufl., München 1990.
29. Rüthers, Bernd: Wer war *Carl Schmitt? — Bausteine zu einer Biographie*(《施米特是谁?》), in: NJW 1994, Heft 27, S. 1681-1687.
30. Rüthers, Bernd: *Altes und Neues von und über Carl Schmitt*(《施米特的旧作与新闻》), in: NJW 1996, Heft 14, S. 896-904.
31. Stern, Fritz: *Kulturpessimismus als politische Gefahr — Eine Analyse nationaler Ideologie in Deutschland*(《文化悲观主义就是政治危险——对德国境内民族性意识形态的分析》), übersetzt von A. P. Zeller, Stuttgart 2008.
32. Wieland, Claus Dietrich: *Carl Schmitt in Nürnberg* (1947)(《施米特在纽伦堡1947》), in: 1999. *Zeitschrift für Sozialgeschichte des 20. und 21. Jahrhunderts*, Heft 1/1987, S. 96-122.
33. Wirtz, Thomas: *Alle sehr deprimiert — Staatskrise der Weimarer*

Republik: Carl Schmitts Tagebücher(《所有人都很压抑——魏玛共和国的国家危机:施米特日记》), in: *Frankfurter Allgemeine Zeitung*, 13. September 2000.

英语学界施米特文献辑录

郑　琪　整理

迄今研究状况概览

英语学界对施米特的研究迄今已有过三次浪潮。第一波浪潮始于上个世纪的八十年代,主要代表人物有 Schwab 和 Bendersky。前者的专著 *The Challenge of the Exception*(Greenwood Press, 1989)是第一部关于施米特的英语研究专著,它围绕着施米特的一些核心概念对其早年的政治思想(1921-1936)作了梳理,并在此基础上探讨了施米特与第三帝国的关系;而后者撰写的 *Carl Schmitt: The Theorist for the Reich*(Princeton University Press, 1983)则是第一本关于施米特的学术性传记,它基于施米特及其同时代人的著作,勾勒了施米特作为一名知识人的公共生涯,它尤其指出施米特在魏玛帝国晚期的著作更多的是在预防而非鼓励纳粹夺取权力。

施米特研究的第二波浪潮出现在上个世纪末。这期间涌现了更多研究施米特的专著,主要集中在施米特与自由主义的关系上,但是由此得出的解释又各不相同。有强调施米特与自由主义的内在关联的,如 Cristi 阐述了施米特的强国家和自由经济观点,认为施米特的立场本质上是威权自由主义(*Carl Schmitt and Authoritar-*

ian Liberalism: Strong State, Free Economy, University of Wales Press, 1998);但更多的人着眼的是施米特对自由主义的批评,只是从不同的角度出发而已,如 Scheuerman 和 Dyzenhaus 主要从法律与政治的关系出发,阐述施米特对自由主义理论的内在欠缺的批评(Scheuerman, *Carl Schmitt: The End of Law*, Roman &Littlefield, 1999; Dyzenhaus, *Legality and Legitimacy. Carl Schmitt, Hans Kelsen and Hermann Heller in Weimar*, Oxford University Press, 1997);而 McCormick 则从文化—政治哲学的角度出发,他认为自由主义意味着一种理性化的技术统治,而施米特则以非理性的神话要素来对抗现代世界中的技术统治(*Carl Schmitt's Critique of Liberalism: against Politics as Technology*, Cambridge University Press, 1997);Holmes 更是直接断言施米特是自觉拥抱邪恶的人,是彻底的反自由主义者(*The Anatomy of Antiliberalism*, Harvard University Press, 1993)。除了这些最有代表性的著作之外,另有两部颇为出色的研究文集,如 *Law as Politics: Carl Schmitt's Critique of Liberalism*, Dyzenhaus (ed.), (Duke University Press, 1998), *The Challenge of Carl Schmitt*, Mouffe (ed.), (Verson, 1999)。

二十一世纪初出现的第三波施米特研究浪潮则呈现出更为多样化的特征,成果也更为丰富。主要的研究视角有:从非常政治的角度去思考正当性与合法性、主权与代表、权力与法律等问题,如 Kalyvas, *Democracy and the Politics of Extraordinary: Max Weber, Carl Schmitt and Hannah Arendt* (Cambridge University Press, 2008);从政治思想史的角度探讨施米特思想的渊源,尤其是他与霍布斯的关系,与此相关的一个文集是 *Thomas Hobbes and Carl Schmitt. The Politics of Order and Myth*, Tralau (ed.), (Routledge, 2011);施米特的政治神学,尤其是政治中的牺牲、政治的神圣性问题等,这方面的代表作是 Paul Kahn, *Political Theology: Four*

New Chapters on the Concept of Sovereignty（Columbia University Press，2011）。

此外，本世纪施米特研究的最大亮点或许就在于，自 2006 年出版了施米特 *The Nomos of the Earth* 一书的英译本后，英语学界的施米特研究也越来越关注其国际政治或国际法理论，出现了两本代表性的专著：William Hooker，*Carl Schmitt's International Thought: Order and Orientation*（Cambridge University Press，2009）；Gabriella Slomp，*Carl Schmitt and the Politics of Hostility, Violence and Terror*（Palgrave Macmillan，2009）。法国思想家 Benoist 的著作 *Carl Schmitt Today: Terrorism, Just War and the State of Emergency* 也在 2013 年被译成了英文出版。与此主题相关的论文集有：*The International Political Thought of Carl Schmitt: Terror, Liberal War and the Crisis of Global Order*，Louiza Odysseos and Fabio Petito（eds.）（Routledge，2007）和 *Spatiality, Sovereignty and Carl Schmitt: Geographies of the Nomos*，Legg(ed.)(Routledge，2011)。

研究性文集

1. Diner Dan and Michael Stolleis（eds.），1999，*Hans Kelsen and Carl Schmitt: A Juxtaposition*，Gerlingen：Bleicher.
2. Dyzenhaus, D.（ed.），1998，*Law as Politics. Carl Schmitt's Critique of Liberalism*，Durham：Duke University Press.
3. Legg, S.（ed.），2011，*Spatiality, Sovereignty and Carl Schmitt. Geographies of the Nomos*，Abingdon：Routledge.
4. Mehring, R.（ed.），2003，*Carl Schmitt Der Begriff des Politischen. Ein kooperativer Kommentar*，Berlin：Akademie Verlag.
5. Mouffe, C.（ed.），1999a，*The Challenge of Carl Schmitt*，London：Verso.

6. Odysseos, L., and F. Petito (eds.), 2007, *The International Political Thought of Carl Schmitt. Terror, Liberal War and the Crisis of Global Order*, Abingdon: Routledge.
7. Tralau, J. (ed.), 2011, *Thomas Hobbes and Carl Schmitt. The Politics of Order and Myth*, Abingdon: Routledge.

研究性专著

1. Agamben, G., 2005, *State of Exception*, Chicago: University of Chicago Press.
2. Balakrishnan, G., 2000, *The Enemy. An Intellectual Portrait of Carl Schmitt*, London: Verso.
3. Bendersky, J.W., 1983, *Carl Schmitt. Theorist for the Reich*, Princeton, NJ: Princeton University Press.
4. Benoist, A. D., 2013, *Carl Schmitt Today: Terrorism, Just War and the State of Emergency*, Arktos Media Ltd.
5. Bolsinger, E., 2001, The Autonomy of the Political. Westport, CT: Greenwood Press.
6. Caldwell, P.C., 1997, *Popular Sovereignty and the Crisis of German Constitutional Law. The Theory and Practice of Weimar Constitutionalism*, Durham: Duke University Press.
7. Cristi, R., 1998, *Carl Schmitt and Authoritarian Liberalism. Strong State, Free Economy*, Cardiff: University of Wales Press.
8. Croce, M. and Salvatore, A., 2013, *The Legal Theory of Carl Schmitt*, Abingdon: Routledge.
9. Derrida, Jacques, 2005, *The Politics of Friendship*, London: Verso.
10. Dyzenhaus, D., 1997, *Legality and Legitimacy. Carl Schmitt,*

Hans Kelsen and Hermann Heller in Weimar, Oxford: Oxford University Press.
11. Galli, C., 2015, *Janus's Gaze: Essays on Carl Schmitt*, Durham: Duke University Press.
12. Gottfried, P.E., 1990, *Carl Schmitt. Politics and Theory*, Westport, CT: Greenwood Press.
13. Gross, R., 2007, *Carl Schmitt and the Jews: The "Jewish Question," the Holocaust, and German Legal Theory*, Madison: University of Wisconsin Press.
14. Holmes, S., 1993, *The Anatomy of Antiliberalism*, Cambridge, MA: Harvard University Press.
15. Hooker, W., 2009, *Carl Schmitt's International Thought. Order and Orientation*, Cambridge: Cambridge University Press.
16. Kelly, Duncan, 2003, *The State of the Political: Conceptions of Politics and the State in the Thought of Max Weber, Carl Schmitt and Franz Neumann*, Oxford: Oxford University Press.
17. Kahn, P.W., 2011, *Political Theology. Four New Chapters on the Concept of Sovereignty*, New York: Columbia University Press.
18. Kalyvas, A., 2008, *Democracy and the Politics of the Extraordinary. Max Weber, Carl Schmitt, and Hannah Arendt*, Cambridge: Cambridge University Press.
19. Kennedy, E., 2004, *Constitutional Failure. Carl Schmitt in Weimar*, Durham: Duke University Press.
20. McCormick, J.P., 1997, *Carl Schmitt's Critique of Liberalism. Against Politics as Technology*, Cambridge: Cambridge University Press.
21. Mehring, R., 2015, *Carl Schmitt: A Biography*, Cambridge: Polity.

22. Meier, H., 1998, *The Lesson of Carl Schmitt. Four Chapters on the Distinction between Political Theology and Political Philosophy*, Chicago: University of Chicago Press.
23. Meier, H., 2006, *Carl Schmitt and Leo Strauss: The Hidden Dialogue*, Chicago: University of Chicago Press.
24. Müller, J.-W., 2003, *A Dangerous Mind. Carl Schmitt in Post-War European Thought*, New Haven: Yale University Press.
25. Scheuerman, W.E, 1999, *Carl Schmitt. The End of Law*, Lanham: Rowman & Littlefield.
26. Schwab, G., 1989, *The Challenge of the Exception. An Introduction to the Political Ideas of Carl Schmitt between 1921 and 1936*, Westport, CT: Greenwood Press.
27. Seitzer J., 2001, *Comparative History and Legal Theory: Carl Schmitt in the First German Democracy*, Westport: Greenwood Press.
28. Slomp, G., 2009, *Carl Schmitt and the Politics of Hostility, Violence, and Terror*, Basingstoke: Palgrave Macmillan.
29. Strauss, L., 2007, "Notes on Carl Schmitt, The Concept of the Political," trans. H.J. Lomax, in C. Schmitt, *The Concept of the Political*. Expanded Edition, trans. George Schwab, Chicago: University of Chicago Press, pp. 97-122.
30. Zheng, Q., 2015, *Carl Schmitt, Mao Zedong and the Politics of Transition*, New York: Palgrave Macmillan.

稿约和体例

宗　旨

《法哲学与政治哲学评论》(以下简称《评论》)以纯粹的学术为根本,旨在译介西方经验、反思自我处境、重提价值问题,以开放和包容之心,促进汉语学界有关法哲学和政治哲学的讨论和研究。

投稿方式

一、《评论》采双向匿名审查制度,全部来稿均经初审及复审程序,审查结果将适时通知作者。

二、本刊辟"主题"、"研讨评论"、"经典文存"、"书评"等栏目。"主题"部分欢迎以专题形式投稿,有意应征者准备计划书(一页)以电子邮件寄交《评论》编辑部,计划书包含如下内容:

1. 专题名称(以中外法哲学和政治哲学论题为主题,此主题应具有开放出问题且引发思考之可能性)。

2. 专题构想(简短说明专题所包含的具体研究方向,说明本专题的学术意义或价值)。

3. 预备撰写论文人选与题目。提出 4-5 篇专题论文撰写者与论文(或译文)题目清单,另附加 1-2 篇专题书评之清单。

4. 预备投稿时间(本专题计划书经审查通过后,应能于半年内完成)。

三、凡在《评论》刊发之文章,其版权均属《评论》编辑委员会,基于任何形式与媒介的转载、翻译、结集出版均须事先取得《评论》编辑委员会的专门许可。

四、稿件一经刊登,即致薄酬。

五、来稿请提供电子档,电子邮件请投至 legalphilosophy@126.com。

体 例

一、正文体例

1. 文稿请按题目、作者、正文、参考书目之次序撰写。节次或内容编号请按"一"、"二"……之顺序排列。

2. 正文每段第一行空两格。独立引文左缩进两格,以不同字体标志,上下各空一行,不必另加引号。

3. 请避免使用特殊的字体、编辑方式或个人格式。

二、注释体例

1. (一)文章采用脚注,每页重新编号;编号序号依次为:①,②,③……

2. 统一基本规格(包括标点符号)

主要责任者[两人以上用顿号隔开;以下译者、校订者同](编或主编):《文献名称》,译者,校订者,出版社与出版年,第×页。

3. 注释体例

(1) 著作类

邓正来:《规则·秩序·无知:关于哈耶克自由主义的研究》,

生活·读书·新知三联书店,2004年版,第371页。

康德:《实践理性批判》,邓晓芒译,杨祖陶校,人民出版社,2003年版,第89-90页。

(2) 论文类

黄启祥:《斯宾诺莎是一个基督教哲学家吗?》,《世界哲学》,2015年第5期。

(3) 报纸类

沈宗灵:《评"法律全球化"理论》,载《人民日报》,1999年12月11日第6版。

(4) 文集和选集类

康德:《论通常的说法:这在理论上可能是正确的,但在实际上是行不通的》,载康德:《历史理性批判文集》,何兆武译,商务印书馆,1990年版,第202-203页。

(5) 英文类

① 英文著作

John Rawls, *A Theory of Justice*, Cambridge, MA: Harvard University Press, 1971, pp.13-15.

② 文集中的论文

Niklas Luhmann, Quod Omnes Tangit: Remarks on Jürgen Habermas's Legal Theory, trans. Mike Robert Horenstein, in *Habermas on Law and Democracy: Critical Exchanges*, eds. Michael Rosenfeld and Andrew Arato (California: University of California Press, 1998), pp. 157-172.

③ 期刊中的论文

Jürgen Habermas, Reconciliation Through the Public Use of Reason: Remarks on John Rawls's Political Liberalism, 92(3) *The Journal of Philosphy*, Mar., 1995, p.117.

4. 其他文种

从该文种注释体例或习惯

5. 其他说明

（1）引自同一文献者,同样应完整地注释,不得省略为"见前注"或"前引"等。

（2）非引用原文,注释前加"参见"（英文为"See"）;如同时参见其他著述,则再加"又参见"。

（3）引用资料非原始出处,注明"转引自"。

图书在版编目(CIP)数据

国家、战争与现代秩序:卡尔·施米特专辑/吴彦、黄涛主编.
--上海:华东师范大学出版社,2017
（法哲学与政治哲学评论·第2辑）
ISBN 978-7-5675-6022-2

Ⅰ.①国… Ⅱ.①吴… ②黄… Ⅲ.①施米特(Schmitt，Carl 1888-1985)-法学-思想评论
Ⅳ.①D909.516

中国版本图书馆CIP数据核字(2016)第322818号

华东师范大学出版社六点分社
企划人　倪为国

本书著作权、版式和装帧设计受世界版权公约和中华人民共和国著作权法保护

法哲学与政治哲学评论·第2辑
国家、战争与现代秩序

编　　者	吴　彦　黄　涛
责任编辑	彭文曼　陈哲泓
封面设计	吴元瑛
出版发行	华东师范大学出版社
社　　址	上海市中山北路3663号　邮编200062
网　　址	www.ecnupress.com.cn
电　　话	021-60821666　　行政传真 021-62572105
客服电话	021-62865537　　门市(邮购)电话 021-62869887
地　　址	上海市中山北路3663号华东师范大学校内先锋路口
网　　店	http://hdsdcbs.tmall.com
印刷者	上海景条印刷有限公司
开　　本	890×1240　1/32
插　　页	1
印　　张	9
字　　数	185千字
版　　次	2017年7月第1版
印　　次	2017年7月第1次
书　　号	ISBN 978-7-5675-6022-2/D.209
定　　价	60.00元
出版人	王　焰

（如发现本版图书有印订质量问题，请寄回本社客服中心调换或电话021-62865537联系）